중국어권 학습자를 위한
한국어 구어 담화표지 교육 연구

중국어권 학습자를 위한
한국어 구어 담화표지 교육 연구

초 판 인 쇄	2018년 08월 01일
초 판 발 행	2018년 08월 07일
저　　　자	유 나
발 행 인	윤석현
발 행 처	도서출판 박문사
책 임 편 집	최인노
등 록 번 호	제2009-11호
우 편 주 소	서울시 도봉구 우이천로 353 성주빌딩 3층
대 표 전 화	02) 992 / 3253
전　　　송	02) 991 / 1285
홈 페 이 지	http://jnc.jncbms.co.kr
전 자 우 편	bakmunsa@hanmail.net
책 글 자 수	293,249자

ⓒ 유나, 2018 Printed in KOREA

ISBN 979-11-89292-11-9　93700　　　　　　　　　정가 26,000원

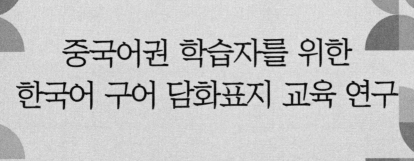

중국어권 학습자를 위한
한국어 구어 담화표지 교육 연구

유나 저

박문사

머리말

이 책은 중국어권 한국어 학습자가 다양한 구두 의사소통 상황에서 한국어 구어 담화표지를 사용함으로써 자신의 의도나 태도를 적절하고 풍부하게 표현할 수 있도록 하는 교수·학습 방안을 마련하는 데 목적을 두었다.

구어 담화표지는 기능적 언어 요소로서 명제적인 내용 전달보다는 화자의 발화 의도와 태도를 전달하는 것에 기여한다. 현재 한국어교육 연구에서는 구어 담화표지를 일종의 의사소통 전략 요소로 보고 교육 현장에서 이를 기타 언어 요소와 함께 적극적으로 다루어야 한다는 주장이 주를 이룬다. 그간 구어 담화표지와 관련된 대부분의 연구는 담화표지 각각에 대해 기술언어학적으로 접근한 연구가 많았으며 담화표지 전반에 대한 체계적인 탐구는 상대적으로 미진하였다. 또한 중국어권 학습자를 위한 한국어교육의 관점에 입각한 연구는 점진적인 증가세를 보이고 있지만 몇몇 담화표지의 중국어 대응 표현을 다룬 것이 대부분이고 교육 방안도 간략하게 제시하는 경우가 많았다. 따라서 이 책에서는 이와 같은 문제점을 보완하기 위해 중국어권 한국어 학습자들의 일상대화에서 나타난 구어 담화표지를 중간언어적 관점에서 고찰하여 그 양상을 다각도로 분석함으로써 효과적인 교수·학습 방안을 구안하고자 하였다.

2장에서는 우선 담화표지 연구 분야의 용어 사용 혼란의 문제에 주목하여 이에 대한 이론적 검토를 거친 후 '담화표지'라는 용어를 선정하였다. 그리고 국내외에서 이 분야의 관련 연구 경향을 살펴봄으로써 본 연구의 대상인 구어 담화표지의 개념 범주를 정립하고 특징을 기술하였다. 이어서 교육 자료 분석과 설문 조사를 통하여 구어 담화표지의 교육 현황을 비판적으로 고찰하였으며 한국어교육의 실제성을 염두에 두고 구어 담화표지의 구체적인 교육용 목록을 추출하여 기능별로 분류하였다. 마지막으로 사용상의 특수성을 고려하여 음운적 정보, 형태·통사적 정보, 의미적 정보, 화용적 정보의 4차원적인 교육 내용 범주를 마련하였다.

3장에서는 중·고급 중국어권 학습자들의 한국어 구어 담화표지 사용 양상을 고찰하기 위해서 그들의 일상대화를 분석하였다. 학습자들의 대화 자료에 드러난 담화표지 사용의 특징과 경향, 문제점 및 그 원인을 질적으로 파악하기 위해 한·중 양국의 언어·문화적 차이에 입각한 대조분석과 심층 인터뷰를 실시하였으며, 학습자의 양 집단 비교와 한국어 모어 화자 집단 간의 담화표지 사용 양상의 차이를 분석하였다.

필자는 구어 담화표지를 일차적으로 '주도적 담화 운용 표지'와 '호응적 담화 운용 표지'로 구분하였다. '주도적 담화 운용 표지'는 '화제의 도입과 전환', '화제의 전개(발화 내용 연결하기, 망설임 표시하기, 발화 명확성 확보하기, 자기 발화 내용에 대한 태도 표시하기, 청자 주의 집중시키기, 공손 태도 표시하기)'와 '화제의 종료'로 분류하고 '호응적 담화 운용 표지'는 '상대방 발화에 대한 선호적 호응 표지(동조 표시하기, 놀람 표시하기, 확인 강조하기, 관심 표시하기, 경청 표시하기)'와 '상대방 발화에 대한 비선호적 호응 표지(발화 내용 부정하기, 불확실하게 대답하기, 응답 회피하기, 완곡하게 거절하기, 부정적 정서 표출하기)'로 나누어서 기능별 사용 양상을 세밀하게 고찰하였다.

중국어권 학습자들의 구어 담화표지 사용에 관한 분석 결과는 다음과 같다. 첫째, 학습자들은 한국어 모어 화자에 비해 구어 담화표지 사용의 다양성이 부족하였으며 전체적인 출현 빈도도 낮은 편이었다. 그러나 '시간벌기'기능 성취를 위한 담화표지는 모어 화자보다 높은 빈도로 사용되었다. 둘째, 학습자들의 구어 담화표지 사용의 다양성과 빈도는 한국 거주 경험과 일정한 연관성이 있다. 셋째, 학습자들은 '네/예'와 '음'이나 '응'을 혼동한 경우가 있었고 '어떻게 말해?', '그리고', '그럼/그러면'과 같은 적절성이 결여된 담화표지도 사용하였다. 이는 대부분 모국어로부터 인지적 전이를 받은 결과이다. 이외에도 주목해야 할 것은 바로 '그'의 과도한 사용인데 이는 학습자의 개인적 발화 습관에 기인하는 것으로 조사되었다.

4장에서는 앞선 논의를 바탕으로 하여 한국어 구어 담화표지의 교육적 적용 방안을 탐색하였다. 우선 중·고급 중국어권 학습자의 특징과 구어 담화표지가 지니고 있는 특수성 등에 착안하여 교수·학습 시 준수해야 할 세 가지의 원리, 즉 '인지 강화의 원리', '전략 및 기능 의식 상승의 원리', '모국어 전이 효과 활용의 원리'를 제시하였다. 다음으로 구어 담화표지의 인지와 사용에 중점을 두어 중국어권 학습자를 위한 절충식 교수·학습 모형을 설계하였다. 또한 담화표지의 사용이 구어의 전형적 특징임을 고려하여 말하기 기능을 중점적으로 교수하는 수업 또는 특강에서 구어 담화표지 교육을 실시한 후 그 효과를 설문지, 사후 테스트 및 수업 전후의 사용 대조를 통해 검증하였다. 마지막으로 구어 담화표지의 교수 방법과 교육 자료 개선을 위한 제언을 마련하였다.

이 책은 실용적인 관점에서 한국어 구어 담화표지의 이원적 기능 체계를 세웠으며 중간언어적 관점에서 중국어권 학습자들의 사용 양상과 특징을 밝히고 그 원인을 질적으로 분석하였다. 이를 바탕으로 중국어권 학습자를 위한 한국어 구어 담화표지 교수·학습의 원리 및 모형을 제시하여 그 효과를 검증하였다는 점에서 의의를 찾을 수 있다.

이 책은 중·고급 중국어권 학습자를 위한 말하기 능력, 특히 일상 구어의 의사소통 능력을 전반적으로 향상시키고자 하는 목적에서 집필되었다. 일상 구어의 의사소통이라는 영역은 여전히 다양한 연구의 필요성이 남아 있는 분야라고 할 수 있다. 이것이 이 책을 집필하게 된 직접적 이유에 해당한다. 필자가 이 책을 만들기까지 많은 분들의 도움이 있었다. 우선 민현식 선생님께 감사를 드린다. 늘 아버지처럼 저에게 주신 사랑과 격려는 제가 학문을 지탱할 수 있는 가장 큰 힘이 되었다. 앞으로 선생님의 은혜를 조금이나마 갚기 위해서라도 매 순간 최선의 노력을 다하겠노라 이 자리를 빌어 다짐해 본다.

박사 논문 심사 과정에서 부족한 논문을 꼼꼼하게 살펴주신 구본관 선생님, 김호정 선생님, 강남욱 선생님과 지현숙 선생님, 그리고

서울대 국어교육과 교수님들께 감사의 마음을 전한다. 항상 따뜻하게 보살펴 주신 박덕유 교수님, 손영애 교수님, 신명선 교수님께도 감사의 말씀을 드린다. 이 책의 교정을 도와준 신범숙 선생님, 김은희 선생님께도 감사드린다. 그리고 무엇보다도 이 책의 출판을 위해 많은 관심과 배려를 아끼지 않으신 박문사의 윤석현 사장님, 최인노 과장님을 비롯한 출판사 직원 여러분께도 감사의 마음을 전한다. 이 분들이 없었다면 이 책이 세상에 모습을 드러낼 수 없었을 것이다.

마지막으로 오랜 세월 변함없는 사랑으로 저를 지켜주신 부모님께 고개 숙여 이 책을 바친다. 그리고 늘 곁에서 힘이 되어 준 우리 남편, 시간에 쫓겨 늘 함께 할 수 없었지만 엄마에게 투정 한 번 부리지 않은 아들에게 미안함과 고마움을 함께 전한다.

2018년 7월 20일
유나

목 차

머리말/5

표, 그림 목차

〈그림〉

제1장

서론

중국어권 학습자를 위한
한국어 구어 담화표지 교육 연구

연구의 필요성 및 목적

한국어교육에서 의사소통 교수법이 도입된 이래 한국어 학습자의 의사소통 능력 신장에 대한 관심이 높아졌을 뿐만 아니라 다양한 의사소통 상황을 학습자들에게 제공하여 한국어에 빈번히 노출시킴으로써 학습자들이 한국어를 보다 정확하게 이해하여 실제 상황에서 적절한 표현을 선택하여 최대한 자연스러운 의사소통이 이루어질 수 있도록 하고 있다.

리버스(Rivers, 1981)에 의하면, 일상적인 언어 활동에서 말하기는 30%, 듣기는 45%, 읽기와 쓰기는 각각 16%, 9%를 차지한다고 하였다(김선정 외, 2010:17). 이처럼 의사소통의 약 75%가 구어로 이루어지는 것인 만큼 언어 교육 분야에서 구어에 대한 연구의 중요성이 부각되고 있다. 한국어교육에서도 구어 의사소통 교육, 즉 듣기 교육과 말하기 교육에 대한 중요성이 강조되면서 구어적 요소에 관한 다원적인 시도가 진행되어 왔다. 초급 학습자들이 기본적인 음운, 어휘, 문법, 문형 등의 기본 요소를 익히는 것이 최우선적인 일이라면 중·고급 학습자들의 경우는 이보다 더 종합적인 요소의 이해 및 사용 능력이 요구된다. 학습자들은 점차적으로 목표어에 대한 지식을 축적하면서 구어 발화 시 단순한 문법적 표현만을 사용하는 것에 그치지 않고 미세한 태도나 심리 상태까지도 전달하려는 욕구도 강해지기 마련이다. 이는 발화 내용의 진리치를 보장하는 기본적인 언어 장치 이외에 매끄럽고 원활한 의사소통을 위한 전략적 언어 장치들을 동시에 터득해야 함을 반영한다. 구어 담화표지는 바로 이에 속한다. 담화 전략으로서의 담화표지는 구어에서 종종 사용되며[1] 발화의 표면적 내용에 기대지 않고 그 내용 뒤에 숨어 있는 발화 효과, 화자의 미묘한 심리의 표출 및 해석에 있어 독특한 역할을 한다. 화자가 이를 잘 사용하면 자신의 의도나 태도를 적절하게 나타내어 원만한 대화 관계를 유지하는 데 긍정적인 효과를 얻을 수 있다.

민철: 성호야, 내일 나 이사 가는데 그때 **좀** 도와줄래?

성호: **그럼**. 몇 시까지 가면 되는데?

위 예문의 부탁 화행에서 나타나는 담화표지 '좀'을 보자. 화자인

---

1 담화표지가 일상대화에서 차지하는 비중을 통계로 나타낸 선행 연구가 그리 많지 않은데 그 중 임규홍(1996:6)의 연구 자료인 한국인 대화 중에 나타나는 담화표지의 사용 실태 조사 결과를 보면, 전체 담화에서 담화표지가 차지하는 비율이 14% 이상으로 나타난 바 있다. 이 정도의 비중이면 국어 교육뿐만 아니라 한국어교육에서도 간과할 수 없는 연구 분야라고 생각된다.

민철은 도움 요청이 청자에게 끼치는 잠재적인 심리 부담을 줄이기 위해 언어적 완화 장치인 '좀'을 동원한다. 한편, 청자의 입장에서 보면 화자의 이러한 조심스러운 부탁을 크게 부담스러워하지 않고, 자신을 배려해 주는 화자의 공손성을 감지하므로 심리적으로 거부감 없이 편하게 느끼게 된다. 또한 성호는 상대방의 부탁을 기꺼이 들어주겠다는 심리적인 태도를 표현하기 위해 일반적인 응답 형식(예: '응')보다 담화표지 '그럼'을 사용하고 있다. '그럼'을 통해 표출되는 적극적인 태도가 청자인 민철에게 전달되어 두 사람의 우호적인 관계 유지에 긍정적인 역할을 한다. 이처럼 '좀'과 '그럼'은 겉으로 보면 명제적 의미 전달에 기여하는 다른 필수적 문장 성분에 비하면 그다지 중요해 보이지 않는다. 그러나 이에 대한 화자와 청자의 적절한 이해와 사용은 의사소통에 있어, 특히 상호작용이 활발히 이루어지는 면대면 대화에서 중요한 효과를 발휘한다는 점은 주목할 만하다.

한국어교육 분야에서 구어 담화표지는 오랫동안 그 교육적 가치가 그리 높지 않은 것으로 평가되어 이론적 연구나 교육 현장에서 적극적인 관심을 끌지 못하였다[2]. 그러나 1980년대부터 화용론과 담화분석 등의 이론이 언어 연구 분야에 도입되기 시작하면서 구어 담

---

2 구어 담화표지는 여타 일반적인 어휘와 문법 요소에 비하면 극명한 차이를 지니는데 자주 거론되는 것으로는 의미나 통사적인 구성에 있어서 꼭 필요한 것이 아닌 언어의 주변적 요소라는 것이다. 바로 이 때문에 김종택(1982), 노대규(1989, 1996), 남기심·고영근(1985)을 비롯한 초기 연구에서는 담화표지를 '군말, 덧말, 머뭇말, 입버릇, 주저어, 삽입어' 등으로 부르며 매우 부정적인 시각을 보여 주었는데 이는 그 당시의 연구자들이 견지하고 있던 전통적인 문장 문법 차원의 연구 관행에서 빚어진 결과라고 할 수 있다.

화에서 빈번하게 실현되는 '잉여적' 표현들의 담화 기능이 긍정적으로 인정되어 '담화표지'라고 칭해졌고, 이에 대한 연구가 본격적으로 이루어지기 시작하였다. 무엇보다도 고무적인 것은 담화표지에 대한 연구자들의 시각이 종래의 문장 중심 연구에서 담화 중심 연구로, 순수한 품사적 접근에서 담화 기능적 접근으로 전환되었다는 것이다. 화용론자나 담화분석론자들은 담화표지가 실제적인 의미가 없고 통사적으로 아무런 제약도 받지는 않지만, 담화 맥락에서 일정한 담화 기능을 수행할 수 있는 기능적 언어 요소라고 주장하고 있다. 이러한 담화표지는 문자적인 내용보다는 화자의 발화 의도와 태도를 표현하는 것에 기여하고 있으므로 이를 적재적소에 잘 적용하면 화자의 내재적 심리 전달은 물론 원활한 대화를 이끄는 활성제로서의 역할도 할 수 있어 연구자들은 담화표지를 일종의 의사소통 전략으로 부각시켰다. 이와 같은 이유로 한국어교육에서도 구어 담화표지를 다른 언어 요소와 함께 비중 있게 다룰 것을 강조하고 있다.

그렇지만 중국어권 학습자들에게 있어서 한국어교육 항목으로서의 담화표지를 원활하게 사용하는 것은 담화표지 자체의 복잡성과 한·중 언어의 차이 때문에 쉬운 과제는 아니다. 첫째, 학습자들은 담화표지의 형태와 기능 대칭(對稱)의 복잡성으로 인하여 어려움을 겪는다. 담화표지는 형태적으로 고도의 고정성을 지니고 있으며 단일한 형태를 취하더라도 다양한 의미와 기능을 실현한다는 특징이 있다. 이들은 기본적인 어휘적 용법에서 벗어나 대화 맥락에서 특수한 의미나 기능을 생성하여 다양한 용법을 부각시키게 된다. 역으로 어느 특정한 기능은 다양한 담화표지로 실현될 수도 있다. 형태와 기능 간의 이와 같은 복잡한 교차 관계는 교수·학습 과정(예: 교육 내용 선정, 교재에서의 배열 순서 등)에 적지 않은 고민거리를 던져 준다. 둘째, 대조언어학적인 관점에서 볼 때 담화표지는 세계의 모든 언어에 보편적으로 존재하지만 기타 범언어적인 요소와 달리 언어마다 그 구체적인 실현 양상이 상이하다. 한·중 담화표지 역시 범주적 접근법으로 면밀하게 대조하기에는 그 체계와 분포 양상이 상이하다[3]. 학습자들은 두 언어 요소 간의 대응 관계가 성립되지 않을 때 특히 어렵다고 생각한다. 그 결과, 담화표지는 한국어 모어 화자들에 의해 자연스럽고 다양하게 사용되지만 중국어권 학습자들의 실제 대화에서는 제한적이고 저빈도로 산출된다[4]. 이와 같은 학습자의 담화표지 사용 부진은 교재의 불충분한 설명과 교육 현장에서의 교수·학습 의식의 부족 등이 빚어낸 결과라고 볼 수 있다. 이 책의 2장 3절의 분석 결과에서 구어 담화표지가 교육 현장에서 적극적인 관심을 받지 못하고 있으며 체계적으로 기술·교육되고 있지 않음이 확인되었다. 이러한 측면에서 보면 학습자들의 담화표지 사용 능력의

---

3 양 언어의 담화표지 전반을 통합적이며 과학적으로 분석하는 것은 매우 지난한 과제이다. 하지만 필자는 한국어를 기준으로 양 언어의 담화표지 대응 양상을 부분적으로나마 제시하고자 다음과 같은 틀을 적용한다.

한국어	중국어	번역 관계	예시
X	X'	X=X'	아니-不是 등
X	X'	X〉X'	뭐)什么, 어디)哪里,哪儿 등
X	X'	X≠X'	저기 등
X	∅	-	저런, 글쎄 등
∅	X	-	回頭, 完了, 這不, 別說 등

4 모국어 집단 대비 중국어권 학습자들의 구체적인 구어 담화표지 사용 양상은〈표 3-5〉에서 자세히 제시하였다.

향상을 위해 교육적 역량을 강화시키는 것을 우선적인 해결 과제로 제시해야 한다.

학습자의 목소리를 들어보면 구어 담화표지 교육에 대한 필요성을 재차 실감할 수 있다. 담화표지는 발화를 더 현장감 있게, 생동감 있게 하는 역할을 하며 해당 화자의 발화 습관도 엿볼 수 있다. 담화표지의 적절한 사용은 고도의 말하기 능력을 갖추고 있음을 보여 준다. 이것이 바로 중·고급 학습자, 특히 모어 화자와 같은 자연스러운 구어 능력을 갖고자 하는 고급 이상의 학습자들이 습득하고자 하는 학습 내용이다. 그들은 정형적인 교재에 등장하는 교과서식의 한국어를 쓰는 것에 더 이상 만족하지 못하고 모국어와 같이 자신의 스타일이 들어가 있는 생생한 한국어를 습득하기를 원한다[5]. 학습자 중심을 지향하는 한국어 교육 현장에서 이러한 학습자의 요구에 부응하여 구어 담화표지에 대한 체계적인 교육이 이루어져야 한다고 본다[6].

그러나 아쉬운 것은 위와 같은 구어 담화표지 교육의 절실함에 비하면 이론적 측면이든 응용적 측면이든 그 연구의 축적이 충분하지

---

5 2장 4.1.에서는 이에 대한 구체적 설문 조사 결과를 다루었다.

6 한국어교육에서 학습자들의 이러한 요구를 적극적으로 반영하는 시도도 꾸준히 이루어져 왔다. 구어 문법과 문어 문법의 구별, 실제 언어 사용을 지향하는 문법관의 변화 등이 그것이다. 그 중 국립국어원(2010)의 '국제 통용 한국어교육 표준 모형 개발' 보고서(1단계)에서의〈언어 지식 영역의 '어휘' 부분〉을 보면, 담화표지를 독립어로 규정하면서 5급부터 학습자들이 이들을 이해하고 사용하는 능력을 길러야 한다고 명시적으로 제시하고 있다.

5급: 감탄사, 접속부사 등의 독립어(어머, 저기, 뭐 등)를 이해하고 상황에 맞게 사용한다.

않다는 점이다. 기존 연구를 살펴보면 대부분의 경우 담화표지의 개념이나 정의, 특징, 형태와 범위 설정, 기능, 분류 등 기본적 이론에 집중되어 있다. 담화표지의 교육에 대한 논의는 활발해졌으나 아직까지는 연구자들의 개인적 연구 목적에 따라 개념과 범위 면에서 상당한 이견을 보이고 있다. 이는 한국어교육에까지 파급되어 유사한 문제점이 드러나고 있는데, 이에 대해 안주호(2009)는 다양한 담화표지의 기능별 체계화가 이루어지지 않은 상태에서 어떤 항목을 먼저 교수하고, 표준형으로 제시할지 그 기준이 모호하고 교육 목록을 설정하는 데도 많은 의견 차이를 보이는 등 담화표지를 교육함에 있어 나타나는 문제점들을 밝힌 바가 있다. 교육 현장에서도 담화표지가 체계가 번잡하고 교재에 제시된 내용 역시 표준화되어 있지 않아 한국어교사들이 이를 교육하는 데 갈피를 잡기 힘든 실정이며, 이러한 현실 속에서 엄밀하고 효과적인 담화표지 교육을 기대하기는 어렵다. 그러므로 이 분야에 대한 면밀한 통찰과 분석, 그리고 교육 현장에서의 적용이 시급한 과제라고 할 수 있다.

최근 몇 년간 중국어권 학습자를 위한 한국어 구어 담화표지 교육에 관한 연구가 점진적인 증가세를 보이고 있으나, 양 언어에 공존하는 개별적 담화표지 중심으로 대조·분석하는 것에 한정되어 있는 것이 대부분이며 대조 결과를 활용하여 세우는 교육 방안도 만족스럽지 않은 측면이 많았다. 특히 중국어권 학습자들의 다양한 한국어 담화표지의 실제 사용 양상에 대한 연구는 극히 드물었다. 필자는 이러한 공백을 조금이나마 채우고자 중간언어적 관점에서 중국어권 학습자들의 구어 담화표지의 구체적 사용 양상을 분석하여 이를 바탕으로 실제적인 담화표지 교육 방안을 구안해 보고자 한다. 이를 위해 다음과 같은 단계별 절차를 상정하여 연구 목적을 달성하고자 한다.

첫째, 담화표지를 둘러싼 기존 논의를 고찰하여 구어 담화표지의 용어와 개념, 특징 등을 정립한다.

둘째, 한국어교육 항목으로서의 구어 담화표지의 타당성을 검토하고 교육용 목록을 추출하여 이를 기능에 따라 분류하고 구어 담화표지 교육 내용 범주를 구축한다.

셋째, 중국어권 학습자가 직접 산출한 일상대화 자료를 활용하여 구어 담화표지의 구체적 사용 양상을 분석하고 그 원인을 질적으로 파악한다.

넷째, 중국어권 학습자를 위한 구어 담화표지 교육 방안을 구안하고 그에 대한 교육 모형의 효과를 검증한다.

연구사

연구사는 언어학에서의 연구, 국어학에서의 연구와 한국어 교육에서의 연구의 세 분야로 구분하여 고찰하고자 한다.

▌2.1. 언어학에서의 연구

라보브와 팬샬(Labov & Fanshel, 1977)은 이 분야에 대한 최초의 연구자로 담화표지(discourse marker)라는 용어를 처음으로 제시하였지만 용어만 언급하였을 뿐 담화표지를 체계적으로 다루지 않았다. 이후 담화분석에 대한 논의가 고조된 가운데 1980년대에 접어들면서 담화표지에 대한 연구가 활발하게 진행되기 시작하였다. 밴 다이크(Van Dijk, 1979), 스터브즈(Stubbs, 1983), 레빈슨(Levinson, 1983),

스코러프(Schourup, 1985) 등의 연구가 나왔으나 담화표지에 대해 각자 상이한 명칭을 붙여 다르게 해석하였다. 담화표지에 대한 본격적인 연구는 쉬프린(Schiffrin, 1987)부터라고 할 수 있는데 이 연구는 담화표지를 분석하는 이론적 틀, 즉 담화 일관성 모델을 제기하였다는 데에서 큰 의의를 갖는다. 쉬프린은 담화표지의 범위를 넓게 잡아 간투사, 접속표지, 부사, 절 형태를 모두 포함시켰으며 그 중 11개를 대표 항목으로 삼아 이들 담화표지가 담화의 일관성을 구축하는 데 발휘하는 기능을 자세히 논의하였다. 이는 이론적 측면과 방법론적 측면에서 가치가 높은 참고 준거를 제공하기도 하였다. 이후 프레이저(Fraser, 1988, 1990, 1999), 자커(Jucker, 1993), 블랙모어(Blakemore, 1987, 1992, 2002) 등 후속 연구자들도 담화표지라는 용어를 일관되게 사용하였으나 분석의 착안점이 상이하여 담화표지의 정의, 범위, 분류, 기능 등의 면에서 이견을 드러냈다. 이상의 연구가 공시적 관점에서 담화표지를 바라보았다면 브린턴(Brinton, 1996)은 통시적인 연구에 속한다. 브린턴은 대부분의 담화표지가 실제 사용에서 다양한 의미를 생성하는 것이 일종의 문법화 과정이라고 간주하면서 그는 담화표지 대신 화용표지(pragmatic marker)라는 용어를 지어 사용하였다. 영어 담화표지에 대한 이러한 연구 시각은 한국에서의 담화표지 분야에 그대로 투사되었는데 이 부분에 대해서는 2장 1절에서 상술하도록 하겠다.

　담화표지와 명확하게 구분하기 어려운 개념으로는 '간투사'가 있는데 이에 대한 주목할 만한 연구는 Journal of Pragmatics(1992)의 간투사 특집에서 나타났다. 이 특집호에서 아메카(Ameka), 크릭

(Kryk), 위어즈비카(Wierzbicka) 등의 연구자들은 간투사의 의미나 기능, 간투사와 담화표지와의 관계 등에 다원적으로 접근하였는데 감탄사와 간투사 분야의 후속 연구를 위한 일부 지침을 마련해 주었다.

중국에서의 담화표지에 대한 연구는 1980년대부터 시작되어 21세기에 들어서면서부터 활성화되었다. 중국어 담화표지에 대한 전반적인 연구는 염영평(冉永平, 2000), 황대망(黃大网, 2001), 풍광무(馮光武, 2004), 사지견(謝志堅, 2009), 은수림(殷樹林, 2012) 등에 의해 이루어졌는데 담화표지에 관한 규정, 항목 설정 등 면에서 상당히 많은 이견을 보이고 있다. 이 중에서 염영평(冉永平, 2000)은 중국어 담화표지의 체계화를 시도하였으며 은수림(殷樹林, 2012)은 최근 발표한 종합적인 연구로서 '총론(總論)'과 '분론(分論)'에서 담화표지를 거시적인 측면과 미시적인 측면에서 다루었다는 점이 주목을 받았다. 또한 현대 중국어 구어에서 자주 사용되는 담화표지에 대한 개별적인 연구도 다수 진행되었는데 "完了", "回頭"의 담화 기능을 살핀 고증하(高增霞, 2004a, 2004b), "然后"의 문법화 과정을 고찰한 왕위(王偉, 2004), 구어의 출현 빈도가 높은 "這个", "那个", "不是", "你知道"를 자세히 분석한 유려염(劉麗艶, 2005), "別說"를 다룬 이종강(李宗江, 2014), "這不", "可不"를 연구한 우보연(于宝娟, 2009) 등이 대표적이다. 이들 연구는 중국어에서 실사(實詞)로 나타난 여러 어휘들이 문법화 기제에 의하여 허사화(虛詞化)되어 일정한 기능을 수행하는 양상을 고찰하는 데 주안점을 두고 있다는 점에서 본 연구와 상통하는 점이 있다.

기존 연구들을 살펴보면, 담화표지의 용어 자체가 아직 논쟁의 여지가 많아 통일된 용어도 확정되지 못하고 있는 실정이며 그 외연도 불명확하여 다른 용어와 혼용되기 쉽다. 또한 이론적 연구 성과를 각 언어에 적용시킬 때, 특히 어족이 다른 언어에 적용될 때 불가피하게 상이한 양상을 띠게 된다. 예를 들어, 영어에서의 'well'은 중국어나 한국어로 그대로 대응시키기가 어렵고 역으로 중국어의 "這不"에 대응되는 영어 표현이나 한국어 표현도 복잡하다. 한국어의 '어디'는 영어나 중국어로 대응하여 번역하기도 쉽지 않다. 따라서 (한)국어학 분야에서의 담화표지 연구는 영어, 중국어 대상 연구의 성과를 참고하되, 한국어 고유의 언어적 특징을 고려하여 조정해야 할 필요가 있다.

▌2.2. 국어학에서의 연구

국어학계에서 담화표지에 대한 초기 연구들은 담화표지를 '감탄사', '문장 부사', '접속부사' 등의 품사로 취급하여 주로 형태·통사론적 차원에서 다루어 왔다. 그 후 전통적인 문법에서 탈피하여 담화 상황에서의 기능에 주목하여 다양한 모색이 시작되었고 담화 차원의 새로운 시각으로 담화표지를 바라보는 시도가 활발해졌다. 특히 1990년대에 영어학 분야의 연구 성과를 국어에 적용하는 연구가 본격적으로 이루어지기 시작하였는데 연구 경향은 크게 두 가지로 구분된다. 첫째는 담화표지 전반에 걸쳐 개념, 특징, 분류 및 기능 등을 거시적으로 분석한 연구이고 둘째는 특정 담화표지를 개별적으로 로 분석하여 해당 담화표지가 다양한 맥락에서 행사하는 기능을 면밀하게 고찰하는 연구이다.

전자에 해당되는 대표적 연구는 국어학계에 처음으로 담화표지의 특징을 종합적으로 제시한 임규홍(1996)과 담화표지를 문법화의 관점에서 설명한 김태엽(2000, 2002) 등이 있다. 또한 주목할 만한 박사 학위 논문으로는 오승신(1995)과 이정애(1998)가 있다.

담화표지의 개념과 특징을 다룬 초기 연구는 임규홍(1996)이 대표적인데 담화에 나타나는 다양한 표지를 포괄하는 상위 범주를 담화표지로 보고 그 하위 범주로서 기능, 형태, 현상에 따라 여러 가지로 분류할 수 있다고 정리하였으며 그 특성을 일곱 가지로 구분하여 상세하게 기술하였다. 그는 또한 특성에 따라 국어 담화표지를 어휘적인 것과 비어휘적인 것으로 범주화하였다. 이 연구는 학계에서 널리 인정받으면서 빈번히 인용되었으며, 일반 담화에서 출현하는 담화표지를 학문적으로 폭넓게 규정하는 데 크게 이바지하였다.

김태엽(2000)도 담화표지를 문장의 명제 내용에는 직접 관여하지 않으면서 화자의 발화 의도나 심리적 태도를 효과적으로 전달하는 의사소통의 단위로 보고, 그것을 분류한 선행 연구의 기준과는 달리 담화표지가 본디부터 그 기능을 가졌는지 아니면 다른 기능을 수행하던 말이 담화표지의 기능으로 변화하였는지에 기준을 두고 '본디 담화표지'와 '전성 담화표지'로 나누었다. 김태엽(2002)에서는 전성 담화표지 중 내용어가 담화표지로 바뀌어 사용되는 형태에 한하여 그것을 단어와 구로 일차적으로 양분한 다음, 각각에 대하여 하위분류를 하여 그 담화 기능을 기술하였다. 또한 내용어가 담화표지로 전성하는 과정 중에 분화 원리에 따른 문법화가 관여하는 사실과 문법화의 네 가지 기제가 작용하고 있음을 확인하였다.

담화표지를 명명하는 용어에 대한 논쟁은 끊임없이 이루어져 왔다. 오승신(1995)은 간투사(interjections)라는 용어[7]를 사용하여 그 개념과 범위를 확인하고 전반적인 특성들을 알아본 후 발화 상황에서 화자와 청자의 관계에 의하여 비의사전달과 의사전달의 기능을 하는 간투사로 크게 구분하였고 의미 기능에 따른 하위분류도 시도하였다. 이어서 국어 담화에서 흔히 쓰이는 간투사 '네', '아니', '글쎄', '뭐', '자' 등이 수행하는 독립적 또는 보조적인 기능을 중점적으로 분석하였다. 이 연구는 간투사에 대한 국어학 분야의 초기 연구로서 간투사의 명칭, 범위, 기능 등을 둘러싸고 있는 여러 쟁점에 대한 기초 자료를 마련해 주었다. 이정애(1998)는 문법화의 관점에서 화용표지(pragmatic marker)에 대한 설명을 시도하였다. 이 연구에서는 먼저 화용표지라는 명칭의 타당성을 검토하기 위해 감탄사, 간투사, 담화표지 등의 개념과 메우기 등의 구어 자질의 특성을 견주어 보고 이들 개념의 유사성을 고찰한 다음 화용표지의 개념을 구체적으로 규정하였다. 이어서 문법화에 관한 이론적 배경을 살펴보고 이를 근거로 하여 의존적 화용표지의 발달 과정과 특성을 분석하였

---

7 면밀히 조사해 봐야 알겠지만 국어학계에서 간투사라는 용어를 처음에 도입한 것은 영어학 분야의 간투사(interjection) 관련 연구들로부터 영향을 받은 것으로 추정될 수 있다. 간투사, 감탄사 등 용어는 종래에 구어 담화표지와 혼동되기 쉬운 것으로 담화표지의 개념을 정립하는 데 있어 이들의 관계를 다루는 일이 필요할 것으로 보인다. 따라서 이 책의 2장 1절에서 이에 대한 논의를 진행할 것이다.

다. 여기서 '가지고', '말이야'가 화용표지화한 것과 문법 형태인 '로' 와 '요'가 화용적 특성으로 발달한 양상의 고찰에 주력하였다. 마지 막으로 '이제', '이, 그, 저', '그냥', '뭐' 등의 화용표지 발달 과정과 담 화 기능을 고찰한 다음 각각의 발달 과정을 제시하였다. 이 연구는 문법화 이론을 도입하여 통시적인 시각으로 문법 형태나 어휘 형태 를 지니고 있는 요소들이 화용표지로 전성하는 과정을 밝혔다는 점 에서 그 가치가 있다고 할 수 있다. 단 모든 화용표지를 망라하여 의 미와 기능을 전반적으로 다루지 못한 점이 아쉬움으로 남는다.

특정 담화표지를 개별적으로 분석하여 해당 담화표지가 다양한 맥락에서 행사하는 기능을 면밀하게 고찰한 연구는 거시적인 연구 보다 훨씬 활발하게 진행되어 왔다. 이에 대한 선행 연구 성과를 간 략히 살펴보면, 감탄사로부터 전성된 담화표지에 대한 연구는 '그 래'를 다룬 신현숙(1991)과 이한규(1996), '예/네'를 분석한 강현석 (2009)과 임선희·김선희(2014), '네'에 대한 화용적 분석을 시도한 김하수(1989), '예'의 담화 의미를 분석한 이한규(2011), '자'의 담화 기능을 분석한 김영철(2008), '글쎄'를 다룬 이원표(1993), 이해영 (1994)과 김선희(1995), '아니'에 초점을 두어 논의한 이원표(1993), 송병학(1994), 김미숙(1997), 이한규(2012) 등이 있다. 부사 형태를 지니고 있는 담화표지에 대한 연구로는 '이제(인자)'에 대한 이원표 (1992), 이기갑(1995), 임규홍(1996), '가만'을 살펴본 김선희(1995), '정말'을 다룬 임규홍(1998b), '참'을 분석한 강우원(2000), 김영철 (2007)과 구종남(2015), '막'에 대해 고찰한 최지현(2005), 안정아 (2008)와 김영철(2010), '좀'을 문법화의 관점에서 의미·화용론적 연구를 한 주경희(2004)가 있고, 형태·운율적 특성과 기능을 동시에 분석한 송인성·신지영(2014)이 있다.

접속부사에 속하는 개별적 담화표지에 대한 연구로는 '그러니까(근까), 그러나, 그렇지만'을 다룬 신현숙(1989), 이기갑(1994) 등이 있고, 담화 전략으로서의 '그러니까'의 담화 기능을 분석한 강소영(2009) 등이 있다. 지시어와 관형사의 경우 단독으로 다룬 논문은 없었으나 김선희(1995), 임규홍(1996), 이정애(2002) 등의 연구에서는 '이, 그, 저'와 '무슨' 등을 담화표지 부류에 포함시켜 언급하고 있다.

의문사 중에서는 '뭐', '왜', '어디'를 담화표지로서의 의미로 언급한 김선희(1995)가 있는가 하면 이 세 개의 의문사가 일종의 문법화의 결과로 보고 이를 깊이 분석한 김명희(2005), 담화표지화(즉 문법화)의 정도에 따라 논의한 박석준(2007)이 있다. 더 개별적인 연구로는 구종남(2000)과 정윤희(2005)를 들 수 있는데 이들은 '뭐'를 연구 대상으로 삼아 전통의 의문사로부터 부정사와 담화표지로 발달해 나가는 문법화 과정으로 말미암아 생성되는 다양한 담화 기능을 자세히 나열하였다. 이외에도 남길임·차지현(2010)과 송인성(2013)이 있는데 전자는 대량의 실제 구어 자료에 나타나는 '뭐'의 출현 양상을 정리하면서 기능을 분석하였으며 후자는 자유발화 말뭉치를 대상으로 '뭐'의 기능과 이것에 관련된 운율적 요소가 어떠한 특성과 패턴으로 실현되는지를 파악하였다. 또 '왜'를 중심으로 그 기능을 분석한 이한규(1997)가 있고 '어디'에 대한 연구로 구종남(1999), 이한규(2008)가 대표적이다.

이외에도 구절 형태를 갖추는 담화표지 중에서 '말이야'에 대한

임규홍(1998a), '-아/어 가지고'의 기능을 논의한 임규홍(1994)과 그
것의 문법화를 분석한 손혜옥(2012), 구어 담화에서의 '그래 가지고'
의 의미를 분석한 강소영(2005), '뭐냐'와 '있지'에 대해 다룬 임규홍
(1995), '뭐야'에 대한 이원표(2001), '뭐랄까'를 다룬 김선희(1995),
'있잖아(요)'에 대한 김주미(2004), '그러게'의 기능을 분석한 안윤미
(2012) 등이 있다.

▌2.3. 한국어교육에서의 연구

한국어교육에서의 담화표지는 1980년대 후반부터 그 중요성이
인정받으면서 여러 연구자들에 의해 연구되기 시작하였다. 이 부분
에서는 담화표지의 이론적 연구(예: 담화표지의 기능, 특징, 판별, 분
류, 한·중대조 등), 중간언어에 나타나는 사용 양상 연구, 이들 결과
를 활용하여 교육적 처치나 방안을 다루는 연구의 세 가지 유형으로
나누어 고찰하겠다.

먼저 담화표지 분류에 대한 초창기의 연구를 보면 안주호(1992)
는 담화구조와 결합하는 담화표지를 기능을 중심으로 부름표지, 시
발표지, 전환표지, 결말표지로 유형화하면서 각 범주의 예도 포함하
여 제시하였다. 이 연구는 이전에 문장 단위에서 설명될 수 없었던
담화표지를 담화적 단위로 설정하여 체계화시켰다는 점에서 그 의
의를 찾을 수 있다. 그러나 담화구조에 근거한 기능 분류 체계는 담
화표지의 모든 기능, 특히 담화 상황에서 수행되는 다양한 기능을

포착하기에는 상당한 어려움이 수반되었다. 이에 대한 개선을 목적으로 하여 전영옥(2002)은 구미(歐美)의 이론 연구를 참조하여 담화표지의 분류 체계를 더 세밀하게 다루었는데 이 연구는 대화 관련 요소 간의 역동적 관계에 근거하여 화제와 화제의 결속, 화자와 화제의 결속, 화자와 청자의 결속(상호작용)으로 일차적인 분류 체계를 제시하였다. 이러한 시도는 기능주의 언어학자로부터 많은 지지를 받았고 후속 연구도 이를 광범위하게 참조하고 있다. 또한 이 연구에서는 대량의 구어 전사 말뭉치를 바탕으로 운율적, 형태적, 통사적, 의미적, 화용적 측면의 한국어 담화표지의 전반적 특징을 고찰하였다. 그렇지만 담화표지의 실현 항목이 복잡하고 그에 대한 판단 기준이 통일되어 있지 않으며 담화표지의 범위가 넓으므로 이에 대한 재고의 여지가 많다고 하겠다. 특히 이차적인 기능 제시 부분에서는 담화표지의 모든 기능을 다루기에는 역부족이고 혼란스러운 부분도 있어 보인다.

담화표지의 기능에 대한 연구는 최근 상당수 진행되고 있다. 먼저 박사 논문 김향화(2003)는 담화표지의 식별 기준으로부터 형태, 기능, 분포, 통사적 제약에 이르기까지 전면적으로 논의하였다. 이 연구에서는 담화표지의 주의 집중, 초점, 확인, 놀람, 망설임, 반박의 표시, 호기심 유발 등 기능을 나열하였지만 상위적인 담화와의 관계가 충분히 고려되지 못하고 기능 체계가 입체화되지 못한 점이 아쉬움으로 남는다. 이외에도 최근 개별적 담화표지의 기능을 분석한 심란희(2011)는 담화표지 '그냥'의 특징과 기능을 다루고 있는데 '21세기 세종계획'에 의해 구축된 구어 말뭉치와 드라마, 영화, 시트콤 대본을 분석한 다음 '담화 결속 기능'과 '양태적 기능'을 논의하였다. 이 논문은 '그냥'을 독립적으로 보지 않고 선행 연구에서 많이 다루어지지 않은 '다른 담화표지와의 공기 양상'에 대해서 분석하였다는 점에서 의의를 가진다. 그 외에 석사 논문도 몇 편 발표되었는데 이희정(2003)은 일상대화 자료에 나타나는 '그러-'형 담화표지들을 대상으로 하여 '텍스트 결속 기능', '화자의 의도성', '상호작용 기능'이 세 가지 측면에서 기능을 자세히 살폈고 기능별 사용 빈도도 함께 통계적으로 분석하였다. 그러나 분석된 일상대화의 참여자는 남성 3명, 여성 16명으로 양적으로 부족하고 그들에 의해 이루어진 대화는 6개에 불과하기 때문에 '그러-'형에 포함된 담화표지의 일부인 '그런데, 그러니까, 그래서, 그래 가지고, 그러면, 그리고'만을 발견하였고 나머지 형태를 고찰하지 못했다는 점이 문제시될 수 있다. 정선혜(2006)는 드라마, 영화 대본과 TV 특강 자료에 나오는 몇몇 담화표지 '글쎄', '뭐', '좀'을 대상으로 각각의 담화 기능을 매우 정밀하게 분석하고 있는 것이 인상적이다. 이들 연구는 기초 분석 작업으로 귀중한 연구 자료를 마련해 주었지만 실제 구어 대화 자료가 아니라 가공된 준-구어체 자료만 분석하였다는 것이 한계점으로 지적될 수 있다.

한편, 개별적 담화표지를 가지고 중국어의 해당 표현과의 기능을 대조한 연구도 있다. 진희(陳希, 2009)에서는 한·중 담화표지 중 대비성이 높고 사용 빈도도 높은 단문류 담화표지("話說回來"와 '그런데요', "對了"와 '있잖아')와 비구류 담화표지("啊"와 '요', "什么"와 '뭐')를 연구 대상으로 하여 담화 기능 대조를 진행하였으며 주요

(2011)는 한국어 담화표지 '뭐', '있잖아'와 해당 중국어 표현이 각각 담고 있는 의미와 기능을 대조·분석하였다. 그런데 이들 연구에 쓰인 분석용 자료는 드라마와 영화 대본이 전부이고 양적으로도 많은 한계를 지니고 있다. 또한 중국어 표현에 대한 분석이 면밀하지 못한 것도 문제점으로 지적될 수 있다. 한교(2011)는 한·중 감탄사를 대조하였는데 한국어 학습용 어휘 목록 중 고빈도로 사용되는 A등급 감탄사 12개를 연구 대상으로 선정하여, '21세기 세종계획' 구어 말뭉치를 이용하여 구체적인 의미 및 기능을 제시하면서 중국어 대역 문장과 비교·분석하였다. 그 결과, 양 언어 감탄사의 대응 양상을 완전대응, 부분대응과 비대응의 세 가지로 나누었다. 이 연구는 감탄사의 대조에 초점을 둔 결과물로 중국어와의 해당 감탄사 대응 여부를 결정할 때 유일한 기준으로 삼았다. 그러나 어떤 한국어 감탄사는 중국어로 번역할 때 감탄사를 제외한 상투 표현이나 다른 품사로 대신할 수 있는 경우가 아주 많아 이 연구의 대조 결과는 현저한 약점을 보인다. 이 외에 선신휘(2012)에서는 한국어 말하기에서 자주 쓰이는 긍정, 부정 응답 표지 '그래', '글쎄', '아니'의 담화 기능을 고찰하여 중국어와 비교한 후 해당 교육 방안도 제시하였는데, 이 연구에서는 담화표지의 개념을 매우 포괄적으로 받아들여서 담화표지로서의 기능에는 기본 의미와 화용 의미를 동시에 포함시켰다는 점에서 재고할 여지가 있다고 판단된다. 형몽아(2015)에서는 '뭐', '왜', '어디'를 연구 대상으로 삼아 그 담화 기능을 정립한 뒤 드라마 대본을 활용하여 각각의 기능에 대응되는 중국어 표현을 자세히 제시하였다. 정청청(鄭青青, 2013)과 진설매(2014)에서는 한국어

'어디'와 중국어의 "哪里/哪儿"의 용법을 의미적, 화용적, 통사적 이세 차원에서 대조함으로써 공통점과 차이점을 밝힌 바가 있는데 대조 결과는 대동소이하다. 원해운(2014)에서는 담화표지 '아니'와 중국어 해당 표현 "不是"에 초점을 두어 담화 기능, 형태적 특징, 통사적 특징에 대한 체계적인 대조를 시도하였다. 종합적으로 살펴보면, 이들 연구는 한·중 담화표지의 의미적, 통사적 특징 대조에 치우쳐 있어 양국의 언어·문화적 비교를 깊이 있게 다루지 않았다는 한계점을 안고 있다. 이와 같이 지금까지의 한·중 담화표지 대조 연구들은 중국인 연구자에 의해 이루어진 것이 대부분이다. 담화표지가 범언어적인 언어 현상이지만 각각의 언어에서 구체적 목록과 실현 기제가 서로 다르기 때문에 대역하기 어렵기 마련이다. 일대일로만 대응되는 경우가 극히 적고, 마땅한 중국어 표현을 찾을 때 연구자의 직관이 크게 개입되어서 대조 결과도 주관성이 높은 연구들이 많다. 그러므로 대조연구를 하는 데 있어 최대한의 객관성 확보가 현 연구자들이 최우선으로 고려해야 할 사항이라고 판단된다.

또한 중국어권 학습자들이 산출하는 담화표지의 구체적 양상을 중간언어적 관점에서 고찰한 연구도 있었다. 황정민(2008)에서 중국인 유학생 45명을 대상으로 하여 담화표지의 종류 및 사용 빈도수를 분석하여 한국어 모어 화자의 그것과 비교하였다. 이 연구에서 규정하는 담화표지의 종류와 분석용 자료가 제한적인 문제점이 있으나 성별에 따른 담화표지 사용의 차이점을 밝혔다는 점이 기타 연구와 크게 구별된다. 백은정(2011)은 한국어 모어 화자 10명과 중국인 고급 한국어 학습자 10명이 생산한 일상대화를 녹취하여 각각 10,950

어절로 구성된 전사 자료를 분석함으로써 두 집단의 담화표지의 실현 빈도 및 사용 양상을 기능별로 고찰하였다. 김현주(2013)에서도 25명의 중국인 학습자들을 선정하여 그들이 산출한 총 22,241어절의 대화 자료에 나타난 담화표지를 형태, 위치 및 기능 등 측면에서 분석하였다. 이들 연구에서 도출된 결과를 일반화시키는 데에는 양적인 한계가 현저하게 나타났으나 현재까지 학습자들이 산출하는 실제적인 대화 자료를 수집하는 담화표지 연구가 아직 많지 않은 실정에 비추어 볼 때 가치가 있다고 판단된다.

한국어 담화표지 총체에 대한 이론적 연구 결과를 실제적 교육과 접목시킨 연구의 경우, 개별적 담화표지를 대상으로 하는 미시적 연구가 주를 이루고 있으며 담화표지 전반을 다룬 연구는 극소수이다. 대표적인 것으로 안주호(2009)를 들 수 있는데 이 연구는 담화표지가 한국어교육에서, 특히 화용교육에서 필수적으로 교수·학습되어야 할 항목이라고 주장하면서 한국어교재에 나타나는 담화표지를 급별로 살펴보고 이를 바탕으로 한국어교육 교수요목으로서의 담화표지를 선정하고 위계화하였다. 그러나 분석 대상 교재(서울대 교재 및 연세대 교재)가 다양하게 선정되지 못하고 원어민 화자의 구어 말뭉치의 사용 실제도 전혀 다루지 않은 상태로 분석된 연구 결과이기 때문에 이를 담화표지의 분포 양상을 분석한 자료로 활용하기에는 어려움이 따르며, 이와 같은 빈약한 분석 결과에 근거한 교육 내용 목록과 위계화 방안의 신빙성도 다소 떨어질 수 있음을 간과해서는 안 된다. 현재 담화표지는 그 자체의 중요성에 비해 관련 논의는 아직 일관성 있게 다루어지고 있지 않다. 안주호(2009)는 비록 문제점을 안고 있다 하더라도 거시적 차원에서 담화표지에 대한 교육적 처치를 다루었다는 점에 입각하여 볼 때 이 연구가 획기적인 의의를 가진다고 해도 과언이 아닐 것이다. 향후 이러한 연구가 꾸준히 진행되면 머지않아 한국어교육에서 일관성이 한층 더해지는 담화표지 체계의 수립과 함께 현장 적용이 가능해질 것이다.

연구 대상 및 방법

　한국어 구어에서 빈번히 등장하는 담화표지에 대한 연구는 그간 주로 기술언어학적인 관점에서 이루어져 왔는데 아직까지는 담화표지의 개념, 범위, 기능 등의 면에서 불일치를 많이 보이고 있고, 또한 중국어권 학습자를 위한 한국어교육에 입각한 사용 양상 분석과 오류 해결에 대한 연구가 상대적으로 부족한 실정이다. 본 연구는 이러한 공백을 채우고자 시도된 것이다.

　2장에서는 우선 구어 담화표지의 용어를 이론적으로 정립하기 위해 담화표지와 비슷하게 사용되고 있는 몇몇 용어를 검토하였다. 필자는 국내외에서 이와 관련된 분야의 접근 경향을 고찰함으로써 연구 대상인 구어 담화표지의 개념을 정립하고 특징을 기술하였다. 또한 구어 담화표지가 현행 한국어교재에 어떻게 제시·설명되고 있는지, 주요 교육용 자료에 어떻게 기술되고 있는지를 비판적으로 분석하였으며 설문 조사를 통해 한국어교실에서의 교육 실태를 파악하였다. 설문 조사는 20명의 중국인 한국어 교사와 235명의 중·고급 중국어권 학습자를 대상으로 2014년 12월부터 2016년 3월까지 네 차례에 걸쳐 진행하였는데 주로 구어 담화표지에 대한 이해도 및 교육 현황, 교육 항목으로 선정된 담화표지의 난이도 및 교육적 효용성, 그리고 구어 담화표지 교수·학습 시의 고민 사항 등에 대해서 조사하였다. 구어 담화표지의 습득에 관한 이 연구에서는 주변의 언어 환경, 혹은 한국 거주 여부가 많은 영향을 미칠 수 있다고 보고 한국에서 한국어를 배우는 학습자(CK)와 중국에서 한국어를 배우는 학습자(CC) 두 집단[8]으로 나누어서 설문을 진행하였다. 구체적인 인원 구성은 〈표 1-1〉에서 제시하고 있다. 마지막 절에서는 구어 담화표지가 한국어교육 항목으로서의 타당성을 논의하며 일정한 판정 기준에 의거하여 구체적 교육용 목록을 추출하였다. 이러한 과정에서 필자는 선행 연구 결과의 검토, 빈도 통계, 전문가 검토 등의 방법을 활용하였다. 이어서 선정된 구어 담화표지들을 기능에 따라 분류하고 사용의 특수성을 고려하여 4차원적 교육 내용을 구축하였다.

---

8 CK집단은 주로 한국 내 대학교의 학부나 대학원에서 공부하고 있는 한국어 중·고급 수준에 준하는 중국인 학생(한국 체류 기간이 보통 2년 이상)들로 구성되며, CC집단은 중국 북경, 산동, 호남 등 지역의 4년제 정규 대학교에 재학 중인 중급 이상의 한국어과 학생들로 선정하였다.

〈표 1-1〉 설문에 참여한 인원 구성

집단 구분	인원수	여성	남성
교사	20명	18명	2명
학습자 CC	165명	151명	14명
학습자 CK	70명	55명	15명

　3장에서는 중국어권 학습자들이 구어 담화표지를 사용하는 양상을 파악하기 위해 그들이 한국어로 대화하는 실제 음성을 채록하여 분석 자료로 활용하였다. 분석에서는 담화 분석, 한·중 대조, 모어 화자와의 대조, 심층 인터뷰 등 방법을 종합적으로 사용하였다. 녹음에 참여한 학습자는 설문에 응한 학습자 중 말하기 능력이 상대적으로 높은 고학년 학부생(3학년, 4학년)과 대학원생 총 70명을 선정하였다. 또한 한국 거주 여부에 따른 유의미한 차이를 파악하기 위해 CK집단과 CC집단에서 각각 35명을 녹음 대상자로 선정하였다. 구체적 인원 구성과 총 녹음 길이는 〈표 1-2〉와 같다.

〈표 1-2〉 대화 녹음에 참여한 인원 구성 및 녹음 길이

	인원수	여성	남성	녹음 길이(단위: 분)
CK	35	27	8	약 1,200분
CC	35	33	2	
KN[9]	23	16	7	

9 KN은 한국인 모어 화자 집단의 약자이다. 그들은 대화 녹음에 참여한 일부 중국인 학습자들의 친한 친구이자 대화 파트너이다. 필자는 모어 화자의 구어 담화표지 사용 양상을 고찰할 때 이들의 음성적 자료를 참고할 것이다.

녹음 자료는 다음과 같은 특징을 지닌다. 첫째, 녹음된 대화는 발표, 토론, 연설 등과 구분되는 비공식적인 일상대화이다. 둘째, 단방향적인 대화가 아니라 대화 과정에서 상호작용이 이루어지는 양방향적인 일상대화로 대화참여자는 2-4명으로 제한되었다. 셋째, 피험자의 동질성 확보를 위해서 중국어권 학습자 집단 구성에 있어서 연령과 교육 배경 등을 고려하였다. 녹음 참여자는 모두 20대에서 30대까지의 대학생과 대학원생으로 통제하였다. 넷째, 구어 담화표지는 주로 친밀도가 높은 사람들 간에 이루어지는 비격식적 대화에서 많이 목격되므로 필자는 다양한 양상을 고찰하기 위해 대화참여자 간의 관계를 가급적 가까운 친구 사이로 한정하였다. 다섯째, 학습자와 모어 화자의 대화뿐만 아니라 학습자 간의 대화도 분석 자료로 활용하였다[10]. 여섯째, 고급 학습자가 연구 대상이라는 점에서 최대한 풍부한 자료를 획득하기 위해 한 차례의 대화 길이를 최소 10분으로 하였으며, 대화 주제는 주관적인 태도를 이끌어낼 수 있는 공통 관심 주제 2-5개로 한정하였다. 녹음이 상대적으로 짧을 경우, 해당 녹음 제공자에게 2차, 3차 녹음을 요청하였다. 마지막으로, 대화는 즉각적이고 비계획적인 대화여야 한다는 조건도 있었다. 필자는 대화 채록 시에 대화참여자들에게 미리 한번 연습했거나 이미 작성

---

10 가장 이상적인 분석용 대화 자료는 모어 화자와의 대화이지만 일부 학습자는 친밀도가 높은 한국인 친구를 찾기가 쉽지 않고, 친한 친구 사이라고 하더라도 사적인 대화 녹음을 꺼려하는 경우가 종종 있다. 또한 한국어과의 일부 중·고급 학습자들과 인터뷰를 실시한 결과, 한국어 수업 시간 외에도 같은 반 친구와 한국어로 대화하는 것을 선호한다고 나왔다. 따라서 필자는 대화의 자연스러움이 확보된 중국어권 학습자들 간에 이루어지는 대화도 활용하였다.

한 메모 등을 읽는 식으로 대화하면 안 된다는 것을 강조하였다.

채록된 대화 자료는 세 차례에 걸쳐 전사되었다. 여기에서 사용된 전사 기호는 다음과 같다.

〈표 1-3〉 대화 자료 전사 기호 제시

[ ]	: 대화 코드와 주제 등 정보
( )	: 담화 기능 표시
00	: 이름/학교명 표시
((문자 설명))	: 대화참여자의 비언어적 행위나 기타 대화 상황 설명
??	: 잘 들리지 않는 발화 표시
//	: 앞의 사람의 발화가 완전히 끝나기 전에 다음 화자가 끼어들어 이어서 발화하는 경우
==	: 동시에 발화하는 경우
,	: 발화 중간의 짧은 휴지(1초를 넘지 않음)
.	: 발화의 끝맺음 표시
?	: 질문 표시
!	: 감탄조 표시
~	: 길게 발음하는 경우
...	: 주저나 망설임 표시
(숫자)	: 1초 이상의 휴지 표시

1차 전사는 철자법 수준으로 진행되었고, 전사 자료의 정확성을 확보하기 위하여 2차 전사는 녹음과 전사 내용을 대조해 가며 행하였고 전사 기호를 정교화시켜 세부적인 정보도 함께 표시하였다. 3차 전사는 대화자에 의해 사용되는 담화표지의 기능을 파악하기 위해 전후 맥락 정보를 확인하고 해당 기능을 분석 기준에 의하여 판단하고 이를 표기하는 작업을 중심으로 진행하였다. 〈표 1-4〉는 한국에 거주하는 여학생 2명 간에 이루어지는 '한국 음식'이라는 주제로

하는 대화를 전사 기호를 활용하여 전사한 내용이다.

〈표 1-4〉 대화 자료 전사 예시

[CCF07[11]-CCF08: 한국 생활-음식]

CCF07: 한국의 생활이 싫어?

CCF08: 싫어 아니야, **그냥~(시간벌기)** 중국 음식 먹고 싶어.

CCF07: 아~ 중국 음식을 먹고 싶어. 그럼 우리 저녁에, 저녁 시간에 우리 그~(시간벌기) '중화요리'에 갈까?

CCF08: 아, 좋아! 탕수육하고 자장면 먹자.

CCF07: 오케이.

CCF08: 오늘 밤에 식당 돈까스 있어. 무료.

CCF07: 나 돈까스 진짜 싫어.

CCF08: 무료야!

CCF07: 무료도 싫어.

CCF08: ((웃음))

CCF07: **싫단 말이야(강조하기).**

CCF08: 왜 이래? 돈까스 맛있어.

또한, 학습자의 특징적 담화표지 사용 양상을 분석하기 위해 필자는 '21세기 세종계획' 한국어 원어민 화자의 구어 원시 자료 중 총류/일상대화 말뭉치 자료(총 423,089어절)와 23명의 한국인 모어 화자(KN집단)가 산출한 대화 자료를 활용하였다. 이들 자료의 제공자는 20-30대의 한국인 학부생 또는 대학원생으로 연령, 교육 배경 등의 면에서 본 연구의 학습자 집단과 동질성을 가지고 있다. 모어 화자

---

11 CCF07은 대화 녹음에 참여한 학습자의 약자이다. 'CC'는 중국 내의 학습자, 'F'는 여학생, '07'은 학습자의 고유 번호를 뜻한다. 이외에도 'CK'는 한국 내의 학습자, 'M'은 남학생임을 나타낸다.

집단의 구어 담화표지 사용 양상과 학습자 집단의 사용 양상을 대조·분석하여 학습자들의 특징적인 담화표지 사용 경향 및 오류를 확인하였다.

 학습자들의 대화 전사 자료에 드러난 담화표지 사용의 경향 및 오류의 원인을 파악함에 있어 필자의 주관적 판단을 최대한 배제하고 논의의 객관성을 확보하기 위하여 사후 심층 인터뷰를 진행하였다. 인터뷰 대상자는 대화 녹음에 참여한 학습자 중 한국에 체류 중인 대학원생 8명과 학부생 2명을 선정하였는데[12] 구체적 정보는 〈표 1-5〉와 같다. 인터뷰는 대상자들로 하여금 구어 담화표지 사용 관련 질문에 응답하도록 하는 방식을 취하였다.

----

12 인터뷰 대상자는 주로 CK집단의 학습자들을 위주로 선정하였는데 그 이유는 두 가지가 있다. 첫째, 이러한 학습자들은 대부분 한국에 오기 전에 중국 내에서 한국어를 공부한 경험이 있으므로 CC집단과 일정한 공통점을 갖는다. 둘째, 현재 한국 내에 거주하고 있는 생활 환경이 담화표지 사용에 미치는 영향에 대하여 유의미한 정보를 제공할 수 있다. 그리고 이들이 고급 말하기 능력을 갖추고 있다고 판정하는 근거는 다음과 같은 두 가지가 있다. 첫째, 이들 학습자는 전부 한국어능력시험에서 5, 6급을 취득한 자들이다. 이는 그들의 종합적인 한국어 능력이 높다는 것을 여실히 보여 주었다. 둘째, 이들 학습자들은 필자가 직접 가르쳤던 학생이므로 필자는 한 학기 동안의 수업 발표, 말하기 과제 수행 등을 통해 그들의 한국어 말하기 실력을 비교적 장기간 관찰하였는데 관련 말하기 평가 기준의 의거하여 판단하면 이 10명의 학습자가 상위권에 속해 있다고 볼 수 있다. 게다가 이들 학습자는 대화 녹음에 참여하였는데 대화 시 억양, 어휘, 문법 등을 사용하는 정확성, 발화의 유창성, 표현의 다양성 등 측면에서 상대적으로 높은 수준을 보여 주었다.

〈표 1-5〉 인터뷰 대상자의 정보

	학습자 코드	말하기 수준	전공 및 과정
1	CKF01	고급	한국어교육 전공, 박사 과정
2	CKF02	고급	한국어교육 전공, 석사 과정
3	CKF03	고급	한국어교육 전공, 석사 과정
4	CKF04	고급	한국어교육 전공, 석사 과정
5	CKF06	고급	한국어교육 전공, 석사 과정
6	CKF07	고급	한국어교육 전공, 석사 과정
7	CKF09	고급	한국어교육 전공, 석사 과정
8	CKF13	고급	한국어교육 전공, 석사 과정
9	CKM03	고급	학부 3학년
10	CKM04	고급	학부 3학년

중국어권 학습자를 위한
한국어 구어 담화표지 교육 연구

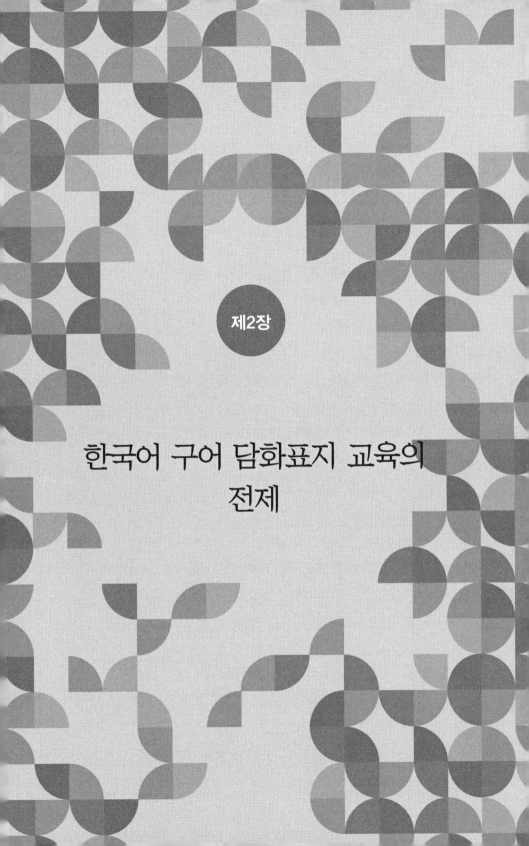

제2장

한국어 구어 담화표지 교육의
전제

중국어권 학습자를 위한
한국어 구어 담화표지 교육 연구

이 장에서는 한국어 구어 담화표지의 교육적 처치를 위한 전제를 마련하는 것이 주된 목적이다. 우선 현재까지 논의되어 왔던 담화표지와 관련된 제반 이론을 고찰하고 이 책의 논의 대상인 구어 담화표지의 개념과 특징을 정립할 것이다. 그리고 한국어교육 자료에서 이들이 실제로 어떻게 제시·설명되고 있는지를 비판적으로 살펴보며 교실에서의 교수 현황을 설문 조사를 통해 파악할 것이다. 이어서 한국어교육의 실제성을 고려하면서 교육 항목으로서의 구어 담화표지를 목록화하고 기능에 따라 분류하며 사용상의 특수성을 고려하여 구어 담화표지 교육 내용의 틀을 구축하고자 한다.

담화표지 관련 선행 연구 검토

담화표지 연구의 활성화는 담화분석 방법의 도입과 직결되어 있다. 1970년대에 접어들면서 언어 연구자들의 관심이 실생활에서 자주 쓰이는 일상 언어로 전이됨에 따라 담화표지 연구의 필요성이 대두되었다. 1977년 『Journal of Pragmatics』의 공식 출판은 화용론이 신흥 학문으로서 자리매김하였음을 보여 주었다. 1980년대에는 텍스트언어학, 인지언어학, 화용론 등 인접 학문의 발달로 인하여 담화표지에 대한 연구가 본격화되기 시작하였다. 담화표지의 특성상 명확하게 품사 분류를 규정하기 어렵기 때문에 각국의 연구자들은 다양한 차원에서 이를 정의하고 기술하려고 노력하였다. 그러나 일반적인 언어 요소에 대한 통일성이 높은 기술과는 달리 담화표지를 명명하는 용어, 정의, 특징뿐만 아니라 실현 항목, 기능, 분류 등을 확립하는 것에 이르기까지 전반적으로 상당한 이견이 발생하였다.

그럼에도 불구하고 학계에서는 담화표지를 교육적 대상으로 부각시키고 있다. 그러나 교육은 학습자들을 대상으로 하는 구체적 과정이기에 다양한 이론들을 기반으로 일관성 있게 내용을 구조화하는 것이 필요한데 이것이 실현되지 못하면 학습자는 물론 교수자 역시 혼란에 빠질 수 있다. 현재 학계에서는 담화표지의 중요성을 인정하고 있기 때문에 점차적으로 이를 교육 현장에서 적극적으로 적용시켜 나가려 하고 있다. 그러나 한국어교육 현장에서는 다양한 교육 주체들에 의해서 교육이 실시되고 있어 교육과정이 일치하지 않고 교재도 제각각 편찬되는 상황이기에 여러 방향에서 이루어진 이론적 접근이 그대로 교육 현장에 투사되어 학습자들에게 혼란을 불러일으킬 우려가 있다(이은희, 2015:168). 사실 본 연구의 설문 조사를 통해서도 이러한 현상이 관찰되었는데 이는 이론적 기반에 일관성이 없다는 데서 비롯된 것이라고 할 수 있다. 따라서 필자는 교육적인 처치를 위한 최우선적 작업으로 그동안 다양하게 사용되어 온 여러 용어 및 해당 정의를 검토하고 이어서 담화표지라는 개념이 어떻게 사용되어 왔는지를 두 가지 방향으로 나누어 살펴보고자 한다.

1.1. '담화표지'의 용어 선정

담화표지가 언어학의 연구 대상으로 부각된 것은 라보브와 팬샬(Labov & Fanshel, 1977)의 연구부터라고 할 수 있다[13]. 이 연구는 최초로 '담화표지'라는 용어를 만들었고 담화표지가 담화의 문두에 나타날 때 특별한 지시 기능을 하는 것을 통찰해 내어 많은 연구자들의 시선을 끌었다. 그러나 담화표지에 대한 언급 외에 이에 대한 상세한 설명을 제공하지 못하였다. 레빈슨(Levinson, 1983)에서도 역시 담화표지가 독특한 언어 현상임을 인식하는 데에 그치고[14] 이에 대한 정교한 탐색은 시도하지 않았다.

1980년대 중반 이후 이러한 특수하고 실용적인 언어 요소에 관한 이론적 연구 풍토가 마련되면서 다각적 접근이 수많은 연구자들에 의해 활발하게 이루어지기 시작하였다. 그 결과 각자의 연구 시각에 따라 담화표지 관련 용어들이[15] 다양하게 만들어졌다. (한)국어교육

....

13 이 연구에서는 담화표지란 존재에 유의하여 'well'을 예시로 아래와 같이 기술하였다.
   As a discourse marker, *well* refers backwards to some topic that is already shared knowledge among participants, When *well* is the first element in a discourse or a topic, this reference is necessarily to an unstated topic of joint concern(Labov & Fanshel, 1977:156).

14 레빈슨은 1983년에 쓴 『Pragmatics』라는 책에서 담화표지를 특별한 언어 존재임을 주장하였다. 그 예시로 어두에 자주 쓰이는 but, therefore, so, anyway, after all 등을 제시하였다.

15 영어학 분야의 선행 연구자들에 의해 제기된 대표적인 용어들을 살펴보면 다음과 같다.
   * interjections(간투사/감탄사): Ameka(1992a, 1992b), Kryk(1992), Wierzbicka(1992)
   * cue words(단서 단어): Rouchota(1996)
   * cue phrases(단서 구절 표현): Knott & Dale(1994)
   * discourse particle(담화불변화사): Stubbs(1983), Schourup(1985)
   * discourse connectives(담화접속어/담화연결어): Blakemore(1987, 1992)
   * discourse marker(담화표지): Labov & Fanshel(1977), Schiffrin(1987), Jucker (1993), Fraser(1988, 1990, 1999), Blakemore(2002),
   * hedge(디딤말): Lakoff(1973)
   * pragmatic connectives(화용접속어): van Dijk(1979), Stubbs(1983)
   * pragmatic marker(화용표지): Fraser(1996), Redeker(1990: 372), Brinton(1996)
   * pragmatic expression(화용 표현): Erman(1987)

분야에서도 비슷한 시기에 이러한 연구로부터 많은 영향을 받아 한국어 담화표지에 대한 다양한 탐색이 행해졌다[16].

초기에 담화표지를 바라보는 시선은 매우 부정적이었다. 담화표지가 불필요한 잉여적 성분이고 망설일 때 자주 사용하는 표현이며 문장의 명제적 의미를 전달하는 데 지장을 줄 수 있음을 주장하는 연구자들은 이를 군말, 군더더기, 덧말, 머뭇말, 입버릇, 주저어와 부가어, 머뭇거림 등으로 명명하였다[17]. 이러한 용어들은 담화표지의 기능을 지엽적으로만 나타냈고 무엇보다 이와 같은 표현들이 의미 구성에 전혀 불필요하다는 것을 암시하고 있었다. 이후에 등장한 연

....

* discourse operator: Redeker(1990, 1991)
* discourse signalling device: Polanyi & Scha(1983)
* pragmatic formative: Fraser(1987)

여기서 제시한 몇 개의 용어(冉永平, 2000; Fraser, 1987 일부 참조) 외에도 상당히 많은 용어들도 제시되었다. 가령, 브린턴(Brinton, 1996)에서는 comment clause, connective, continuer, discourse-deictic item, discourse-shift marker, discourse word, filler, fumble, gambit, hedge, initiator, marker, marker of pragmatic structure, parenthetic phrase, pragmatic particle, reaction signal 등으로 사용된다고 논의하였다. 이처럼 동일한 기능 범주를 둘러싸고 있는 용어들이 이렇게까지 다양하게 쓰이는 것이 놀랄 만한 일이다. 이는 연구자들의 시각과 방법의 차이와 관계되는가 하면 담화표지의 정연한 목록 및 기능의 부재와도 연관이 크다고 본다.

16 이들 연구는 크게 문어 담화(텍스트)와 구어 담화(대화) 두 부류로 구분하고 각자 담화표지의 정의, 분류, 기능 등을 주된 논의로 삼았다. 대략 문어 담화의 경우, 담화 구조에 기반하거나 논리적 연결 관계에 근거하여 연결 기능을 발휘하는 해당 담화표지를 살피는 연구가 대부분이다. 미시적으로는 문장 안에 사용되는 연결어미, 거시적으로는 문장과 문장, 단락과 단락, 텍스트와 텍스트를 결속하는 접속 성분들이 주된 연구 대상이 된다. 이러한 성분들에 대한 명명도 다양한데 결속장치, 응결장치, 접속표지 등 용어가 연구자들에 의해 채택되고 있다. 이 책은 구어 담화에서 자주 등장하는 담화표지가 주된 관심사이기 때문에 여기서 제시하는 담화표지의 정의도 구어 담화 관련 연구에 의해 제기된 것이다.

17 남기심·고영근(1985)에서 이를 머뭇거림이나 입버릇, 노대규(1989)는 머뭇말/덧말, 노대규(1996)는 주저어와 부가어, 김종택(1982)에서는 군말이라고 하였다.

구자들은 담화표지가 담화에서 맡고 있는 특수한 역할을 긍정적으로 수용하면서 이들을 담화와 관련시켜서 다양한 용어를 만들어 냈다. 이를 간략하게 제시하면 다음과 같다.

디딤말(hedge): 이정민·박성현(1991)

담화불변화사(discourse particle): 송병학(1988, 1994), 김건수(1987)

담화 대용 표지: 신현숙(1989)

담화 확인 표지: 강범모(1999)

관심 획득 표지(attenion-getter): 송병학(1987)

간투사(interjections): 신지연(1988), 오승신(1995), 구종남(1997),
　　　　　　　　심민희(2012)

감탄사: 신지연(2001), 전영옥(2009), 구종남(2015)

담화표지어: 이한규(1996, 1997, 1999)

담화표지(discourse marker): 안주호(1992), 이해영(1994), 김선희(1995),
　　　　　　　　임규홍(1994, 1995, 1996 등), 구종남(1999,
　　　　　　　　2000), 김향화(2001), 전영옥(2002)

화용표지(pragmatics marker): 이정애(1998)

위의 용어들을 살펴보면, 연구자들은 각각 다른 용어를 사용하였으며 경우에 따라 동일한 연구자가 다른 용어를 사용하기도 하였음을 알 수 있다. 예를 들어, 송병학(1987)에서는 '관심 획득 표지'라는 용어를 사용하였고 송병학(1985, 1988, 1994)에서는 '담화불변화사'라는 용어를 사용하였다. 표면적으로 보면 불일치로 보이지만 논의 내용을 확인해 보면 이들 연구는 하나 또는 몇 개의 표지를 대상으로 하였고, 각각의 표지를 분석할 때 주안점도 다르기에 용어를 다르게 사용하였다는 사실을 알 수 있다.

위의 용어를 좀 더 상세하게 살펴보면 다음과 같다. 디딤말은 'hedge'의 번역어로 담화표지를 다양하게 기술하는 데 공헌하였다. 이 용어는 이정민·박성현(1991)에서 도입되었는데 '-요'를 대상으로 하여 그 구체적 기능을 논의하였다. 그들에 따르면, 문중의 '-요'는 화자가 긴 문장으로 이루어진 말을 매끄럽게 할 수 없는 상황에서 화자가 나름대로 적당한 간격을 유지하면서 말을 이어갈 수 있도록 해 주는 '디딤말 기능'을 한다고 하였다. 어느 특정한 담화표지의 특정한 하나의 기능을 논의하는 데 있어서 '디딤말'의 사용은 적절하나 여타 비슷한 표현들의 집단적 특징과 기능 전체를 망라하지는 못하고 있는 것이 분명하다. 담화 대용 표지, 담화 확인 표지와 관심 획득 표지 등 용어들도 역시 이와 유사한 한계점을 드러내고 있다. 이들은 연구 대상 및 연구자의 논의 중심에 따라 특정한 표현의 단일하거나 부분적인 담화 기능 기술에 그치므로 전체적인 모습을 그려내기에는 무리가 있는 것으로 판단된다.

담화불변화사는 'discourse particle'의 번역어로서 송병학(1985, 1988, 1994), 김건수(1987) 등에 의해 누차 사용되었다. 이들 논의에서는 담화불변화사의 개념, 그리고 수많은 용어 가운데 왜 이것을 선택했는지에 대해서는 상술하지 않았다. 뿐만 아니라 다른 비슷한 용어(예: 담화표지, 담화개시어, 관심 획득 표지 등)와도 동일하게 취급되었다. (한)국어학 및 (한)국어교육학 분야에서는 '담화불변화사'

라는 용어가 보편적으로 사용되지 않으며, 또한 이 용어는 형태적인 측면에 치중하여 고도의 형태적 불변성 혹은 고정성을 지나치게 부각시킨 느낌이 강하므로 필자도 이를 채택하지 않았다.

이한규(1996, 1997, 1999)는 지속적으로 '담화표지어'라는 용어를 사용하였는데 얼핏 보면 담화표지어의 '어'로 인해 담화표지의 구성 요소가 모두 어휘 형태를 띠고 있어야 한다고 느끼게 된다. 따라서 이는 구절 형태의 담화표지를 포함하기에는 제약이 따르는 용어로 인식될 수 있고, 이한규(1996)에서는 '담화표지어'가 담화표지와 전혀 다름이 없음을 말하고 있다. 이에 필자는 '담화표지'라는 용어로 통일해서 사용하는 것도 무방하다고 보았다.

흔히 눈에 띄지 않지만 담화표지와 유사한 용어로는 '화용표지'도 있다. 이 용어는 '담화표지'와 마찬가지로 담화분석적 관점에서 제기된 것으로 이정애(1998, 2002)에 의해 명명되었는데 이는 영어의 'pragmatic marker'(Brinton, 1996)로부터 영향을 받은 듯하다. '담화표지'라는 용어가 공시적 관점에서 바라보는 것이라면 '화용표지'는 통시적인 연구 시각을 갖고 있다고 할 수 있다. 담화표지가 포괄적인 속성을 가지는 것에 비해 '화용표지'에 대한 해석은 그 폭이 다소 좁은 편이다. 문법화의 이론에 의하여 특정 언어 요소(즉 어원어)가 원래 어떤 형태를 지니고 있든지 간에 문법화의 과정을 겪은 후에 화용표지로 기능하게 된다는 것을 강조하고 있다. 다른 연구자도 이러한 관점을 수용하였으나 그 용어를 그대로 '담화표지'로 쓰는 경우도 있었다(예: 김태엽, 2000, 2002; 황병순, 2010). 이 책에서도 구어에서 사용되는 담화표지 전체보다는 담화 기능이 더 두드러진 표지, 특히 문법화를 겪은 표지들을 주된 관심사로 삼고 있기 때문에 '화용표지'에 대한 논의를 참고할 것이다. 단, 용어 선정에 있어서 좀 더 일반화되어 있는 '담화표지'를 사용하고자 한다.

마지막으로, 담화표지를 제대로 기술하려면 빼놓을 수 없는 부분이 있는데 담화표지가 '감탄사', '간투사'와의 구분이 바로 그것이다. 1992년에 『Journal of Pragmatics』에 실린 일련의 'interjections' 관련 연구 결과들(Ameka, 1992a, 1992b; Kryk, 1992; Wierzbicka, 1992)이 발표된 이래 (한)국어학계에서 간투사라는 품사에 대한 관심이 대두되었다. 감탄사와 간투사는 담화표지와 유사한 특징을 보이고 있으므로 혼동되기 쉽다. 따라서 이 책의 연구 대상인 담화표지를 보다 분명하게 규정하려면 감탄사, 간투사의 구분을 명확히 해야 한다고 본다.

전통 문법에서 감탄사의 위상은 분명하지 않다. 대부분의 논의에서 공통적으로 규정하고 있는 것은 화자의 감정이나 의지를 나타내는 독립어로서의 속성을 지니는 품사라는 것이다. 몇몇 연구자에 따른 구체적인 분류는 다음과 같다.

* 고영근·구본관(2008:137-138)의 분류
- 감정감탄사: 오, 와, 아, 아차, 만세, 좋다 등
- **의지감탄사**: 자, 여보세요, 네, 응, 그래(요), 천만에(요) 등
- **입버릇 및 더듬거림**: 뭐, 말이지/말이요, 어, 에, 저, 거시기 등

* 신지연(2001:255-256)의 분류

- 감정적 감탄사 [-청자 상정]

- **의지적 감탄사** [+청자 상정]: 부르거나 대답하는 소리: 여보,

  이봐, 글쎄, 예 등

- **명령적 감탄사**: 자(이제 갑시다), 쉬, 아서라, 에헴 등

- **형식 감탄사**: 음, 저, 뭐, 저기(요), 있잖아(요), 말이야 등

* 전영옥(2012:242-243)의 분류

- 드러냄: 감정, 인지, 기원   - 알림

- 행동 유발   - **행동**: 부름, 응답, 인사, 기타

- **기타 의도**: (예: 거시기, 그, 뭐, 그래, 글쎄, 뭘, 어디, 음, 아, 어,

  자, 저, 저기 등)

　　연구자들의 분류 처치 방식을 보면 모두가 감정을 나타내는 것이 기본적인 기능임에 동의한다. 그러나 이를 제외한 나머지 부분에서는 거의 통일되지 않고 있는데 특히 진하게 표시한 내용을 다룰 때 상당한 이견을 나타내고 있다. 전영옥(2012)은 '기타 의도'의 감탄사들이 일차적인 어휘 의미에서 벗어나 새로운 담화 의미(예: 시간 벌기, 강조하기, 주의 끌기 등)를 가지는 것으로 파악하여 다른 유형의 하위에 넣는 것이 타당하지 않다고 보고 있다. 신지연(2001)의 '형식 감탄사'와 '의지적 감탄사', 고영근·구본관(2008)의 '의지감탄사'와 '입버릇 및 더듬거림'도 대부분 이와 같은 기능을 가진 것으로 본다. 이처럼 상당수의 연구자들은 전통 문법에 따라 이들을 여전히 감탄

사의 일부로 분류하고 있다. 이외에 담화 문법에 입각하여 이들이 출현하는 맥락을 염두에 두어 다원적으로 고찰하려는 시도도 있었다. 즉 이들을 어떻게 바라보는지에 따라 감탄사로 분류하면서 동시에 담화표지라는 집합에 귀속시킬 수 있다는 것이다[18]. 즉, 감탄사는 다른 품사류와는 달리 구어 대화에 독립적으로 쓰여 화자의 감정, 의지 등 양태적 의미를 나타낸다는 점, 어휘적 의미보다는 기능적 의미를 더 부각시킨다는 점에서 담화표지와 전혀 다르지 않다고 본다. 따라서 많은 연구에서 문장 층위의 감탄사가 담화 층위에서는 담화표지로서의 기능을 가질 수 있다는 결론에 이르렀다. 황병순 (2010:121)은 감탄사가 담화표지로 쓰이기도 한다고 인정하면서도 감탄사가 문법화되어야만 담화표지의 기능을 수행할 수 있다고 주장하였다[19].

　이 책에서는 '감탄사'와 '담화표지'가 서로 다른 범주에 속하고 있음을 분명하게 밝히고자 한다. 전자는 전통적인 문장 문법에 기초한

---

18 이에 관한 선행 연구인 김선희(1995:6)는 감탄사가 담화표지로 쓰일 수 있음을 아래와 같은 네 개의 근거로 검증한 바가 있다.
  (1) 감탄사는 통사상으로 뒤따르는 문장 없이도 단독으로 쓰이거나 또는 뒤따르는 문장과는 별개로서 독립어의 기능을 가진다는 점에서 담화표지와 일치한다.
  (2) 감탄사의 위치는 주로 어두라는 점에서 일치한다.
  (3) 감탄사는 운율적인 억양에 의해서 화자의 감정적 색채를 나타낸다.
     예: 저: 드릴 말씀이 있습니다.　　(길게: 머뭇거림)
　　　뭐↑? 일이 안 풀린다고?　　(오르막: 당혹감)
　　　아↓ 그러셨군요.　　　　　(내리막: 동의함)
  (4) 감탄사는 대부분 형태상 화석화된 것들로서 본래의 내재적 의미가 없거나 또는 본래 있던 어휘적 의미가 소멸된 것들임을 볼 때, 담화표지와 서로 일치한다.
19 이에 해당하는 예시로 명령을 나타내는 표현(차렷, 쉬어 등)이나 동물을 부를 때 쓰는 소리(구구, 워워, 워리워리 등)등 담화표지로 문법화되지 않은 것들을 들었다.

품사의 범주이고 후자는 담화 문법에 근거한 기능 범주라고 보기 때문이다. 이 두 범주 안에 들어가는 요소를 동일시하면 안 되는데 그 이유로 두 가지를 들 수 있다. 첫째, 모든 감탄사는 예외없이 다 담화표지의 특징을 가지는 것이 아니다. 둘째, 모든 담화표지가 다 감탄사로 분류될 수 있는 것도 아니다. 담화표지의 구체적 실현 형태에는 단어 형태뿐만 아니라 구절 형태로 되어 있는 것도 있으며, 무엇보다 감탄사 외에도 부사, 의문사, 대명사 등 다양한 품사가 망라되어 있기 때문이다.

결론적으로 말하면 감탄사와 담화표지는 서로 다른 범주에 속하고 하위 요소는 일부만 일치한다. 즉 일부 특정한 형태들이 두 범주에 중복하여 분류되는 것이 가능할 뿐이다[20]. 이 관점은 간투사[21]와 담화표지의 관계를 다룰 때도 그대로 적용될 수 있다.

간투사는 영어교육이든 한국어교육이든 담화표지와 구별하기가 상당히 어려운 용어이다. 오승신(1995:23)에서는 간투사를 다음과 같이 정의하고 있다.

---

20 Journal of Pragmatics(1992)의 간투사 특집호에서 Ameka는 감탄사와 혼용되기 쉬운 명칭들, 가령 불변화사, 의례어, 담화표지 등을 언급하면서 이들의 차이점을 상세히 논하였다. 그리고 감탄사와 담화표지는 별개로 보고 있어서 일부 표현이 두 가지 명칭을 모두 부여받을 수 있음을 주장하였다. 반면에 Kryk는 감탄사와 담화표지를 같은 차원에 속하는 것으로 보고 넓은 의미에서의 감탄사를 인습성에 따라서 네 가지로 분류하고 있다. 의성어적인 것, 순수 감탄사, 이차적 감탄사와 담화표지가 그것이다(이원표, 2001:66). 이 책에서는 Ameka와 이원표(2001:67)의 논의에 공감하여 이 둘이 다른 차원에 속한다는 견해를 따르기로 한다.

21 오승신(1995)의 논의들에서 감탄사와 간투사를 엄격하게 구분하지 않고 있다. 감탄사든 간투사든 어느 것을 사용하는지는 역시 연구자들에 의해 결정된다. 본 연구의 주 대상이 담화표지이기 때문에 여기서 감탄사와 간투사의 차이를 논외로 하기로 하였다.

> 발화 상에서 다른 단어와 통사적인 구조를 이루지 않으며, 형태
> 적으로 활용이나 파생을 하지 않고, 발화 당시의 화자의 내면 상
> 태나 정신 작용을 표출하거나 화자의 뜻을 전달하는 데에 관례적
> 으로 쓰이는 단어

또한 간투사에는 본래적 간투사와 다른 품사에서 전성된 단어와 구나 문장이 축약되어 이루어진 단어들도 포함된다. 후자는 주로 다음과 같은 것들이다(오승신, 1995:27).

- 명사에서 전성된 것: 만세, 안녕
- 대명사에서 전성된 것: 뭐, 어디, 저기
- 동사에서 전성된 것: 가만있거라, 가서는
- 형용사에서 전성된 것: 옳아, 옳지, 그래
- 부사에서 전성된 것: 참, 정말, 아니, 그럼
- 관형사에서 전성된 것: 이, 그, 저, 여보세요, 옜네

이와 같이 전성된 간투사의 상당 부분이 담화표지에도 동시에 포함될 수도 있다. 간투사와 담화표지는 통사적 독자성을 가지며 문장의 개념적 의미 구축에 직접 기여하지 않고, 화자의 느낌이나 감정을 나타낸다는 점에 있어서 크게 차이가 없기 때문이라고 해석할 수 있다.

하지만 사용의 수의성, 원래 의미로부터 담화 의미로의 전이 및 실현 형태를 보면 양자가 아주 다르다는 것을 알 수 있다. 예를 들어,

'안녕'의 경우 화자가 상대방에게 인사할 때 관례적으로 쓰이는 상투 표현으로서 대화를 시작할 때나 마무리할 때 단독적으로 나타난다. 이때 대화의 자연스러움을 유지하려면 필수적으로 써야 할 인사 표현인데 쓰지 않으면 대화의 원활한 진행에 방해가 되고 무례함을 유발할 수도 있다. 이렇듯 '안녕'은 임의로 생략할 수 없는 요소로서 담화표지와는 거리가 좀 멀다. 이것은 담화표지와 간투사의 첫 번째 차이점이다. 또한 '안녕'은 맥락에 따라 새로운 의미가 생성되지 않아 여전히 기본적 의미로 쓰이는 것도 두 번째의 현저한 차이점이다. 셋째, 간투사는 보통 발화와 독립된 단어의 형태를 보이지만 담화표지는 독립적 단어뿐만 아니라 의존적 구성이나 구절 형태로 실현되는 경우도 많다. 가령, 담화표지 '-아/어 가지고'는 앞에 나오는 용언에 붙여 써야 되고 '말이다'는 '명사+이다+종결어미'의 복합체로 실현된다. 넷째, 담화표지의 특징으로 연결성이 언급되는데 이는 담화의 응집성에 기여하는 중요한 기능으로 담화를 구성하는 언어 단위 간의 연속을 나타낸다. 하지만 간투사는 이러한 기능을 찾기 힘들다. 이처럼 간투사와 담화표지는 일부는 동일하지만 각기 특유한 언어 표현을 지니고 있음을 확인할 수 있다. 즉 부분적으로는 공통 영역이 존재한다고 볼 수 있다. 감탄사와 담화표지의 관계도 이와 유사하다.

　지금까지 담화표지와 비슷하게 사용되는 용어들을 상세하게 검토하였다. 이렇게 다양한 용어들은 최근 들어 담화표지라는 용어로 일치되어 가고 있는 추세이지만 이 용어는 연구자들에 따라 다양하게 해석되고 있다. 다음으로는 한국어교육 연구에서 그동안 담화표지라는 개념을 어떻게 수용하여 사용해 왔는지를 살펴보겠다.

▌1.2. 담화표지에 대한 기존의 논의

현재 담화표지는 통사론적으로 다룰 수 있는 문장 성분이 아니라 문장 차원을 뛰어넘는 담화 차원에서만 기술할 수 있는, 담화의 일관성 형성에 크게 기여하고 있는 존재라는 데에는 별다른 이견이 없다. 담화표지를 담화 일관성과 관련해서 살펴보면 어떤 측면에 중심을 두고 보느냐에 따라 세 가지로 나누어 볼 수 있다. 첫째, 담화 자체가 지닌 언어 구조체로서의 특성에 주목한 것이다. 둘째, 언어 구조체로서의 담화만이 아닌 담화가 이루어지는 맥락을 동시에 주목하면서 담화와 화자·청자라는 측면을 종합적으로 고려한 것이다. 셋째, 담화의 맥락을 강조하지만 언어 구조체로서의 담화 자체가 아닌 화자와 청자라는 언어 사용자의 측면에 중점을 둔 것이다(이은희, 2015:169). 자세히 비교하면 첫째와 셋째의 관점은 협의적인 것이고 둘째는 매우 광의적인 시각임을 알 수 있다. 그러므로 여기에서 국내외의 논의를 종합하여 이러한 접근 방향을 살펴보겠다.

1.2.1. 협의적인 관점

1.2.1.1. 담화 구조적 측면에 주목한 관점

이러한 접근 방향은 담화 자체가 지닌 언어 구조체로서의 특성에 주목한 것으로 할리데이와 핫산(Halliday & Hasan, 1976)으로부터 영감을 얻었다. 즈위키(Zwicky, 1985:303-304)는 문장 내 통사적 차원에서의 접근을 시도하였는데, 담화표지가 항상 문장의 맨 앞에 쓰이며 음운적·통사적으로도 독립성을 지니고 있다고 진술하였다. 또한 이러한 특징을 공유한 담화표지를 여타 기능어와 구별하여 별도로 분류해야 한다고 주장하였다. 이 논의는 담화표지의 일부 특징만 인식하였고 어떤 요소를 이 부류에 포함시킬지에 대한 강력한 근거를 제시하는 데 역부족이었다. 따라서 당시에 연구되었던 불변화사, 간투사와 이러한 특징에 부합하는 여러 삽입 표현들을 전부 담화표지로 간주하였다. 이 관점은 의사소통을 유지하기 위해 인접 성분을 잘 연결해 주는 것을 담화표지의 주 기능으로 규정함으로써 담화의 전체적 맥락에 대한 고려가 경시되었다. 이 연구는 보완되어야 할 측면이 많지만 당시의 시대적 연구 배경에 비추어 보면 혁신적이었다고 할 수 있다.

비슷한 시각으로 담화표지를 바라보는 연구로는 프레이저(Fraser)의 일련의 연구가 대표적이다. 그는 담화표지를 어느 전통 품사와 문법 범주로 귀결할 수 없다며 일종의 구문 범주로 설정해야 할 필요성을 강력히 주장하였다. 그는 문장에서 둘 이상의 단위 연결 관계를 신호해 주는(signal), 어휘 형태를 보유하고 있는 성분을 담화표지라 규정하였으며[22], 간투사가 문장의 일부분이 아니라 완전히 문장과 분리되어 있는 독립된 존재로 보고 담화표지로 인정하지 않았다는 점이 즈위키(Zwicky, 1985)와 차별된다. 그는 1999년에 담화표

---

22 구체적 정의를 보면 아래와 같다.
Discourse markers are expressions such as now, well, so, however, and then, which signal a sequential relationship between the current basic message and the previous discourse. (Fraser, 1988:21; Fraser, 1990:387)

지의 범위 설정을 보다 면밀하게 다루었는데 그 종류를 크게 S1과 S2 사이의 정보 관계 표시와 관련된 것[23]과 화제를 연결하는 것[24]으로 양분하였다.

$$S1, DM^{25}+S2$$

그에 의하면 모든 담화표지는 핵심 의미를 지니는데 그 의미는 개념적(conceptual)인 것이 아니라 절차적(procedural)이라는 것이다. 또한 담화표지의 주 기능이 연결에 있으므로 문두에 위치하는 접속사나 접속부사에 속하는 어휘들을 전형적인 담화표지로 제시하였으며, 담화 단위 간의 연관 관계를 표시하지 않는 한 담화표지로 간

---

23 프레이저(Fraser, 1999)에서는 담화표지의 첫 번째 부류에 세 가지 주요 하위분류와 기타 세밀한 요소들을 포함시켰다.
   A. Contrastive markers: but, however, (al)though, in contrast, whereas, in comparison, on the contrary, instead, on the other hand, despite/in spite of, nevertheless, nonetheless, still etc.
   B. Collateral/Elaborative markers: and, above all, also, besides, furthermore, in addition, moreover, more to the point, what is more, I mean, in particular, correspondingly, similarly, or, otherwise etc.
   C. Inferential markers: so, of course, accordingly, as a consequence, as a logical conclusion, as a result, because of this/that, consequently, for this/hat reason, hence, therefore, thus, in this/that case, under these/those conditions, then etc.

24 화제를 연결한다고 함은 담화의 실제적인 진행 구조와 관련된 것으로 Schiffrin의 교환 구조(exchange structure)와 Redeker의 절차 측면(sequential level)과 비슷한 개념이다. 프레이저(Fraser, 1999)에서 이 종류에 해당하는 담화표지는 주로 화제 전환 기능을 하고 있다고 하면서 그 예시로 다음과 같이 나열하였다.
   Topic change markers: back to my original point, before I forget, by the way, incidentally, just to update you, on a different note, speaking of X, that reminds me, to change to topic, to return to my point, while I think of it, with regards to.

25 DM는 담화표지(discourse marker)의 영어 약자이다.

주하지 않아야 한다고 하였다. 예를 들어, frankly, obviously, stupidly 등 화자의 평가 태도를 표출하는 부사가 의미 연결에 아무런 기여를 하지 않는다고 하였고, 발화 도중에 망설이거나 시간 벌기 기능을 하고 있는 Hum…, well…, Oh…등을 담화표지가 아니라 휴지 표지 (pause marker)로 보았으며, 사람을 부를 때의 호칭어와 간투사도 담화표지의 구성 요소로 받아들이지 않았다. 비슷한 시기에 나온 여타 논문과 비교해 보았을 때, 담화표지의 범위에 대한 프레이저(1999)의 논의는 상대적으로 협의적이라고 할 수 있다.

종합적으로, 프레이저는 담화표지가 과연 무엇인지에 대한 답을 추구하고자 그 특징, 의미, 담화표지가 아닌 것들이 무엇인지부터 규명한 다음 담화표지를 개별적으로 제시하는 하향식 방법을 취하였다. 그리고 어휘 형태를 띠고 있는 언어 요소만을 허용하였다. 또한, 그 주안점은 항상 S1과 S2의 상관관계 고찰에 국한되어 있어 담화표지의 연결 기능을 매우 좁게 살펴보게 되었다. 이렇듯 의미 관계를 추적하다 보면 그 문장들이 구성하는 담화의 전체적 맥락에 대한 사료가 결여될 뿐만 아니라 언어 산출자의 발화 태도나 주관적 의지에 대한 고려도 기대할 수 없게 되었다. 그러나 비슷한 시기의 다른 연구에서는 문장 간의 관계를 외연화시키는 데 아무 공헌도 하지 않는 Hum…, well…, Oh…등의 표현을 담화 상에서 담화표지의 기능을 하고 있다고 보는 관점이 이 연구의 한계점을 보완하려는 노력이라고 볼 수 있다. 한국어교육에서 이와 같은 시각을 견지하는 연구물을 살펴보면 주로 문어 담화를 대상으로 하는 것들이 많은데 담화표지라는 용어 이외에 '응집성 기제', '결속 장치', '응결 장치', '접속 표지' 등으로 그 명칭이 각양각색이다(박영순 2004, 김정남 2008, 유나 2011 등).

1.2.1.2. 화용적 측면에 중점을 둔 관점

이 관점은 어느 특정한 담화표지의 화용적 양상에 주목하여 이것이 맥락 속에서 대화참여자에 의해 어떻게 사용되는지, 사용될 때마다 그 담화 기능이 어떻게 다르게 실현되는지를 중심으로 고찰하는 것이 특징적이다. 이러한 성격 때문에 담화표지 전체를 다루는 것보다는 개별적 몇몇 표지를 대상으로 연구하는 것이 대부분이다. 무엇보다 이들 연구에서는 담화표지가 기존의 어휘적 의미에서 벗어나 새로운 기능을 수행한다는 측면을 강조하는 경향이 나타난다(이은희, 2015:171). 앞서 연구사에서 언급했듯이 국어교육이든 한국어교육이든 개별적 담화표지를 주된 관심 대상으로 삼아 각각 담화에서 화자, 청자, 화제 간에 수행하는 미세한 기능을 분석하는 연구가 매우 많았다. 보통 해당 담화표지의 출현 가능한 맥락을 이론적으로 정립하고 말뭉치에서의 실현 양상을 계량적으로 분류·분석하였으며, 일부 한국어교육학 연구에서는 중간언어적 관점에서 학습자들의 사용 양상을 분석하고 이를 바탕으로 교육 방안까지 구안해 보았다. 이들 연구에서 사용하고 있는 담화표지라는 용어의 의미는 담화 구조를 표시하거나 담화의 성분을 결속해 주는 것보다는 원래의 기본적인 용법과 다르게 담화 맥락에서 다양하게 활용된다는 점에 주안점을 두고 있다. 따라서 일부 연구에서는 이러한 화용적인 면을 더 두드러지게 조명하고자 '화용 표지'라고 명명하였다.

1.2.2. 광의적인 관점

광의적인 관점은 앞선 두 가지 협의적인 관점을 통합시켜 살펴보는 것이다. 즉 담화 구조의 결속성(화제의 측면), 화·청자를 중심으로 하는 화용적 측면에서 어느 하나에 치중하지 않고 골고루 화자, 청자 및 화제 등 요소를 종합적으로 다루는 것이다. 이처럼 담화의 전체적 관여 층위와 관련시켜 담화표지를 다루는 가장 세밀한 기초 연구는 쉬프린(Schiffrin, 1987)에서 다루어졌다. 이 연구에서는 담화표지를 다음과 같이 정의하였다.

sequentially dependent elements which bracket units of talk

(Schiffrin, 1987:31)

좀 더 구체적으로 살펴보면, 담화표지라는 것은 문장이나 발화문에서 말의 내용과 결합하여 사회적 또는 감정적 의미를 나타내면서 담화에서의 연결 관계를 해석하는 데 도움을 주는 표현으로 해석될 수 있다(이원표, 2001:58). 여기에서 말하는 발화의 단위는 문장뿐만 아니라 문장보다 더 작은 단위(예를 들어, 구나 단어)들도 모두 포괄하고 있는 넓은 개념이다. 이는 문장과 문장의 연결 양상을 주된 관심으로 삼은 프레이저, 즈위키 등과는 달리 담화표지를 보다 넓은 측면에서 고찰하기 때문에 출현 위치에 따른 제약을 해소할 수 있을 뿐만 아니라 그 실현 요소의 범위도 상당히 넓게 설정할 수 있다. 가령, 이 연구에서는 간투사 형태의 표지(oh, well), 접속표지(and, but,

or, so, because), 부사 형태의 표지(now, then), 절 형태의 표지(y'know,
I mean) 등처럼 보다 다양한 형태를 포괄적으로 담고 있다. 다시 말
해, 쉬프린은 프레이저보다 담화표지의 연결 기능을 더 광의적으로
규정하고 있다.

이외에도 여타 연구와의 또 다른 구별은 분석의 중점이 담화에 놓여
있다는 것이다. 쉬프린은 담화표지를 연속적 관계에 기여하는 요소로
서 담화의 일관성(coherence)을 확보하는 데 매우 중요한 장치라고 보
고 있다. 이러한 담화의 일관성은 말 교환 구조(exchange structure), 행
위 구조(action structure), 개념 구조(ideational structure), 참여자의 틀
(participation framework), 정보 상태(information state) 등 다섯 가
지 기제를 통해 구현된다고 하였다.

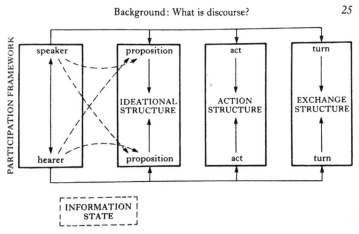

Figure 1.1 *A discourse model.*

〈그림 2-1〉 담화 모델(Schiffrin, 1987:25)

우선 비언어적인 구조에는 말 교환 구조와 행위 구조가 있다. 전자는 말순서와 인접쌍(adjacency-pair)(예: 질문-응답, 인사말 등)에 의해 실현되는 구조인데 대화참여자는 화자와 청자의 역할을 번갈아 수행하고 교대되는 말 순서는 상호 간에 어떤 연관을 갖고 있는지에 대해 설명하려는 태도이다. 행위 구조는 화자의 신분이나 사회적 배경(social setting)뿐만 아니라 어떤 행위가 선행하는지, 어떤 행위가 의도되었는지, 어떤 행위가 이어서 나타나는지 그리고 이어서 나타나는 행위가 무엇인지를 기술하고자 하는 것이다. 즉 이러한 구조는 일련의 언어 행위에 대한 것으로서 말 교환 구조와 긴밀하게 관련되어 있다. 개념 구조는 발화 단위의 의미에 주목하는데 발화 중에 나타나는 각 명제(proposition) 간의 응집 관계(cohesive relations), 화제 관계(topic relations) 및 기능 관계(functional relations) 이 세 가지가 개념 구조의 전반적 모습을 그려낸다. 참여자의 틀은 고프만(Goffman, 1981b)에서 소개한 바 있는데 이는 말 그대로 대화참여자가 그들이 각각 말하는 내용과 어떤 관계를 맺고 있는지를 나타내는 것이다. 정보 상태는 인지적으로 대화를 바라보는 태도이다. 이에 의하면, 대화 과정에서 화자와 청자의 중심적인 역할은 사회 상호작용적 능력이 아니라 인지 능력을 통해 수행되는데, 이때 대화참여자의 지식과 상위지식(meta-knowledge)에 대한 조직과 관리가 관여된다. 그러나 이러한 지식은 대화 과정에서 항상 변하므로 이 변화에 따른 인지 상태도 상이할 수밖에 없다. 따라서 원활한 대화를 위해서는 대화참여자는 대화 과정에서 수시로 상대방의 지식과 상위지식을 체크해야 할 필요가 있다(Schiffrin, 1987:24-29).

이상의 다섯 가지 구성 성분이 대화에서 종합적으로 나타나면서 담화의 일관성이 성취된다고 한다. 이 가운데 아주 중요하고도 다양한 기능을 수행하는 담화표지가 높은 위상을 차지하고 있고 담화의 관련 요소인 화자, 청자 및 화제 간의 연결을 원활하게 이어주는 데도 중요한 역할을 한다.

비슷한 접근법으로 이 이론을 더 발달시킨 연구에는 마슐러(Maschler, 1994, 2009)가 있는데 이 연구에서도 담화 상황에 관여되는 세 가지 요소, 즉 화자, 청자와 화제 간의 연결 양상에 착안하여 담화표지를 기능별로 분류하였다. 이 부분에 대해서는 '담화표지의 기능'에서 자세히 다룰 것이다.

한국어교육 분야에서는 이러한 접근 방식을 적극적으로 받아들이고 있는 실정이다. 전영옥(2002)을 시작으로 해서 많은 후속 연구(안주호 2009, 현혜미 2005, 한상미 2012 등)들도 미시적 담화표지뿐만 아니라 담화 맥락의 중요성을 인식하여 화자, 청자, 화제 이 세 가지 요소를 통합적으로 고찰하고자 하였는데 그 중 공시적인 연구가 상당한 비중을 차지하고 있다. 이러한 방식은 담화표지를 포괄적으로 바라보기 때문에 담화표지의 외연이 상대적으로 광범위하고 기능에 따른 분류도 상대적으로 쉬운 편이다. 동시에 바로 이런 이유로 연구자에 따라 의견이 분분해지고 논쟁이 지속적으로 벌어지고 있는 결과를 빚어내기도 하였다.

지금까지 담화표지의 접근 방향에 대해 살펴보았다[26]. 우리는 담

---

26 담화표지에 대한 접근 방식은 여기에서 제시되는 세 가지 이외에도 다른 관점에서

화표지라는 용어 자체가 표면적으로 동일하게 사용되고 있으나 그 지칭 내용이 다르다는 것을 확인하였다. 담화표지가 담화의 일관성 (또는 통일성) 형성에 중요하게 기여한다는 것에는 거의 이의가 없다. 담화의 일관성이라는 개념에는 담화 자체와 화자, 청자라는 요인이 함께 작용하기에 이들 세 측면을 동시에 지니는 것은 상위 용어와 일치하는 '(전체적) 담화 통일성 표지'(1.2.2.)로, 이 중 담화의 내적 통일성에 주목한 것은 '담화 결속 표지'로(1.2.1.1), 화자와 청자를 중심으로 한 사용의 측면에 주목한 것은 '담화 화용 표지'로

출발하는 시도들도 있었다. 인지적 접근 방식이 그 중의 하나이다. 이에 대한 대표적인 연구인 블랙모어(Blakemore 1987, 1992)에서는 담화표지를 다음과 같이 정의하였다.

> those expressions used to indicate how the relevance of one discourse segment is dependent on another. (Blakemore, 1987:125)

블랙모어의 연구는 처음으로 인지적 관점에서 담화표지를 고찰하는 것으로서 아주 독창적이다. 그는 Sperber & Wilson(1986)의 관련성 이론을 도입함으로써 사람들 간에 이루어지는 의사소통이 일종의 인지 과정으로 보고 있다. 이러한 인지 과정에서 화자는 자신의 발화를 상대방에게 제대로 전달하는 것을 지향하고, 또한 자신의 발화는 상대방이 어떻게 해석하는지에 대한 인지도 필요하다고 하였다. 따라서 화자가 최대한의 노력으로 발화함으로써 청자로 하여금 최소의 노력으로 최적의 인지 효과를 얻도록 함을 목표로 설정하고 이를 달성하고자 가장 긴밀한 관련성을 보여 주는 정보에 초점을 맞춰야 한다. 담화표지가 바로 목표 달성을 위한 중요한 기제로 작용하는 것이다. 마찬가지로, 여타 연구와 공통된 점은 담화표지도 연결의 기능을 담당한다는 것이다. 하지만 여기에서의 연결은 문장과 문장, 인접된 언어 단위, 즉 문자적으로 드러나는 언어 단위 사이의 관계 이외에도 발화와 담화 상황을 관련시켜 같이 주시하고 있다. 이 지점에서 보면 블랙모어의 관련성 이론은 담화표지를 연구하는 층위를 담화 일관성의 측면으로부터 인지적, 심리적 측면으로 끌어올렸다.
또한 다른 시각에서 담화표지를 바라보는 연구들도 많다. 예를 들어, Keller(1979:220)와 Erman(1986:146)에서는 담화 구조의 관점에서, Schourup(1985:3)과 Levinson(1983:88)에서는 청자 반응의 관점에서, Brown(1987:109)은 대화의 원활한 유지를 위한 관점에서, James(1983:193)에서는 상호작용적인 관점에서 이를 다루어 보았다(Brinton, 1996:30-31).

(1.2.1.2.) 지칭할 수 있다. 상술한 내용을 정리하면 〈표 2-1〉과 같이
제시할 수 있다(이은희 2015 일부 참조).

〈표 2-1〉 담화표지에 대한 연구 방향

용어	주안점	대표 연구	대표 용례
담화 구조 표지 담화 구조적 일관성 (구조에 주목)	담화 구조	Halliday&Hasan(1976), Fraser(1990), 박영순(2004), 김정남(2008) 등	1.2.1.1: 그리고, 또한, 그러나, 그래서, 반면에, 다음으로, 상술한 바와 같이, 이상으로, 추가적으로, 끝으로 등
담화 화용 표지 화용적 일관성 (사용 측면에 주목 + 구어 중심)	맥락 (화자+청자 +대화 장면)	이정애(1998), 김태엽(2000), 구종남(1999, 2000), 이원표(1992, 1993), 이한규(1999, 2008, 2012), 임규홍(1998) 등	1.2.1.2.: 그래, 글쎄, 뭐, 어디, 참, 저기, 아니, 말이야 등
담화 일관성 표지 담화 전체적 일관성 (종합적 시각)	담화 구조, 맥락	Schiffrin(1987), 전영옥(2002), 안주호(2009) 등	1.2.1.1+1.2.1.2+상투어 표현(안 그래도, 다름이 아니라, 그래서 그런지 등)

 이상으로 한국어교육 연구에서 담화표지라는 용어에 대하여 협
의적인 접근과 광의적인 접근으로 구분하여 살펴보았다. 이 책에서
는 양자 중의 어느 하나를 단방향적으로 채택하지 않고 연구 대상의
성격에 따라 통합적으로 활용하고자 한다. 필자는 담화표지의 전체
가 아닌, 의미적인 변화가 일어나거나 특정하고 새로운 담화 기능을
갖는 표지를 중점적으로 다룰 것이다. 의미 일탈 현상과 기능의 독

특성은 학습자들이 선행 학습한 순수한 품사적 지식만으로는 해당 담화표지의 화용 양상을 해석할 수 없으므로 학습의 난점을 안겨줄 수 있기 때문이다. 이러한 담화표지는 화용적 측면을 중요하게 기술하는 화용적 일관성이라는 틀 안에서 다수의 연구자에 의해 다루어져 왔고 이 책에서는 일부 이론들(예: 문법화, 담화표지화 등)을 참고하고자 한다. 또한 연구 대상을 더 선명하게 드러내도록 '담화표지'라는 개념을 비교적 협의적으로 기술하고자 하며, 문어체가 아닌 구어체에서 빈번히 실현되는 특징을 부각시켜 '구어 담화표지'라고 지칭하기로 하였다. 이러한 구어 담화표지들의 담화 기능을 분석할 때 최대한 포괄적으로, 전면적으로 포착하기 위해 이들이 화제를 어떻게 조정하는지, 화·청자에 의해 어떠한 의도로 사용되는지, 전달 효과가 어떠한지를 모두 고려해야 하기 때문에 기능 분석 틀을 구축할 때 광의적인 관점을 보인 '전체적 일관성' 모형을 유용하게 참고하고자 한다.

구어 담화표지의 개념 및 특징

2.1. 구어 담화표지의 개념

언어는 지역, 문화, 사용자 등의 제 요인에 따라 그 사용 양상이 각양각색이다. 세상의 언어는 그 종류가 아무리 다양해도, 사용 인구가 아무리 많아도 다음과 같은 언어 요소들이 보편적으로 존재한다고 볼 수 있다. 영어, 중국어, 한국어의 예시를 살펴보면 다음과 같다.

(1) Do <u>you know</u> we'll have a test tomorrow?

(1)' <u>You know</u>, it's very difficult to explain.

(2) 가: 철수 봤어?

　　 나: <u>저기</u> 있어요.

(2)' 가: <u>저기</u>, 선배, 좀 부탁해도 돼요?

나: 뭔데? 말해 봐.

(3) 這次<u>不是</u>我的錯.

이번은 나의 잘못이 <u>아니다</u>.

(3)' 가: 我先去看看公司那邊有沒有事,你先在家等我.

나 먼저 회사에 가 볼게. 먼저 집에서 나 기다리고 있어.

(잠시 후 '가'가 도로 집으로 들어왔다.)

나: <u>不是</u>, 你怎么又回來了?

아니, 왜 또 돌아왔어?

위의 예문에 쓰인 'you know, 不是, 저기'는 형태적으로 보면 일반적 언어 형태와 다르지 않다. 그러나 기능적인 측면에서 보면, (1)', (2)', (3)'에서 이들 어휘나 구절 형태는 본래의 의미대로 쓰이지 않을 뿐만 아니라 일종의 삽입 표현처럼 생략이 가능해진다. 문장의 명제적 의미 구성에 있어서 반드시 필요한 요소는 아니지만 이들의 삽입으로 인하여 일정한 담화 기능을 수행하게 된다. 전통적인 문장 중심의 언어 연구 방법으로는 이들을 제대로 설명할 수 없다. 바로 이와 같은 특수성 때문에 이러한 언어 형태들이 주목받기 시작되면서 새로운 관심 주제로 등장하였다.

필자는 종래의 문장 문법의 한계를 인식하게 되면서 담화 문법의 차원에서 이들 언어 요소를 담화표지라는 명칭으로 접근하고자 하였다. 그동안 구어 담화표지를 담화적 측면에서 정의한 학계의 대표적 논의로는 이한규(1996), 임규홍(1998), 전영옥(1998), 박석준(2007) 등이 있다. 이한규(1996)에 의하면 담화표지는 그것이 나타나는 문장(또는 발화)의 명제 의미(또는 진리조건적 의미)에는 아무런 영향을 미치지 않은 채, 화자의 믿음, 전제, 태도 등을 보여 주는 모든 언어적 형태를 가리키기 위해 사용된다. 임규홍(1998)에서는 담화표지가 담화 상에서 문장의 명제적 의미보다는 화자의 태도나 발화 책략의 기능을 수행한다고 주장하였다. 전영옥(1998)의 정의에 따르면, 담화표지는 의미론적 차원에서 불필요한 표현이나, 기존의 의미·기능에 새로운 기능을 획득하게 된 표현이 언어 사용 또는 담화 차원에서 새롭게 존재 이유를 갖고 사용되는 것이다. 또한 박석준(2007)은 의미론적 차원이나 통사론적 차원에서 불필요한 것으로 보이지만, 담화 상에서는 일정한 기능을 수행하는 표현들을 '담화표지'라고 칭하였다. 즉 특별한 어휘적 의미가 없어서 문장의 명제적 의미에도 적용되지 않으면서 규칙적인 문법 기능도 없으며 문장 내 출현 양상도 상당히 자유롭고 비규칙적이며 수의적이지만, 담화에서 화자의 의도나 목적을 효과적으로 전달하고 이해하는 데 중요한 역할을 하는 언어 요소를 '담화표지'라고 한 것이다.

이상의 기존 연구들은 문어 담화가 아닌 구어 담화 자료를 바탕으로 담화표지에 대한 정의를 내린 것이다. 따라서 이들 정의는 사실 '구어 담화표지'를 기술하는 것과 크게 다르지 않다고 할 수 있다. 이들 정의를 보면, 사용의 수의성(즉 통사적인 잉여성[27]), 그리고 원래

---

27 일반적으로 담화표지는 통사적으로 자유로운 존재이기 때문에 사용이 임의성이 높다. 발화에 실현되지 않으면 아무런 영향을 미치지 않은 것으로 통사적으로 잉여적인 성분이지만, 만약 사용이 된다면 맥락에 따른 담화 의미나 기능이 새롭게 생성되는 관계로 담화적인 측면에서 볼 때 특별한 존재라고 할 수 있다. 바꿔 말하면, 담화적으로 더 이상 잉여적이지 않고 특유한 역할을 하게 된다. 따라서 여기에

의 어휘적 의미에서 벗어나 새로운 담화 의미나 기능을 부각시켜 화자의 다양한 심리적 태도를 나타낸다는 점이 공통적으로 드러난다.

그밖에 이정애(2002)에서는 '화용표지'라는 용어를 사용하여 이것이 '구어의 담화 상황에서 잉여적으로 사용되는 주변적인 언어 표현으로서 원래 구상적인 어휘적 의미를 기저로 한 내용어 및 기능어가 문법화를 거쳐 점차 추상적인 화용적 의미를 획득한 담화적 장치'라고 정의한 바 있다. 이러한 기술이 이 책의 대다수 연구 대상과 일치해서 '구어 담화표지'의 개념을 기술할 때 유용하게 참고할 수 있다. 김태엽(2000)도 이와 같은 시각으로 문법화의 이론을 도입하여 본디 담화표지로 기능하느냐 아니면 그 기능이 바뀌어 담화표지로 기능하느냐를 기준으로 담화표지를 다음과 같이 유형화하였다.

본디 담화표지: 감탄사, 부사어, 지시어, 운소(억양, 쉼, 강세)
전성 담화표지: 내용어 → 담화표지(뭐, 왜, 이제, 그냥, -가지고 등)
기능어 → 담화표지(요, 로, 에)

한국어교육에서는 1980년대 말에 들어서야 담화표지에 대한 연구가 시작되었다. 그동안 담화표지에 관한 연구의 활성화로 위와 같은 다양한 정의들이 제안되었는데 이들은 '구어 담화표지'의 정체성을 규정함에 있어 큰 공헌을 하였으나 대다수는 국어학적 성격을 강

서 그냥 '잉여성'이라고 표기하는 것보다는 앞에 수식어를 넣어 '통사적 잉여성'이라고 한정하는 것이 더 면밀하다고 판단된다.

하게 드러냈다. 국어교육과 한국어교육의 본질적 차이를 염두에 두고 구어 담화표지의 정의를 내리려면 한국어교육의 실제성, 편의성, 용이성 등이 고려되어야 한다. 또한 교육 항목으로서의 독자성을 확립하기 위하여 구어 담화표지가 갖고 있는 범주적 성격도 부각시켜야 할 필요가 있다고 본다. 그래야만 한국어교육을 위한 진정한 정의[28]가 될 수 있을 것이다.

　국내외에서 담화표지에 대한 모색은 처음에 문장과 분리되어 있는 독립적인 성분으로 사용되는 몇몇 언어 요소의 흥미로운 용법에서 대두된 것이다. 이 많은 요소들로부터 공통된 특징을 규명함으로써 담화표지의 본질을 찾아내려고 하였다. 그러므로 '담화표지가 무엇인가?'에 대한 답을 추구하자면 불가피하게 '왜 이것이 담화표지인가?'라는 질문에 직면하게 된다. 즉 담화표지의 정의와 그것의 특징을 밝히는 것은 상호보완적인 관계에 놓여져 있는 것이다. 담화표지의 구체적 특징에 대해서는 다음 부분에서 자세히 논의하기로 하였고 여기서는 일단 이들이 지니고 있는 속성을 규정하여 종래의 범

28　은수림(殷樹林, 2012:61)에서는 타당한 정의를 내리는 일이 쉽지 않다고 논의하면서 좋은 정의가 되려면 최소한 다음과 같은 세 가지 조건에 충족시켜야 한다고 하였다.
　(1) 用語簡洁明了, 忌冗長含混. (용어가 간단명료해야 하고 지나치게 길거나 모호한 표현을 피해야 한다.)
　(2) 必須要揭示概念所反映對象的特有屬性或本質屬性. (개념이 지칭하는 대상의 특유의 속성 혹은 본질적 속성을 필히 밝혀야 한다.)
　(3) 定義項的外延和被定義項的外延應是相同的. (정의항의 외연과 피정의항의 외연이 동일해야 한다.)
　필자는 이상의 논의에 전반적으로 동의를 표한다. 하지만 殷樹林(2012)은 외국어교육을 위한 논의가 아니라는 점도 유의해야 한다. 한국어교육의 성격에 맞는 좋은 정의가 되려면 이상의 조건만으로는 부족한 것이 분명하다.

주와 독립되어 있는 새로운 범주, 일명 '기능 범주'로 설정할 필요가 있다고 본다. 이 범주 안에 들어갈 수 있는 언어 형태들은 담화표지의 특징에 부합해야 한다. 대체로 필수적인 통사 요소가 아니라 화자에 의해 선택적으로 사용된다는 것이며 일단 사용되면 꼭 일정한 발화 효과를 나타내며 대다수의 경우에 그 효과에 대응되는 일정한 억양을 가지고 있다.

담화표지의 종류도 꽤 다양하다. 대부분 기타 어휘 부류에 속하는 것으로 대명사, 감탄사, 부사, 의문사 등이 포함되고 구절 형태를 지니는 일부 표현도 이에 해당된다. 이들은 대체로 문법화의 과정을 거쳐 원래의 어휘적 의미가 탈색되면서 담화 맥락에 따라 확장된 기능을 수행하게 되는 것이다.

위의 '일정한 발화 효과', '담화 기능'은 담화표지를 해당 맥락에서 사용해야 하는 이유에 해당된다. 주지하다시피 인간들은 일정한 목적 아래 언어를 조직·사용하는데 그 목적이 적극적이든 소극적이든 사용된 언어 요소는 존재하는 이유가 분명히 있다. 특히 담화표지는 수의적인 성분으로서 언어 요소 중에서 아주 특수한 존재이다. 이들은 화자의 주관에 따라 사용되는데 화자의 의도, 태도 등 주관화 요소를 전략적으로 전달하는 역할을 하며 사용하지 않으면 해당 발화 효과를 표현하지 못한다. 다시 말하면, 담화표지는 문법적인 측면에서는 잉여적이지만 화용적인 측면에서는 잉여적이지 않다. 따라서 이정애(2002)의 정의에 나타난 '잉여적'이라는 표현을 피하고자 한다.

구어 담화표지를 정의하는 데 있어 이상의 몇 가지 속성은 빼놓으

면 안 되는 것이다. 또한 한국어교육을 위한 정의라면 비교적 구체
적으로 정의하는 것이 바람직할 것이다. 이렇게 해서 필자는 담화표
지의 사용을 일종의 의사소통 전략이라고 보고 그 중요성을 강조하
는 관점에서 구어 담화표지를 다음과 같이 정의하고자 한다.

> 구어 담화표지는 전통적인 문법 범주가 아니라 일종의 기능 범주
> 를 이룬다. 명칭 그대로 이들은 실제 구어에서 빈번히 사용되며
> 주로 어휘나 구절 형태로 나타난다. 대부분 원래의 구체적인 어
> 휘적 의미가 약화되거나 상실되며, 대화에서 풍부한 담화적 의미
> 나 기능을 가진다. 이때 구어 담화표지는 발화 내용을 구성하는
> 필수적인 요소가 아니라 화자의 의도나 태도를 표현하기 위해 전
> 략적으로 사용되며 발화 시 일정한 억양을 수반하는 경우가 많다.

여기서 말하는 의미의 약화와 상실에 대해 좀 더 상세히 설명하자
면, 이러한 형상은 모든 구어 담화표지에 예외없이 적용되는 것은
아니지만 대부분의 담화표지에 해당된다. 일부 감탄사형 담화표지
를 제외하면 구어 담화표지로 쓰이는 언어 형태들은 실사적 의미를
가지고 있는 것이 대부분이다. 오랜 언어 사용의 과정에서 쓰임에
따라 운율적, 통사적, 의미적인 변화가 일어나면서 담화에서의 특수
한 용법이 파생되어 다양하게 기능하게 되었는데 이러한 과정에는
문법화가 관여되어 있다(Brinton 1996, 이정애 1998, 구종남 2000, 이
정애 2002, 김태엽 2000, 김태엽 2002, 주경희 2004, 김명희 2005, 박
석준 2007, 손혜옥 2012 등). 문법화에 대한 저명한 연구자인 호퍼와

트라우고트(Hopper & Traugott, 1993:1)는 문법화를 다음과 같이 기술하고 있다.

> 문법화는 언어 변화 연구와 관련된다. (중략) 일부 어휘나 구성이
> 특정 언어 맥락에서 문법 기능을 갖게 되는 것이나 일부 문법소
> 는 계속 새로운 문법 기능을 갖게 된다.

이 연구는 문법화 이론을 심도 있고 전면적으로 다룬 것으로 학계에서 널리 인정받고 있다. 이후의 수많은 연구들은 이러한 문법화 현상을 설명하기 위해 그 범위를 확대하거나 인지적인 기제를 찾느라 온갖 노력을 기울여 왔다. 최근에 이르러서는 내용어가 기능어로 바뀌는 현상은 물론이고, 덜 문법적인 기능어가 더 문법적 기능어로 바뀌는 현상까지 다 문법화 범주에 포함하게 되었다(김태엽, 2002:12).

문법화론 학자들은 문법화 현상을 설명하기 위해 여러 가지 학설을 제시하였고[29] 다양한 모형들을 개발하였다. 문법화에는 음운적, 통사적, 의미적 변화들이 모두 포함되지만 많은 모형들이 설명하고자 하는 것은 의미 변화이다. 현재 널리 받아들여지고 있는 관점은

---

29 Hopper(1991)에서는 층위화(layering), 분화(divergence), 전문화(specialization), 의미지속성(persistence), 탈범주화(decategorialization) 다섯 가지를 제시하였으며 Bybee, Perkins & Pagliuca(1994)에서는 어원 결정 가설(source determination), 단일방향성 가설(unidirectionality), 보편경로 가설(universal path), 평행성 가설(parallel reduction), 상관성 가설(relevance) 등 가설을 내세우면서 문법화의 과정을 다차원으로 탐색한 바 있다(이성하, 1998:173-202).

의미의 변화가 일반적으로 약화나 소실의 방향으로 이루어진다는 것이다. 이처럼 의미가 점점 '희미해지는', 즉 탈색되는 과정에 변화의 초점을 두고 있는 모형을 '탈색 모형'이라 부르게 되었고(이성하, 1998:269-270), 트라우고트(Traugott, 1982)는 이러한 의미 변화 방향이 단일방향적임을 주장하여 그 과정을 'propositional(명제적/개념적 의미) ⇒ textual(담화적/텍스트적 의미) ⇒ interpersonal(대인적/상호작용적/화용적 의미)'로 기술하였다.

(한)국어교육에서 담화표지의 발달 과정을 파악하는 데에도 역시 위와 같은 논의를 적극적으로 활용하여 해당 언어 형태가 지니고 있는 원시적, 개념적 의미가 어떻게 변하는지에 착안한 연구가 보편적으로 행해졌다. 대표적인 논의로는 이정애(2002)가 있는데 한 실질적 어휘가 문법화의 과정을 통해 화용표지로 발달하는 과정을 이러한 의미전이의 방향으로 설명할 수 있다고 주장하였다. 즉 의미의 변화는 한 언어 표현이 주로 명제적인 내용으로 출발하여, 점차로 대화의 응집을 향상시키기 위한 텍스트적인 기능을 얻게 되며, 이것이 한 단계 더 나아가 전제나 다른 화용론적인 의미를 포함하는 의미를 가지게 된다는 것이다(이정애, 2002:85). 이의 구체적 발달 방향은 다음과 같이 귀결하였다.

구상적 의미 ⇒ 추상적 의미

객관적 의미 ⇒ 주관적 의미

명제적 의미 ⇒ (텍스트적 의미) ⇒ 표현적(화용적) 의미

실사적 의미 ⇒ 문법적 의미

어휘형태 ⇒ (문법 형태) ⇒ 화용표지

필수적 성분 ⇒ 수의적 성분

김태엽(2002)은 구어 담화표지를 문법화의 특수한 산물이라고 보고 그 생성 과정을 보다 직관적으로 기술하기 위해 하이네와 쿠테바(Heine & Kuteva, 2002)에 의해 소개된 네 가지 기제를 도입하였다. 이 네 가지 기제에는 비의미화(의미의 표백화), 확장(문맥 생성), 비범주화(범주의 해체), 음운의 파괴(음성적 축약)가 해당되는데 이들은 서로 비독립적인 관계를 가진다고 하였다. 또한 일정한 언어 형태가 담화표지로 기능하는 데 가장 근본적인 결정 요인은 의미 변화와 이에 따른 확장된 화용적 용법이라고 상정할 수 있다고 하였다.

대부분 학자들은 이러한 문법화 과정에는 일반적으로 주관화(subjectification) 현상이 수반되어 있다고 보았다. 주관화는 언어 형태의 의미가 변화할 때 덜 주관적인 의미에서 점점 더 주관적인 의미의 방향으로 이동한다는 것이다. 즉 명제 혹은 외연 위주의 의미에 화자가 자신의 관점을 투사함으로써 점점 주관적인 의미로 변화해 가는 과정을 가리키는 것이다. 이러한 주관화는 실제적 상황에서 담화적 상황으로 옮겨가는 것이다(이성하, 1998:153). 간단하게 보면 주관화는 화자의 주관적 태도를 가리키는 용어이다. 구어 담화표지들은 본래 가지고 있던 어휘적 의미가 상실되고 담화 의미를 획득하는 문법화 과정을 거치게 되는데 여기에는 화자의 인지적 경험이 그 기제로 관여하는 것으로 보인다. 인지적 경험이란 화자가 많은 담화의 경험을 통해서 얻은 인지 내용을 말하는데, 좀 더 구체적으로는

담화 상에서 담화표지를 사용함으로써 명제적 의미를 더욱 효과적
으로 청자에게 전달할 수 있었던 화자의 경험을 가리킨다(김태엽,
2000:10). 구어 담화표지의 의미 변화 과정은 화자의 인지적인 경험,
즉 주관화 정도가 강화되는 과정으로 볼 수 있다. 많은 구어 담화표
지는 위와 같은 문법화의 과정을 겪은 것들이다.

　지금까지 (한)국어학계에서 구어 담화표지의 형성에 대한 논의는
문법화 개념을 통해 통시적인 각도에서만 다루어져 왔다[30]. 또한 연
구자들은 기존의 역사적 언어 자료를 활용하여 문법화 발달 단계가
보다 뚜렷하게 되어 있는 담화표지만 대표적 사례로 삼아 상술하였
고 나머지는 대략적인 설명 위주로 다루었을 뿐이다. 전반적으로 살
펴보면, 언어학 분야의 연구 성과를 받아들여 (한)국어의 변천 과정
을 고찰하고자 하는 시도가 가장 많았다. 앞으로 국어의 역사적 자

---

[30] 참고로 중국에서는 담화표지의 형성 과정을 연구하는 데 있어서 한국과 비슷하게
문법화를 이용한 통시적 방법을 택한 것이 대다수이다. 단, 중국에서 문법화 이외
에 어휘화(lexicalization)에 대해서도 일종의 학설이 형성되고 있는 가운데 어휘화
를 바라보는 시각은 공시적인 것과 통시적인 것으로 양분될 수 있다. 董秀芳(2004)
에 의하면, 공시적인 관점에서 보는 어휘화는 어떤 개념을 어휘로 전환시키는 과
정으로 인지와 관련되어 있으며, 언어의 종류에 따라, 혹은 동일한 언어의 상이한
역사 시기에 따라 차이가 있다. Brinton & Traugott(2005)는 특정한 상황에서 언어
사용자는 어떤 통사 구조를 일종의 새로운 實義 형식을 가지게 되며 시간 경과에
따라 이미 어휘화된 항목이 내부의 구조성을 계속해서 잃게 돼 진일보한 어휘화의
모습을 갖게 된다. 중국에서 이 두 가지 이론을 각자 이용하여 담화표지의 형성을
설명하려는 연구가 있는가 하면 이 둘이 동시에 작용하여 특정한 담화표지를 형성
시켰다고 주장하는 목소리도 있다. 이밖에도 문법화든 어휘화든 담화표지 형성
과정을 온전히 설명하지 못한다는 견해도 제기되었다(殷樹林, 2012:76-80 내용 참
조). 이러한 논의를 바탕으로 殷樹林(은수림, 2012:81-89)에서는 "就是", "完了",
"那么", "我看, 你看1, 你看2" 등 실례를 분석함으로써 그 형성과정의 복잡성을 논의
하였다. 결론을 보자면, 담화표지는 일반적으로 어용화(語用化)의 과정을 겪으며
문법화나 어휘화를 거쳤는지는 구체적인 담화표지 항목에 따라 개별적으로 고찰
되어야 한다.

료를 대량 검토하고 담화표지 각각의 변천 과정, 시기별 사용의 변화, 이 과정 속에서 작용하는 요인 등에 대한 연구가 면밀하게, 체계적으로 이루어질 수 있다면 커다란 의의가 있을 것이라고 본다. 이때 유의해야 할 사항은 선행 연구에 의해 밝혀진 담화표지는 실제적으로 존재하고 있는 담화표지 모두를 포괄하지 못하고 있다는 점이다. 연구자들에 의해 거론되지 않은 담화표지의 경우 과연 똑같은 문법화 과정을 거쳤는지에 대해서는 아직 밝혀진 바가 없다.

▌ 2.2. 구어 담화표지의 특징

구어 담화표지의 특징은 정의와 불가분의 관계에 놓여 있다. 그러나 그 특징은 담화표지의 구체적 출현 양상에서 귀납적으로 추출되므로 다소 추상적인 정의보다 더 직관적인 시각을 제공해 준다. 이를 올바르게 기술한다면 담화표지의 정체를 더 잘 이해할 수 있고, 어떤 언어 형태가 담화표지인지 아닌지의 여부를 판단하는 데 있어서도 보다 견고한 기준이 마련될 것이다.

영어학에서 담화표지의 특징에 대한 대표적인 논의[31]를 보면 대

---

31 영어학 분야에서 담화표지의 특징을 다룬 논의는 다음 표와 같이 정리할 수 있다 (Holker, 1991의 논의는 Jucker, A. H. & Y. Ziv, 1998를 참조하였음).

	Schiffrin(1987)	Fraser (1990)	Holker(1991)	Brinton(1996)
실현 환경	-	-	-	문어 담화보다 구어 담화에서 빈번하다.

다수는 출현 위치, 실현 형식, 운율적, 통사적, 의미적, 화용적 등 측면에서 기술하였다. 공통된 논의 부분을 정리하면 다음과 같다.

* 문두 위치(utterance initiality)
* 실현 항목의 품사 다양성/다범주성

	Schiffrin(1987)	Fraser (1990)	Holker(1991)	Brinton(1996)
실현 빈도	-	-	-	한 문장에 하나 이상
실현 위치	주로 발화의 맨 처음에 사용한다.	-	-	문장 시작 위치에 주로 온다.
실현 형식	-	부사, 관습적으로 쓰이는 표현, 동사, 간투사, 접속 성분, anyway, OK 등		간투사, 부사, 관사, 동사, 접속어, 구, 숙어, 문장, 절 등
운율적	이조, 강세, 휴지나 음운적 감소 등 일련의 운율적 요소가 작용한다.	악센트, 어조 등에 의해 화자의 발화 태도를 나타낸다.	-	음운적으로 축약, 하강-상승과 상승 억양을 동반한 톤을 형성
의미적	의미가 없거나 모호하거나 재귀적 의미를 지닌다.	문장의 개념적 의미에 영향을 미치지 않는다. 발화 위치에 따라 여러 의미를 나타낸다. 핵심 의미가 있으며 원래의 어휘적 의미를 반영하고 있다.	발화문의 진리치에 영향을 끼치지 않아야 한다. 발화문의 명제적 내용에 새로운 정보를 더해서는 안 된다.	어휘적 의미의 최소화(거의 없다)
통사적	문장과 통사적으로 분리해야 한다.	문장과는 독립된 요소이다.	-	통사구조의 밖에 놓여 있고, 분명한 문법적 기능 없다. 필수적인 성분이 아니고 선택적인 성분이다.

    * 운율 작용

    * 임의성(optionality)

    * 비진리조건성(non-truth conditionality)[32]

    * 다기능성(multi-functionality)

담화표지의 특징을 가장 포괄적으로 다룬 연구자는 브린턴 (Brinton, 1996)이라고 할 수 있다. 그는 위에 나열한 특징들 이외에 도 담화표지가 문어 담화보다 구어 담화에서 빈번하게 출현되고 한 문장에 하나 이상 출현한다고 밝히며 그 실현 환경과 실현 빈도까지 논의하였다. 브린턴(Brinton, 1996)이 쉬프린(Schiffrin, 1987), 프레

	Schiffrin(1987)	Fraser (1990)	Holker(1991)	Brinton(1996)
화용적	다기능적	담화 사이의 잠재적인 담화 관계를 변화시키지 않는다.	지시적, 외연적, 또는 인지적 기능은 없고 정서적 기능을 가진다. 발화 당시의 상황과 관련되며 발화문에서 언급되고 있는 상황과 무관하다.	다기능을 한다.
작용 영역	담화의 국소적/전체적 국면, 담화의 여러 측면에 작용한다.	-	-	-
사용 영역	-	-	-	남자보다 여자가 더 많이 사용한다.
평가	-	-	-	부정적으로 평가되어 왔다.

32 비진리조건성은 담화표지가 문장의 의미에는 영향을 미치지 못하지만 화용 층위 에서 작용하여 대화참여자들이 주어진 상황에서 발화를 해석하는 것을 돕는 단서 가 된다는 것을 의미한다. 이는 자동적으로 임의성을 함축한다(박혜선, 2011:32).

이저(Fraser, 1990), 홀커(Holker, 1991) 등과 마찬가지로 그 연구 대
상이 구어 담화표지에 한정되어 있어 '구어에 많이 쓰인다'라고 특
징을 기술하는 것 자체는 다른 연구와 구별되지 않지만 명시적인 제
시 방식을 취하였다는 점에서 차이를 보였다. 그러나 '한 문장에 하
나 이상'의 출현에 대해서는 문제가 제기될 수 있다. 영어 담화표지
의 사용 빈도를 보면 한 문장 안에 하나만 출현하는 경우도 많기 때
문에 이러한 절대적인 기술이 널리 지지받지 못함이 분명하다.

(한)국어학계에서 규정짓고 있는 구어 담화표지의 특징은 다음과
같은 논의가 전개된 바가 있다.

〈표 2-2〉 구어 담화표지의 특징에 대한 기존 논의

	임규홍(1996:4)	전영옥(2002:118)	이정애(2002:49)
실현 환경	담화(입말)에서만 실현되는 표지이다.	구어 담화에서 실현된다.	단일한 문어체 문장에서보다 구어적 담화에서 더 빈번하게 출현한다.
실현 형식	-	여러 언어 형식(감탄사, 부사, 구절 등)이 담화표지로 사용된다.	-
운율적	-	억양, 휴지와 관련된다.	종종 음운적으로 축약된 항목으로서 별개의 어조를 형성하고 있다.
형태적	고정성이 있다.	고정성이 높다.	-
통사적	다른 문장 성분과 독립성이 있다.	문장의 다른 성분에 독립적, 필수 성분이 아니다.	-

	임규홍(1996:4)	전영옥(2002:118)	이정애(2002:49)
의미적	모든 담화표지는 원래 어휘적 의미에서 변이되었을 가능성이 높다.	원래의 어휘적 의미에서 변이되었다.	-
화용적	나름대로 독특한 담화적 기능을 한다.	다양한 담화 기능을 수행한다.	화자가 말의 호흡을 조절하거나 정보의 양에 따라 생각의 단위를 나누기도 하며 시간 벌기의 효과를 갖기도 한다.
실제 사용 관련	사용이 임의적일 가능성이 높다.	-	높은 빈도수를 가진다. 잉여적 표현으로 간주된다.
	쓰임에서 공간적·계층적인 보편성을 가져야 한다.	-	비교적 공간적으로나 사회적으로 어느 정도 보편성을 갖는다.
평가	-	-	실제 언어에서는 세련되지 않은 스타일 상의 문제로 간주하거나 종종 낙인되어, 문어나 격식적 담화에서는 부정적으로 평가될 수 있다.

대조언어학 이론에 의하면 영어와 한국어는 유형적으로 다르기 때문에 다양한 측면에서 차이가 있다. 어순이 그 중의 하나이다. 구어 담화표지의 경우, 영어에는 문장의 맨 앞에 나오는 것이 대부분인 데 반해 한국어에서는 그 출현 위치가 상대적으로 자유롭다. '뭐'를 예로 들면, 기능에 따라 문두, 문중, 문미에 골고루 사용된다.

(1) 뭐... 저번에 우리가 어디까지 했지?

내가 뭐, 아무 말도 안 한다고 아무것도 모르고 있는 줄 알어?

섭섭하지만 어쩔 수 없지, 뭐.

〈표 2-2〉에서 보다시피 한국 내의 관련 기존 연구에서는 문두 위치 규정을 거의 다 제외시켰다. 또한, 한국에서 연구자들이 담화표지의 특징을 기술할 때 영어학의 성과와 현저한 차이를 보이는 부분은 문두 위치 규정에서의 차이점 이외에도 형태적 고정성에 대한 언급 여부도 있다. 송병학(1985, 1987, 1988)에서 담화표지의 고도의 고정성을 두고 이를 '담화불변화사'로 명명한 바 있다. 이는 한국어 자체의 특징으로 인하여 용언의 불규칙활용과 기타 시제 표현 방식에 따른 어형 변화와 무관하지 않다.

(2) 형용사 '덥다'   동사 '가다'

날씨가 덥다.   매일 학교에 간다.

더운 날이 싫다.   어제 회사에 갔다.

언제 미국 갈 거야?

위의 예시에서 '덥다'가 피수식어 앞에 쓰일 때 생긴 어형 변화와 '간다', '갔다', '갈' 등 형태적인 차이로 인한 시제의 표시 방법을 잘 보여 주고 있다. 이에 비해 담화표지는 문장 안에 어느 위치에 출현하든, 앞뒤에 어떤 성분이 나오든지 어형 변화가 거의 일어나지 않는다. 예(1)에서의 '뭐'는 문두, 문중, 문미 세 개의 위치에서 똑같은 형태로 쓰이고 있다. 담화표지의 이러한 독특한 점을 두드러지게 조명하려는 취지에서 이 특징을 따로 제시했던 것 같다.

형태적으로 고정적이라는 것은 담화표지 뒤에 조사가 결합되지 않는다는 것과도 일정한 연관이 있다. 심지어 임규홍(1996:10)은 '인자(이제)'가 원래의 용법대로 시간 부사인지 담화표지인지를 구별하는 중요한 잣대가 바로 '인자(이제)' 뒤에 대조 보조사 '까지', '는', '부터' 등의 결합 여부라고 주장하였다. 해당 예문은 다음과 같다.

  (3) 가. 철수가 이제는 노름을 하지 않는다.
      나. 철수는 이제까지 놀기만 했다.
      다. 너가 이제부터 착실히 살아야 한다.
      라. 그래 인제(*는/*까지/*부터) '죽으면 대수냐?'구 하라는
          대루 거기 올라가서 인제 풍덩 빠지닝깨.

                                        (공주군 의당면 설화 19)

그러나 여기서 말하는 고정성은 단지 '고도의 고정성'일 뿐이지 '절대적인 고정성'이 아니다. 일례로 한국어 어미 활용을 살펴보자. 한국어는 높임법 발달로 인하여 상대방을 높일 때 다양한 종결어미를 사용한다. 전영옥(2002)에서는 어미 활용과 관련된 형태적 고정성을 다룰 때 보다 융통성이 있는 견해를 보이고 있는데 구체적으로 어미 활용이 아예 안 되는 것이 아니라 매우 제한적으로 나타나고 있다는 주장이 그것이다. 예를 들어, 담화표지 '있잖아'의 경우 상대 높임법에 의하면 '있잖아요'로도 쓰이는데 '요'를 붙여서 형태적 변

화가 일어난다고 해서 담화표지로 간주하지 않는 것이 분명히 무리가 있다. '말이다'도 대화참여자의 관계에 따라 '말입니다', '말이에요' 등 다양한 형태로 사용되기도 하는데 모두를 담화표지로 보아도 이의가 없을 것이다. 이 뿐만 아니라 필자는 한국어 구어 발화의 실제 발음을 충분히 고려하여 '축약형(예: 말야), 변이형(예: 인자와 이제), 조합형(예: 글쎄 말이야)[33]'을 함께 다루고자 하였다.

또 구어 담화표지 사용의 임의성이라는 특징에 대해서 살펴보면, 사회언어적인 관점에서는 연령, 지역에 따라 다른 사용 양상을 띠는 것이 사실이다. 이와 관련된 연구로 임규홍(1996)이 있는데 '참', '말이야', '가지고', '이/그/저', '인자', '그래' 등 담화표지들은 지역과 연령에 관계없이 보편적으로 사용되고 있음을 보여 주었다. 이와 동시에 어느 특정한 담화표지가 발화자 모두에 의해 사용되는 것이 아니라 개개인에 따라 선택적으로 실현되는 것도 사실이다. 그러므로 담화표지의 사용 여부는 임의적으로 일어나며 화자의 개인적 발화 습관과 긴밀하게 관계되어 있다고 볼 수 있다. 이것은 사용 임의성의 첫 번째 요소이다. 두 번째 요소는 통사적인 관점에서 바라보는 것인데 담화표지는 화자에 의해 선택적으로 사용되며 사용의 여부는 문장의 진리치에 아무런 영향을 끼치지 않는다. 다시 말하면 문장의 성분과 독립되어 있다는 것이다. 이는 담화표지의 생략가능성을 함축한다. 일반적으로 자립성이 강한 담화표지의 경우는 통째로 생략

---

33 조합형이라는 것은 두 개 또는 두 개 이상의 구어 담화표지가 결합되어 복합 형식으로 사용되는 경우를 말한다. '글쎄 말이야', '있잖아, 그...' 등이 이에 해당된 예들이다.

가능하다는 것에 논쟁의 여지가 없지만 '-아/어 가지고'를 비롯한 의
존적 담화표지의 경우 이를 담화표지로 봐야 되는지는 아직까지도
쟁점 중의 하나이다. 여기서 아래 예문을 통해 이를 보다 자세히 살
펴보겠다.

(4) 가. 시간도 없어 가지고 누굴 만나겠다구?
　　나. 시간도 없어 □ 누굴 만나겠다고? (×)　　(김향화, 2001:6)

김향화(2001)에서는 위의 예문에 나타나는 '가지고'를 담화표지
로 인정할 수 없다는 근거로, 생략되면 원래의 문장이 불완전해지므
로 문장의 필수적인 성분이라고 볼 수 있기 때문이라고 하였다. 그
러나 예문(나)의 경우에 '-아/어 가지고'가 삭제되는 자리를 '-니/는
데'로 메우면 여전히 본래의 의미를 유지하는 자연스러운 문장이 될
수 있다. '가지고'는 통사적으로 선행 성분에 의존하는 정도가 상대
적으로 높기 때문에 통째로 생략하면 안 된다는 점에서 기타 비의존
적 담화표지보다 임의성이 떨어지는 것이 사실이다. 그러나 '가지
고'는 기타 담화표지와 마찬가지로 화자에 의해서 선택적으로 사용
될 수 있으므로 일정한 정도의 임의성을 지니고 있음을 감안해야 할
필요가 있다. 따라서 필자는 '가지고'를 담화표지로 인정하기로 하
였다.

이상의 논의를 종합하여 구어 담화표지의 특징을 재정리하면 〈표
2-3〉과 같다.

〈표 2-3〉 한국어 구어 담화표지의 특징

사용 환경	- 쓰임에서 공간적으로나 사회적으로 어느 정도 보편성을 갖는다. - 구어 담화에서 주로 실현된다.
운율적 측면	- 억양 단위의 시작, 중간 및 끝에 실현된다. 이외에 악센트, 길이 및 휴지와도 관련된다.
형태적 측면	- 다양한 언어 형식(감탄사, 부사, 의문사, 관형사 등 어휘와 구절 표현)으로 나타나며, 축약형, 변이형과 조합형을 취할 수 있다. - 고정성이 높다. 조사가 붙지 않고 제한적인 어미 활용만 나타난다.
통사적 측면	- 문장에서의 출현 위치가 자유로운 편이다. - 문장의 다른 성분과 문법적 관계를 갖지 않고 독립적으로 존재하여 그 사용이 임의성을 띤다. 단, 독립성(또는 생략가능성)의 정도에 차이가 있다.
의미적 측면	- 대부분은 본래의 어휘적 의미에서 변이되어[34] 기존 어휘의 확장된 쓰임으로 파악된다.
담화적 측면	- 구체적 담화 맥락에 따라 일정한 기능을 수행한다.

---

34 의미 변이는 곧 원래의 어휘 의미가 거의 상실되거나 약화되는 것을 가리킨다.

한국어 구어 담화표지 교육 현황

이 절에서는 한국과 중국에서 널리 사용되는 범용 교재, 한국어교육 관련 지도서와 사전에서의 담화표지 기술 양상을 비판적으로 검토하며 설문 결과를 활용하여 중국 내 한국어교실에서의 교수 현황을 파악하고자 한다.

한국어 구어 담화표지의 온전한 교육 실태를 고찰하기 위해서는 다각도로 접근하는 것이 가장 이상적이다. 광의적으로 보면, 우선 교육 자료로서 수업 지정 교재 외에도 개별 지도를 받을 때 사용하는 부교재, 매체 자료 등도 유익한 보조 자료가 된다. 그러나 이것도 천차만별이다. 따라서 필자는 연구 대상의 통일성과 일반화 가능성을 최대한 높이고자 한국과 중국에서 일정한 사용 인원이 보장되는 교재를 주된 분석 대상으로 정하였다. 또한 한국어교육 분야의 전문가들이 주로 참고하고 있는 지도서나 사전에서 담화표지를 어떻게 기술하고 있는지도 함께 고찰하고자 한다.

이와 같은 맥락에서 볼 때, 수업 시간 내에 본격적으로 수행하는 교육이나 연습 활동뿐만 아니라 수업 시간 이외에 이루어지는 개인 학습 활동도 교육 실태에 포함된다. 예를 들어, 학습자들에게 제공되는 개별 지도(예: 교사나 한국 친구에게서 받는 특별 지도)가 바로 전형적인 예이다. 하지만 이러한 학습의 내용이나 방식 등이 상당히 다양하고 통일성이 부족하여 통제하기 어렵고, 조사 과정에서 학습자의 사적인 생활을 침해할 위험이 있어 공개를 원하지 않는 경우도 많다. 그러므로 이 부분의 핵심 고찰 대상은 4년제 정규대학교에 개설된 한국어 관련 수업(특히 말하기 수업)으로 한정하였다. 또한 원칙적으로 수업의 실제 진행 상황을 정기적으로 관찰하는 것이 최적이지만 여기서는 교사와 학습자에게 실제 교육 상황 관련 설문지를 돌리고 설문 결과를 통해 대략적으로 교수 상황을 파악하고자 한다.

▌3.1. 범용 교재에서의 기술 양상

체계적인 언어 교수·학습이 이루어지려면 교사와 학습자가 서로 협력해야 하는데, 이때 이 양자를 유기적으로 연결시켜 주는 것이 바로 교재이다. 교재는 학습자들에게 목표어를 노출시키는 가장 직접적이고 직관적인 수단이다. 따라서 담화표지의 교육 내용과 교수·학습 방법을 마련함에 있어 현재 통용되는 한국어 교재에서 담화표지를 어떻게 다루고 있는지를 검토하는 것은 매우 의미 있는 작업이다.

분석 대상 교재는 한국 내 연세대학교와 경희대학교에서 개발한 교재와 중국 북경대학교의 『한국어』로 선정하였다[35]. 이 교재들은 모두 통합교재이다. 덧붙여 담화표지가 주로 구어 대화에 많이 사용된다는 점을 고려하면 한국에서 출판된 말하기 교재 역시 별도로 분석해야 할 필요가 있다. 주지하다시피 말하기 교재는 양적으로 매우 부족할 뿐만 아니라 초·중급 단계의 교재가 고급의 그것보다 압도적으로 많다. 현재까지 초급부터 고급까지의 말하기 전(全) 단계를 아우르는 교재로는 성균관대학교의 『말하기 쉬운 한국어』가 있다. 이상의 사항을 고려하여 분석 대상 교재는 다음과 같이 선정하였다.

---

[35] 대상 교재는 주로 학습자의 종합적인 의사소통 능력을 지향하는 교재 위주로 선정하였다. 연세대학교 교재는 학습 단계별로 다양한 주제로 대화가 구성되어 있으며, 학습자의 정확한 이해와 구사를 위해 어휘와 문법 연습 과제도 함께 제시하고 있다. 그리고 한국어의 말하기, 듣기, 읽기, 쓰기 능력을 균형 있게 발달시키기 위해 '읽고 말하기', '듣고 말하기' 등 통합적 과제 활동을 구안하고 있다. 경희대학교의 교재는 의사소통 교수법을 적극적으로 반영하려는 통합교재로서 정확성과 유창성을 동시에 도모한다. 단원 구성의 측면에서 보면 듣기, 대화, 문법, 읽기, 쓰기, 말하기 등 다양한 과제를 통해 학습자의 의사소통 신장이라는 목표를 달성시키고자 한다. 북경대학교의 교재는 중국 현지에서 가장 널리 사용되는 교재이다. 이 교재에 수록된 문법이나 표현 항목이 아주 풍부하고 해당 설명도 학습자의 모국어로 되어 있어 중국인 학습자들이 아주 선호하는 교재이기도 하다. 하지만 주요 문법 번역식 교수법을 지향한 나머지 언어의 실제적 사용 모습을 온전하게 담지 못해 앞의 두 교재보다 학습자의 구어 능력을 배양함에 있어서 상대적으로 약하다고 할 수 있다. 성균어학원의 『말하기 쉬운 한국어』1-12권은 '학습자 중심 교수법'을 추구하는 맞춤형 교재로서 발화의 실용성 측면을 강조하고 있다. 이 시리즈는 이름만 보면 말하기에 편중되어 있다는 느낌을 주지만 실제적으로 듣기도 상당한 비중을 차지하고 있다. 단원 구성을 통해서 보면, 주제는 학습자의 흥미를 충분히 유발시킬 수 있는 실생활 관련 주제를 다양하게 선정하였으며 단원마다 해당 주제를 둘러싼 자유 말하기로 시작된다. 이어서 대화문을 제시하고 '듣기와 말하기' 활동을 제시하고 있다.

〈표 2-4〉 분석 대상 교재의 목록

기관명	교재명	등급	권수	저자
북경대학교	한국어	한국어1, 한국어2, 한국어3, 한국어4	4	북경대학 조선문화연구소
경희대학교	한국어	초급Ⅰ, 초급Ⅱ 중급Ⅰ, 중급Ⅱ 고급Ⅰ, 고급Ⅱ	6	경희대학교 국제교육원
연세대학교	연세 한국어	초급: 1-1, 1-2, 2-1, 2-2 중급: 3-1, 3-2, 4-1, 4-2 고급: 5-1, 5-2, 6-1, 6-2	12	연세대학교 한국어학당
성균관대학교	말하기 쉬운 한국어	초급: 말하기 쉬운 한국어1-2 초·중급: 말하기 쉬운 한국어3-4 중급: 말하기 쉬운 한국어5-6 중·고급: 말하기 쉬운 한국어7-8 고급: 말하기 쉬운 한국어9-10 최고급: 말하기 쉬운 한국어11-12	12	성균어학원

 분석은 주로 교재 본문에 제시되는 대화문을 대상으로 진행하였다. 분석 결과를 통해 알 수 있듯이 각 교재마다 나름대로 담화표지를 선정·제시하고 있어 통일성이 많이 결여되어 있었으며 본문의 대화문에 한 번도 출현하지 않은 담화표지는 일부 교재에서 듣기 지문을 통해 학습자들에게 노출되는 경우도 있다. 따라서 필자는 본문과 함께 듣기 지문(일부 교재에 한해서)도 분석 대상으로 삼았다. 또한, 분석의 주안점은 담화표지의 제시 순서, 구체적인 의미나 기능 제시 내용, 해당 부분에 대한 설명 제공 여부, 제공된 설명의 방식, 또한 관련 연습 활동 등에 두고자 한다.

 우선 각 교재의 구어 담화표지 기술 양상을 살펴보도록 하겠다. 북경대학교의 교재[36]는 중국 내에서 널리 사용되는 있는 교재로서

문법번역식 교수법을 주로 반영한다는 점에서 기타 교재와 구별된
다. 담화표지는 보통 어휘나 구절 형태로 출현하므로 이 교재에서
이를 生詞(새 단어)와 慣用型(관용 문형) 부분에서 다루고 있다. 먼저
『한국어』 1-4에서 소개하고 있는 담화표지의 양상은 순서대로 나열
하면 다음과 같다.

> 한국어 1 - 좀, 그래요?, 뭐, -아 가지고, 글쎄요, 참, 그래요.
>
> 한국어 2 - 뭘요, 그럼요, 자, N+말이에요?, 그래?, 아참, 그래,
>
> 그럼, N+말이에요, 말이죠.
>
> 한국어 3 - 글쎄, 어디, 아니, 그래그래, 말야, 뭘.
>
> 한국어 4 - 그러게 말입니다.

이 교재에서는 담화표지라는 용어를 전혀 사용하지 않고 있으며 담
화표지의 어원어를 단지 일반적 어휘나 관용형으로 제시하고 있다. 그
리고 이들을 담화 기능을 담당하는 담화표지로 대화문에 출현시킬 때
임의성이 강하고 해당 기능에 대한 아무런 메타언어적 설명이 없다.
　한국 내에서 가장 오래된 한국어교육 역사를 보유하고 있는 연세
대학교의 교재 『연세 한국어』(1-6)는 한국에서 널리 인정받고 있을

---

36 총 네 권의 교재 중 『한국어 1』은 초보 학습자를 위한 교재로 기초적인 언어 지식
교수를 위주로 课文(과문)-生词(새 단어)-发音(발음)-文法与慣用型(문법과 관용
형)-练习(연습) 등으로 구성되어 있다. 『한국어 2』부터는 발음 부분이 점차 줄어들
며 학습자 수준에 따라 보다 풍부한 활용 지식과 많은 양의 단어를 제공하기 시작
한다. 단원 구성을 보면 거의 다 课文(과문)-生词(새 단어)-发音(발음)-词汇活用(어
휘 활용), 语法与慣用型(어법과 관용형)-练习(연습)-补充生词(보충 단어) 순으로
구성되어 있다.

뿐만 아니라 중국 내 일부 대학교의 한국어학과에서도 주 교재로 지정하여 사용하고 있다. 이 교재는 과마다 본문 대화, 어휘, 문법 연습, 과제, 문법 설명 등으로 구성되어 있고, 과제는 해당 과에 제시하는 어휘와 문법을 활용한 통합형 과제 활동으로 말하기, 듣기, 읽기, 쓰기의 네 기능을 적절히 제시한다. 연세대 교재는 처음으로 '담화표지'라는 개념을 명시적으로 두 번이나 제시하고 있다는 것이 다른 교재와 현저하게 구별되는 부분이다. 또한 구체적 항목들도 북경대학교의 그것보다 훨씬 풍부하다. 제시 순서대로 정리하면 다음과 같다.

연세 한국어1 - 대화문: 좀, 그래요?, 글쎄요.

　　　　　　　듣기 지문: 그래요? 여기요, 글쎄요, 좀, 제임스 씨, 그래요.

연세 한국어2 - 대화문: 그래요, 그럼요, 그래?, -아/어가지고, 어디, 그래.

연세 한국어3 - 대화문: 글쎄, N+말이야?, 무슨, 자, -단 말이에요?, 저, -단 말인가요?

　　　　　　　듣기 지문: N+말이지요?, 저, 네, 그래, 글쎄, -아/어가지고, 뭐, 자, N+가지고, 아참, 그래?

연세한국어 4 - 대화문: 뭐, 참, 아니, 뭐랄까, 뭘

　　　　　　　듣기 지문: 그러게 말이야.

연세한국어 5 - 대화문: 말이야, 글쎄 말이에요, 왜, 말이에요, 그러게, 아참, 말이지요.

　　　　　　　듣기 지문: 그러세요?

연세한국어6 - 대화문: 그러니까, -단 말인가?, N+가지고

경희대학교의 한국어교재도 높은 인지도를 가지고 있다. 이 교재는 총 6권(초급Ⅰ-고급Ⅱ)으로 되어 있는데 의사소통 교수법을 충분히 반영하여 언어 기능을 통합적으로 다루고 있는 대표적인 교재이다. 각 교재는 단계별로 약간의 차이를 보이기는 하지만 대략적으로 단원마다 도입, 듣기, 말하기, 읽기, 쓰기, 문법, 새 단어 및 과제 활동을 포함하고 있다.

초급Ⅰ – 대화문: 좀

　　　　듣기 지문: 그래요?, 그래요, 여기요, 그럼요, 좀

초급Ⅱ– 듣기 지문[37]: 저, 자, 아참, 네?, 참, 글쎄요

중급Ⅰ– 듣기 지문: 그래?, 그러세요?, 그래, -아/어가지고, 뭐, 있

　　　　　　잖아

중급Ⅱ– 듣기 지문: 예?, 저런, 어디. -단 말이에요?, 아니, 왜요?

고급Ⅰ– 대화문: 참, 그래요?, 그럼요, 뭐, 말인데, 그래, 글쎄, 어

　　　　　　디, 글쎄요, 뭐

고급Ⅱ– 대화문: 그러게 말이에요, 글쎄 말이에요, -는다는 말이

　　　　　　에요?, 그래요, 그러게

이 교재는 대화문이나 듣기 지문에서 담화표지가 편찬자의 직관에

---

37 초급Ⅱ, 중급Ⅰ와 중급Ⅱ의 경우 '읽고 말하기', '쓰기' 등 과제 활동이 대량 마련되어 있어 대화문이 거의 출현하지 않았으며 대신 '듣고 말하기'와 '듣기 과제'를 위한 듣기 지문을 많이 제시하고 있으므로 대화문보다 듣기 지문에서의 담화표지 출현이 빈번하다.

따라서 무작위로 배열되어 있으며 본문의 대화문보다 듣기 지문에서는 더 이른 시기에 출현시키는 경우가 많다. 담화표지를 제시하는 방법을 보면, 역시 '문법'과 '새 단어' 부분에서 제시하는 것이 대부분이다. 단, '그래(요)'와 같이 말하기에서 상투 표현처럼 쓰이는 담화표지들을 품사로 보지 않고 표현 범주로 다루고 있는 것이 특징적이다. 또한, 『고급Ⅰ』과 『고급Ⅱ』에서는 '표현'을 '관용 표현'과 '기능 표현'으로 나누고 있는데 그 중 『고급Ⅰ』 '기능 표현' 부분에서 담화표지 '글쎄(요)'의 시간 끌기 기능에 대해서 간단하게 제시하고 있는 것도 주목할 만하다.

시간 끌기: 글쎄요. /음......뭐랄까/ 글쎄, ~다고 할까? (고급Ⅱ, 144쪽)

『말하기 쉬운 한국어』(1-12)[38]는 말하기 교재이므로 다른 통합 교재와 다르게 대화문에 출현하는 문법과 어휘를 체계적으로 다루지 않지 않고, 단지 대화문 옆의 공백에 몇 개의 문법과 어휘만을 제시하고 있다. 문법의 경우 아무런 용법 설명 없이 해당 항목이 쓰일 수

---

[38] 이 교재는 성균어학원에서 한국어 학습자에게 보다 효율적인 '말하기'와 '듣기'를 교육하기 위하여 집필한 회화 중심의 교재로서 말하기의 현장성과 실용성을 바탕으로 갈수록 다양해지고 있는 학습자의 개성과 요구를 최대한 반영하려 하였다. 무엇보다 특징적인 것은 학습자의 수준을 충분히 고려하여 12개의 등급으로 세분화하였다는 점이다. 1권부터 4권까지는 초급용(1, 2는 초급이고 3, 4는 초·중급임)이고, 5권부터 8급까지는 중급용(5, 6: 중급, 7, 8: 중·고급), 9-12권은 고급용(9, 10: 고급, 11, 12: 최고급)이다. 각 권에 단원의 개수가 10개 이하이며 각 단원은 〈도입〉, 〈도입 말하기〉, 〈잘 들어 보세요〉, 〈대화〉, 〈함께 이야기해 봅시다〉 등으로 구성된다. 그리고 단원마다 1-2개의 대화문이 있는데 주로 〈대화〉에 제시되어 있고, 말하기와 듣기를 통합적으로 연습시킬 수 있는 다양한 활동 과제와 학습자들이 자신이 들은 내용을 확인할 수 있도록 듣기 지문을 교재의 부록에 별첨하였다. 이에 필자는 주로 단원의 대화문과 듣기 지문에 나와 있는 담화표지를 분석하였다.

있는 예문과 빈칸 채우기 방식만을 제시하였고, 어휘의 경우도 단지 학습자들이 어려워하거나 말하기에서 유용하고 빈번하게 쓰이는 것들을 강조하여 나열하기만 하고 있어 어휘 형태나 문법 형태로 나타나는 담화표지에 대한 설명은 어디에서도 찾을 수가 없다.

한국어4 - 대화문: 그래요?, 자

　　　　　듣기 지문: 그래요?

한국어5 - 대화문: 참, 이런, 그래, 그럼요, 그래요?, 글쎄요, 그러게요, 그러세요?

　　　　　듣기 지문: 저, 좀, 그래? 그랬어요?

한국어6 - 대화문: 좀, 그래요, 글쎄 말이에요, -단 말이에요?

　　　　　듣기 지문: 참, 그러게, 글쎄, 아니, 그러게 말이에요, 뭐

한국어7 - 대화문: 말이에요

한국어8 - 대화문: 그럼, 선배님, 글쎄, 세상에

한국어9 - 대화문: 말이야, N+말이군요.

　　　　　듣기 지문: 말이야, 어디

한국어10 - 대화문: 그래?, 그러게 말이에요, 어디

한국어11 - 대화문: 아니, 뭐, 저런, 뭘

　　다음에서는 구어 담화표지에 대한 교재 기술의 문제점을 용어 사용, 기술 내용 및 기술 방법, 대화문의 실제성, 연습 문제 등 면에서 분석하기로 한다.

3.1.1. 용어 사용

분석 대상 교재 중 연세대 한국어학당에서 새로 편찬한 시리즈 교재에서만 국내 처음으로 담화표지라는 개념을 명시적으로 소개하고 있다. 이러한 시도는 한국어 교육에 종사하는 연구자나 교재집필자들이 담화표지를 한국어교육의 필수적 구성 요소로 받아들이고자 하는 적극적인 자세를 보여 주고 있다. 좀 더 구체적으로 살펴보면, 이 교재에서는 담화표지라는 용어를 두 번 제시하고 있는데 그 첫 번째는 주로 구어에서 사용되는 것에 초점을 두어 다음과 같이 기술하였다.

> 문법 설명:
>
> 담화표지/Interjections: Interjections are short exclamations. They are grammatically not necessary. They are exclamations which show the speakers' hesitation or problematic situation or uncertain situation.
>
> [담화표지] 아/어/자/저/저기/저기요/여기요/있잖아/뭐더라/글쎄요
>
> (연세한국어3-제9과, 314쪽)

두 번째는 읽기와 쓰기 교육을 위한 차원에서 담화표지를 어휘 부분에서 다루고 있는 것으로 상세한 명시적 개념 설명이나 예문 없이 아래와 같은 몇 개의 대표적 어휘형 담화표지를 나열하고, 단지 문장에서의 구체적인 쓰임과 간단한 '문장 연결' 연습 활동을 제시하고 있다.

또한, 반면, 우선, 그 결과, 따라서, 예를 들면, 이외에도, 마지막으로

이처럼 최초로 국내 교재에 담화표지라는 용어를 명시적으로 제시하는 것은 매우 고무적인 일이다. 교재집필자들은 여기서 담화표지를 구어와 문어 어느 한 가지 문체에 국한하지 않고 이 두 개를 아우를 수 있는 넓은 개념으로 규정하고 있다. 하지만 제시된 담화표지의 개념을 분석했을 때 이 개념은 단지 화자의 망설임, 곤란하거나 불확실한 발화 상황 기능을 소개하고 있을 뿐이므로 담화표지의 모든 쓰임을 포착하지는 못한다. 또 이 개념에 따른 구체적 담화표지의 목록이 너무나 제한적이라는 문제점도 있다. 그러므로 향후 교재 편찬 시 담화표지를 보다 전면적이고 체계적으로 제시해야 할 필요가 있다. 이밖에도 주목해야 할 것은 이론 연구에서는 담화표지를 기능 범주 안에서 독립적으로 다루어야 한다는 주장이 주류를 이루고 있음에도 불구하고 교재에서는 이를 반영하지 못하고 있고, 문법과 어휘의 하위 구성으로 처리하고 있는 방식이 비교적 전통적이라는 것이다.

3.1.2. 기술 내용 및 기술 방법

분석 대상 교재는 용어 도입 여부에 있어서 불일치를 보이고 있을 뿐만 아니라 구체적 담화표지 실현 항목들을 제시함에 있어서도 적지 않은 미세한 차이를 보이고 있다. 이는 대상 교재들이 각자 다른 기관에 의해 독립적으로 편찬되는 것과 연관이 깊다. 대부분의 담화표지는 모든 교재에서 단지 일반 어휘나 관용형/문법으로 취급되어

학습자들에게 노출되어 왔다. 그 중 일반적인 어휘 의미를 지닌 품사로부터 전이되는 담화표지의 경우, 품사를 밝히고 중국어 대역어 또는 영어 대역어를 제시함으로써 학습자들에게 그 어휘의 기본적 뜻만 이해시키고 있다. 여기서 북경대 한국어 교재에서의 제시 방법을 구체적으로 분석해 보면 〈표 2-5〉와 같다.

〈표 2-5〉 북경대 한국어교재 중 구어 담화표지의 제시 방법

과	제시 항목	범주	기술 내용: 번역/기능	연습활동
한국어 1-11과	네	감탄사	是	없음
한국어 1-11과	저기	대명사	那里, 那儿	
한국어 1-12과	좀	부사	稍微, 一点儿	
한국어 1-12과	어디	대명사	哪里	
한국어 1-14과	그럼	부사	那么	
한국어 1-16과	왜냐하면	부사	由于, 因爲	
한국어 1-17과	그래	그래	是嗎, 是啊, 對	
한국어 1-21과	뭐	대명사	무어的縮略語, 什么	
한국어 1-21과	-아 가지고/ -어 가지고/ -여 가지고	관용형	表示保持某一動作或維持某一狀態	
한국어 1-22과	글쎄	감탄사	是呀	
한국어 1-23과	참	감탄사	哎, 嘖	
한국어 2-3과	말이다, -다는(단)말이다	관용형	表示對曾提到的事實加以强調和確認	

위 표의 구어 담화표지 중 의미 기능을 소략하게 소개하고 있는 '-아 가지고/-어 가지고/-여 가지고'와 '말이다, -다는(단) 말이다'를 제외한 나머지 것들은 예외 없이 일반적인 품사 범주에 포함시켜 품

사를 밝히고 그에 해당된 중국어의 대역 표현을 달아주는 식으로만
처리하고 있다. 여기서 편찬자들이 담화표지를 그냥 일반적인 어휘
로 간주하고 있는 입장의 문제점은 일단 접어두고, 만약 이들이 대
화 맥락에서 담당하는 특수한 역할에 관심을 가졌다면, 적어도 詞彙
活用(어휘 활용) 부분에서 이러한 특수한 담화 기능을 다루었을 것
이다. 그러나 아쉽게도 실제로 이에 대한 언급은 전혀 없었으며, 오
직 대화문에서의 몇몇 용법을 제시하는 것에 그치고 있다. 일례로
담화표지 '뭐'의 경우를 보자.

〈표 2-6〉 북경대 한국어교재 중 '뭐'의 제시 양상

한국어 1-21과	대명사	무어的縮略語, 什么
한국어 1-21과	왕려: 오늘 저한테 **뭐** 온 것 없어요?	
한국어 2-14과	유민: 한국에서는 사람들이 어떻게 여름을 보내? 지애: **뭐**, 비슷하지.(후략)	
한국어 3-7과	준호: (전략) 신문에 **뭐** 또 새로운 소식이 실렸나요?	
한국어 3-12과	지애: (전략) 중국 여행 도와줘서 고맙다고 주는 선물이래. 유민: 정말? 내가 **뭐** 해 준 게 있다고......	
한국어 4-1과	유민: 그럼, 잘 지냈지. 너도 별일 없었지? 지애: 응...(중략)바쁘기는 하지만, **뭐 크게 특별한 일은 없 었어.**	
한국어 4-3과	유민: 수고 많았어, 네 덕분에 정말 즐거운 여행이 됐어. 한얼: 내가 **뭐** 한 일이 있다고 그래.	
한국어 4-3과	유민: (전략)며칠만 더 있다 가면 좋겠다. 지애: 처음부터 너무 욕심내지 마. 또 오면 되지 **뭐**. 전공이 한국어인데 자주 오게 되지 않겠어?	
한국어 4-5과	왕동: 반성을 하다니요? 준호 씨가 **뭐** 잘못하신 일이라도 있어요?	

이 교재에서는 '뭐'를 대명사, 중국어 "什么"로 설명한 것이 전부이다. 이어서 2권부터 4권까지 전 교육과정에 걸쳐 '뭐'를 각 대화문 사이사이에 집어넣어 학습자들에게 누차 노출시키고 있는데 이것은 '뭐'의 담화 기능을 전혀 소개하지 않는 것에 비하면 나은 것이 사실이나 여전히 만족스럽지 못한 측면은 존재한다. 만약 '뭐'를 대명사의 용법으로만 제시한다면 추후 다양하게 나타날 양상에 대해 제대로 설명하기 어렵기 때문에 결국 이러한 제시 방식은 학습자들에게 궁금증을 초래할 수밖에 없게 된다. 이때 교사의 적극적인 지도마저 이루어지지 않으면 이들 담화표지에 대한 학습자의 이해와 사용은 더 이상 기대할 수 없게 된다.

물론 이 교재에서 제시한 대로 '뭐'를 중국어 "什么"로 번역해 놓으면 학습자의 이해를 도울 수는 있으나 적절하게 사용할 수 있을지의 여부는 여전히 의심스럽다. 뿐더러 '또 오면 되지, 뭐' 중의 '뭐'를 그대로 "什么"로 직역하지 못하는 경우도 많다. 이 경우에 학습자들은 기존의 지식에 의지하면 이를 제대로 해석해 내지 못할 것이다. 그러므로 '뭐'를 더 이상 품사 범주 안에서만 다루는 것은 충분하지 않다는 것을 인식하고 담화표지라는 기능 범주 안에 넣어 다룰 필요가 있다. 만약 초급 학습자들이 전문 용어인 '담화표지'를 사용함에 있어 부담스럽다면, 적어도 詞彙活用(어휘 활용) 부분에서라도 '뭐'의 용법에 대해 따로 설명해야 할 것이다.

담화표지 중 구절 형태를 지닌 것들도 있는데 한국어교재에서는 이들을 관용형이나 일반 문법 항목으로 처리하고 있는 것 자체도 많은 문제점을 안고 있다. '-아/어 가지고'를 예로 들어 각 교재에서 어떻게 다루고 있는지를 살펴보겠다. 우선 북경대 교재인『한국어』1권 21과에서의 설명을 보자.

〈표 2-7〉 북경대 한국어교재 중 '-아/어 가지고'의 기술 내용

慣用型 -아 가지고/-어 가지고/-여 가지고
這一慣用型由連結語尾-아/-어/-여和補助動詞가지다結合而成。用于動詞詞干后，表示保持某一動作或維持某一狀態，常以-아 가지고 오다(가다)/-어 가지고 오다(가다)/-여 가지고 오다(가다)的形式出現[39]。
- 이렇게 묶으면 괜찮을까요?　　　　這樣捆行嗎?
안 됩니다. 다시 포장해 가지고 오세요.　不行，重新包好了再來.
(나머지 예문을 생략하였음)

이 교재에서는 담화표지 '-아/어 가지고'를 일종의 관용형으로 보고 있다. 여기서 '관용형'은 한국어교육에서 항상 말하는 '관용 표현'이라는 개념과 대등시키면 안 된다. '관용형'은 습관적으로 사용되면서 하나의 형태로 굳어진 표현을 가리킨다. 관련 기술 내용을 보면 형성 방식, 사용 위치, 기능, 상용 형태 등에 대해서 비교적 면밀하게 설명하고 있는데 이 정도면 중국인 학습자를 이해시키는 데 충분할 것이다. 아래는 경희대 교재 중급 1권 6과에서의 기술 내용이다.

---

39 한국어 역문은 다음과 같다.
관용형 - 아 가지고/-어 가지고/-여 가지고
이 관용형은 연결어미 '-아/-어/-여'와 보조동사 '가지다'가 결합되어 형성된 것이다. 동사의 어간 뒤에 붙어 어느 동작이나 상태를 유지하는 것을 나타낸다. 항상 '-아 가지고 오다(가다)/-어 가지고 오다(가다)/-여 가지고 오다(가다)'의 형태로 사용된다.

〈표 2-8〉 경희대 한국어교재 중 '-아/어 가지고'의 기술 내용

본 단원	**문법:** 동사 아/어 가지고 너무 <u>바빠 가지고</u> 연락도 못 드렸네요. 아침을 많이 <u>먹어 가지고</u> 아직까지 배가 고프지 않아요. 오랜만에 고향에 갔는데 너무 많이 <u>변해 가지고</u> 낯설게 느껴졌어요. -밑줄은 필자
부록	(동사)아/어 가지고 어떤 행위를 끝내거나 상태를 유지하여 ex) 우물에서 물을 <u>퍼 가지고</u> 지붕 위로 끼얹는 사람도 있었다. 그는 너무 <u>기뻐 가지고</u> 말이 안 나왔다. '-아서/어서'의 구어 표현으로 명령, 청유형과 함께 사용되지 못한다. -밑줄은 필자

경희대 교재의 경우는 북경대 교재와는 달리 '-아/어 가지고'를 하나의 문법으로 취급하고 있다. 또한 본 단원에서 문법을 제시할 때 단지 해당 목표 문법 항목의 형태와 대표적 예문 세네 개 정도만 제시해 주고 있다. 즉 암시적인 제시 방법을 취하는 것이다. 또 다른 대조될 만한 점은 이 교재에서 학습자가 자습할 수 있도록, 그리고 그들의 불완전한 이해를 줄이려는 취지에서 부록에 '문법 설명'을 따로 첨가하여 해당 문법 항목을 설명함과 동시에 예문을 보여 주고, 본 단원에서 제시할 수 없었던 여러 가지 기능 및 사용상의 주의 사항 등을 제시하고 있다는 것이다. 구체적인 설명 내용을 보면, 우리는 두 교재 모두 동사 뒤에 사용해야 한다는 정보를 명시적으로 규정하고 있다는 것을 알 수 있다. 이는 '-아/어 가지고'가 실제 사용이 형용사 뒤에도 나타날 수 있다는 사실을 간과한 것이다. 그 결과 '-아/어 가지고'의 기능을 다 망라하지 못하게 된다. 그런데 밑줄 친 예문은 극적으로 형용사와 결합되어 사용되는 양상을 보여 주고 있

다. 이처럼 기술 내용과 예문 제시의 불일치 때문에 학습자들은 이를 학습할 때 혼동에 빠질 가능성이 뒤따를 수밖에 없다. 학습자의 선행 지식으로 '기쁘다'와 '바쁘다'가 형용사임이 분명한데 '동사와 결합해서 사용한다.'라는 설명을 보면, 과연 '-아/어 가지고'와 같이 쓸 수 있는지에 대한 의문이 생길 것이고, 만약 같이 쓸 수 있으면 그 의미는 과연 동작이나 상태의 유지뿐인지 아니면 이러한 의미의 연장선상에 더 확장된 의미(예를 들어, 앞뒤 발화 간의 인과 관계 의미)가 있지 않을까라는 질문도 제기될 수 있다. 이러한 불완전한 기능 설명, 심지어 서로 모순이 되는 설명 방식은 학습자들의 이해와 사용에 분명히 많은 혼란을 초래할 것이다.

3.1.3. 대화문의 실제성과 연습 문제

한국어 교재는 학습자들에게 규범적이고 표준적인 한국어 지식을 노출시키는 중요한 매개이다. 오늘날에 한국어 교재는 전통적인 교수법의 폐단을 배제하고 의사소통적 능력을 최대한 향상시켜야 된다는 전제 하에 언어 규범을 주로 교수하는 주고받기 식의 대화가 아니라 되도록 실제성이 한층 더해지는 대화문을 제시하려고 애를 써 왔다. 대화문에서 빈번히 제시되고 있는 담화표지를 통해서도 이러한 변화를 확인할 수 있다. 이러한 진전 추이를 부정할 수는 없으나 아직까지는 문어에 비해 구어의 특성에 대한 배려가 너무나 부족한 실정이다. 말하기 교재라고 해서 이와 같은 문제가 없는 것은 아니다. 대체로 교재에서의 대화문들은 구어를 바탕으로 걸러진 준-구어, 체에 거른 무균 상태와 같은 문장들로 이루어진 것은 학습자에게 자연스러운 구어체에 노출시키는 기회를 차단시키는 결과를 가져왔다(안주호, 2009:136-137). 특히 구어적 특징이 많이 반영되어 있는 담화표지에 대한 언급이나 설명이 너무나 빈약하다. 한국 내의 교재는 그나마 양호한 편이지만 북경대의 『한국어』를 비롯한 중국 내 교재의 경우 이러한 문제가 훨씬 심각하게 드러나고 있다. 그 결과 학습자들은 한국어의 문어와 구어의 차이를 제대로 파악하지 못하여 '교과서적'이며 딱딱한 부자연스러운 구어 발화를 하게 된다. 이에는 담화표지 사용 능력의 부족이 일정한 몫을 하고 있는데 여기서 '말이다'의 경우를 보자. '말이다'는 경희대 교재 중급 2권과 연세대 교재 3권에서는 '상대방이 말한 내용이 의심스러워서 재확인할 때 사용한다'고 명시하고 있으며, 북경대 교재 2권에서는 '앞서 언급된 어떤 사실에 대해서 강조하거나 확인하는 의미를 나타낸다'고 기술하고 있다. 그러나 실제로 한국인 화자가 자주 사용하는 주의 집중[40]이나 감탄 표시 기능에 대해서는 전혀 언급하지 않고 있다. 즉 교재에서의 설명은 실제 대화에서 실현되는 다양한 기능을 다 포착하지 못하였다는 것이다.

　　마지막으로 분석 대상 교재에서 담화표지에 관한 연습 활동이 어

40　임규홍(1998:170, 174)에서 '말이야'의 중요한 담화 기능이 주제말 뒤에 쓰여 후행하는 새정보에는 들을이에게 그것에 주의를 집중하도록 하는 기능이고, 또한 '말이야'가 의문이나 감탄의 형태로 나타나 선행 정보에 대한 '놀람'이나 '감탄'을 강조하는 의미 기능도 한다고 밝혔다. 해당된 예문 일부만 제시한다.

　　주의 집중 기능: 그런데 철수가 말이야, 이번에 교통 사고를 크게 당했단다.
　　놀람: 활소 개구리가 뱀을 잡아먹었단 말인가?
　　감탄: 너가 그 사건을 저질렀단 말이구나! 이거 큰 일인데.

떻게 짜여 있는지를 살펴보자. 먼저 담화표지를 연습시키는 내용을 찾아보면, 경희대의 한국어 중급 2권 제6과에서 '다(냐, 라, 자)는 말이다'를 대상으로 하는 문법 연습이 있다.

〈표 2-9〉 경희대 한국어교재 중 '다(냐, 라, 자)는 말이다'의 연습 활동

문법: 동사 + 다(냐, 라, 자)는 말이다
다음 대화를 완성하십시오. 가: 저는 피곤하면 잠꼬대를 해요.　　　　　나: ＿＿＿＿＿＿. 가: 비가 와도 예정대로 행사를 진행합니다.　　나: ＿＿＿＿＿＿. 가: 해마다 10%가량의 나무가 사라지고 있대요.　나: ＿＿＿＿＿＿.

이 연습 과제는 일반 문법 항목의 기계적인 연습과 본질적으로 다르지 않다. '말이다'의 정확한 형태 사용에 도움이 될 수는 있으나 학습자들이 이러한 연습을 잘 수행한다고 해서 대화 상황에서도 즉각적으로 적절하게 사용할 수 있다는 결론을 도출하기는 어렵다.

한편, 연세한국어 3의 제9과에서는 담화표지라는 용어를 문법 설명 부분에서 직접 학습자들에게 설명한다고 앞서 소개한 바 있다. 관련 연습 활동 역시 '문법 연습'으로 제시하고 있다. 짧은 대화의 빈칸 채우기 연습 활동을 보면, 목표 담화표지들을 제시해 주고, 주어진 대화 맥락에 맞게 빈칸에 해당 담화표지를 사용하도록 하고 있다.

〈표 2-10〉 연세대 한국어교재 중 구어 담화표지 관련 연습 활동: 빈칸 채우기

아/어/음/자/저/저기/저기요/여기요/있잖아/뭐더라/글쎄요

다음 대화에 여러분이 알고 있는 담화 표지를 넣어 보십시오.

　가: ___저___, 선생님, 부탁드릴 게 있는데요.
　나: 그래요? 뭔데요?

위처럼 문장 차원에서가 아니라 문장을 넘어선 담화 맥락에서
하는 연습 활동은 학습자의 사용 능력을 높이는 데 있어서 아주
효과적일 것이다. 이 교재에서는 훨씬 큰 담화 범위에서 말하기
과제 활동을 제시하고 있다. 제9과의 02단원에서 주로 교수하는
'부탁하기'와 관련시켜 이들 담화표지를 과제 수행 과정에서 적
극적으로 사용하도록 하는 연습 형식도 있다. 구체적인 내용은 다
음과 같다.

〈표 2-11〉 연세대 한국어교재 중 구어 담화표지 관련 연습 활동: 말하기 과제

다음과 같은 상황에서 여러분은 어떻게 부탁을 드립니까? 옆 친구와 표를 채
우고 [보기]와 같이 부탁해 봅시다.

상황	부탁하기
학생이 선생님께 시험을 먼저 보게 해 달라고 부탁 드리기	[보기] 웨이: 선생님, 저, 부탁 드릴 게 있는데요. 선생님: 뭔데요? 말씀하세요. 웨이: 저, 쓰기하고 듣기 시험 보는 날 출장을 가야 해서 요. 말하기 시험 보는 날 쓰기하고 듣기도 같이 볼 수 있을까요? 선생님: 그래요? 시험을 보고 가시면 안 돼요? 웨이: 네, 회사에 급한 일이 생겨서 그날 꼭 가야 해요. 선생님: 그래요. 그럼 좋은 방법을 찾아 봅시다.

　이상으로 교재에서의 담화표지 제시 현황에 대해서 고찰하였다. 현행 교재에 실린 대화문은 대부분 문어 문법에 기반하고 있으므로 그 실제성이 결여되고 자연스럽지 못한 점으로 미루어 구어적 특징이 충분히 반영되어 있다고 보기는 어렵다. 한국어교육 현장에서 아직까지 담화표지를 중요하게 다루고 있지 않다는 것, 즉 제시만 되어 있고 별도의 기능 설명이나 연습 문제가 거의 없는 것은 어찌 보면 자연스러운 현상일 것이다. 교재에 의지하여 배우는 학습자들은 구어와 문어의 차이를 잘 인식하지 못하여 실제 의사소통에서도 담화표지를 원활하게 사용하지 못하고 딱딱한 문어적인 표현의 사용으로 인하여 발화 의도를 제대로 전달하지 못하여 상대방의 오해를 초래하거나 어색한 대화 분위기를 조성하기도 한다.

　교재마다 나름대로 담화표지의 항목을 선정하였고 기능별로 접근하고는 있지만 교재 비교를 통하여 우리는 기술 내용의 불일치, 임의성, 비체계성 등의 문제점을 발견할 수 있다. 그리고 담화표지의 의미나 기능을 부분적으로 제시하고 있어 중·고급 학습자, 특히 고급 수준의 구어 의사소통 전략을 배우고자 하는 학습자들의 요구를 만족시키지 못하고 있다. 따라서 필자는 모어 화자와 근접한 표현력을 갖고자 하는 학습자들을 위해 담화표지 교육 내용의 체계적 기술이 이루어져야 한다고 주장하고자 한다.

▌ 3.2. 교사용 지도서에서의 기술 양상

현재 한국어교육의 경우 다양한 교육 기관이 독자적으로 교재를 편찬하고 교육과정을 운영하고 있다. 교재분석의 결과를 통해서도 알 수 있듯이 교재마다 기술 양상이 상이하고 비체계적이다. 그러므로 우리는 표층적인 결과물인 교재를 떠나서 교재 편찬자들이 주로 참고하는 지도서에 대해 고찰할 필요가 있다. 현재 출판된 한국어교사용 지도서가 다양한데 여기서는 일정한 사용 인원이 확보된, 국립국어원에서 한국어교육 전문가들이 공동으로 편찬한『(외국인을 위한)한국어문법』과 최근에 나온『한국어교육학 사전』을 선정하여 활용하고자 한다.

우선『(외국인을 위한)한국어문법』에서는 담화표지라는 용어를 택하여 정의를 다음과 같이 제시하고 있다.

> 담화표지는 말을 시작할 때, 얼버무릴 때, 말하는 사람이 자기의 말이나 상대방의 말을 수정할 때, 머뭇거릴 때, 다른 이야기를 시작하고 있을 때, 이야기를 끝내고 싶을 때 등 대화에서 특별한 기능을 나타내기 위해 사용하는 어구이다. (국립국어원, 2005:534)

그 예시로 '저기요', '네', '여기요', '뭐', '글쎄', '아니' 등을 예문을 통해 간단하게 제시하였다. 실현 항목을 보면 이 책에서 다루는 것과 별 다름이 없으나 정의를 보면, '대화에서 특별한 기능을 나타내기 위해 사용하는 어구'라는 표현에서 그 모호성을 알 수 있다. 또한 그 기능에 대한 설명은 몇 가지만 언급하였는데 이는 담화표지의 전체 기능을 보여 주지 못함을 드러내고 있다. 무엇보다 심각한 한계점은 이러한 정의는 담화표지라는 요소들의 성격이 무엇인지, 어떠한 범주에 속하는지 등의 정보를 밝히지 않은 채 모호하게만 규정하고 있다는 것이다. 한 마디로, 이러한 정의는 현재까지 축적되어 온 이론적 연구 결과를 충분히 반영시키지 못하고 한국어교재를 편찬할 때나 한국어교실에서 이에 대해 설명할 때나 적지 않은 혼란을 불러일으킬 수밖에 없다.

반면 최근에 편찬된 『한국어교육학 사전』에서는 이보다 훨씬 통합적인 시각으로 담화표지를 다음과 같이 기술하고 있다.

담화표지는 발화의 명제 내용에 영향을 미치지 않으면서 발화를 연결하거나 화자의 태도를 표시하거나 담화 구조를 표시하는 등 일정한 담화상의 기능을 수행하는 언어 요소이다. 기능에 따라 다음과 같이 분류할 수 있다.

(1) '있잖아, 다름 아니라, 그건 그렇고, 아무튼'과 같이 화제를 제시하거나 전환 혹은 마무리하는 담화표지가 있다.

(2) '아니, 글쎄, 자, 뭐, 그래가지고, 말이야'와 같이 화자가 자신의 말을 강조 또는 약화하거나 말할 시간을 벌고 청자의 주의를 집중시키는 데 사용하는 담화표지가 있다.

(3) '솔직히, 사실은'과 같이 화자가 발화 내용에 대한 자신의 태도를 표시하는 데에 사용되는 담화표지가 있다.

(4) '이제부터, 오늘은, 이번 시간에는' 등과 같이 담화의 구조를

표시하는 것으로 화제를 알리는 기능을 하는 담화표지가 있다.

(5) '중요한 것은, 강조하면' 등과 같이 내용을 강조하는 담화표지
    와 '요약하면, 지금까지' 등과 같이 내용을 정리하는 담화표
    지가 있다.   (한국어교육학 사전, 117-118쪽)

위 사전의 설명은 해당 사항에 대해 기타 지도서보다 비교적 자세히 기술하고 있다. 우선 담화표지의 정의를 보면, '발화의 명제적 내용에 미치지 않는다'는 점을 국내 처음으로 명시적으로 제시함으로써 담화표지의 핵심 속성을 밝히고 있는 것 자체가 참신한 시도로서 학계에서 뜻깊은 혁신적인 비약이라고 여겨진다.

그리고 '아니, 글쎄, 자, 뭐, 그래 가지고, 말이야' 등 대표적인 담화표지의 목록도 보여 주고 있다. 하지만 이들의 기능을 '강조하기, 약화하기, 시간벌기, 주의집중'처럼 매우 제한적으로 기술한 점은 큰 한계로 보인다. 또한, 개념이든 기능이든 여기서 말하는 '담화표지'는 이 책의 논술 대상인 '담화표지'보다 광의적으로 다루어지고 있다. 그렇다면 그 기능도 훨씬 다양한데 여기서 소개되는 기능 체계로는 과연 다 포착할 수 있을지 의구심이 든다.

한국어교육 관련 지도서와 사전은 학계에서 이루어졌던 이론적 결과의 총집합으로서 담화표지 교육의 방향성을 정립하는 데 좋은 지침을 마련해 주므로 큰 의의를 지니고 있다. 특히 현재 교재에 담화표지에 대한 제시가 상당히 부족한 상황에서 이러한 참고 자료의 제시는 더욱 높은 가치를 갖게 된다. 그리고 한국어 담화표지의 연구와 교육을 위해 향후 보다 체계적이고 상세한 기술이 이루어지리

라 믿는다.

▌3.3. 한국어교실에서의 교수 현황

한국어교실에서의 구어 담화표지 교수 현황을 파악함에 있어서는 설문 조사를 활용하였다. 필자는 중국에 있는 4년제 정규대학교의 한국어학과에 재직 중인 중국인 교사 20명을 대상으로 설문을 진행하였다. 조사 대상 교사들은 대부분 한국어/한국 문학, 또는 한국어교육/한국문학 교육의 전공 배경을 갖고 있으며 교육 경험도 풍부한 편이므로 조사 결과가 높은 신빙성을 갖추고 있다고 판단하였다. 우선 중·고급 한국어 교실에서 담화표지 교육을 실시하고 있는지의 여부를 묻는 문항을 통해 그와 관련된 일부분 현황을 파악하였다.

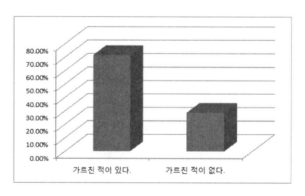

〈그림 2-2〉 구어 담화표지 교육 실시 여부에 대한 조사 결과

설문에 응한 교사 중 71%이 수업 시간에 담화표지를 가르친 적이 있다고 응답하였다. 100%의 교사가 그 중요성을 인식하고 있는 것 (《그림 2-6》의 결과 참조)에 비하면 실제적 교육 실시의 비율이 약간 낮은 편이지만 교사들이 교육 현장에서 담화표지 교육에 적극적으로 임하고 있는 자세는 매우 고무적이라고 할 수 있다. 그렇다면 과연 어떤 교육 방식을 사용하는지는 다음의 설문 문항을 통해 살펴보자.

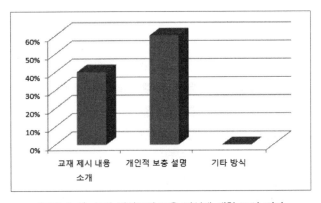

〈그림 2–3〉 구어 담화표지 교육 방식에 대한 조사 결과

그림을 통해 볼 수 있듯이 40%의 교사는 단지 교재에 제시되어 있는 관련 내용을 소개하는 식으로 가르치고 있으며 나머지인 60%은 나름의 방식대로 교수하고 있다고 응답하였다. 이와 같이 개별적으로 담화표지를 교수하는 것은 교재 제시의 부재와 기술의 불충분과 직결되어 있다. 표준적 교육과정이 확립되어 있지 않은 현 시점에서 교사들은 담화표지의 중요성을 인식하며 적극적으로 학습자들에게 소개하는 것이 매우 의의가 있다고 본다. 그러나 구체적인 교수 방

식을 보면, 대부분 '언급하는 정도'나 '간략한 설명'에 머무르고 있어 체계적으로 가르친다고 보기는 어렵다. 이로 인하여 학습자들이 일관적이고 체계적인 담화표지 교육을 받지 못하게 되어 최종적 습득 양상과 습득 수준이 천차만별일 수밖에 없게 된다.

향후 보다 좋은 교육적 효과를 거두기 위해 담화표지 교육에 대한 탐색이 꾸준히 이루어져야 한다. 이를 위해 다음과 같이 현장에서의 담화표지 교육에서 느끼는 난점이나 고민 사항에 대해 조사하였다.

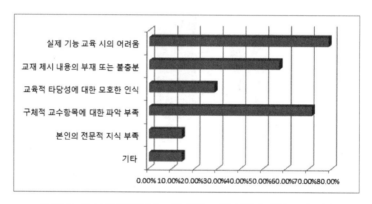

〈그림 2-4〉 구어 담화표지 교육 시의 고민 사항에 대한 조사 결과

교사들이 구어 담화표지 교육에 임하는 데 있어 실제적으로 겪고 있는 어려움을 상기 그림에서 확인할 수 있었다. 구체적으로 보면, 담화표지가 구체적인 담화 맥락에서 상이한 기능을 수행할 수 있는데 이러한 기능을 어떤 방법으로, 어떤 순서로 가르쳐야 하는지에 대해 어려움을 느끼고 있다고 응답한 교사는 무려 79%에 이른다. 그리고 학계에서 담화표지에 대한 일관성이 있는 교육 내용이 아직 마

련되어 있지 않아서 어떤 것을 가르쳐야 할지를 제대로 파악하지 못하고 있다는 응답이 71%로 두 번째로 높은 비율을 차지하였다. 그밖에도 교재 제시 내용이 부족하다는 문제점과 교육적 타당성에 대한 인식 모호도 각각 57%와 29%로 나타났으며 소수의 교사는 구어 담화표지에 대한 전문적 지식이 부족하다는 점도 솔직하게 응답하였다. '기타'에 대한 응답을 보면, 14%의 교사들은 실제적인 교육 상황을 종합적으로 봤을 때 담화표지를 수업 시간에 많은 시간을 할애하여 가르치는 것을 권장하지 않는다고 하였다. 단, 체계적으로 교수하려면 따로 '구어 담화표지의 교육 내용'을 마련하여 학습자들에게 단계적으로 가르치는 방식이 필요하다고 제안하였다.

이상의 조사 결과를 통해서 우리는 현재 구어 담화표지 교육이 아직 미숙한 단계에 위치하고 있고 여러모로 개선해야 할 여지가 있음을 알 수 있다. 물론 구어성과 사용 임의성이 강한 담화표지는 한국어 수업에서 핵심적인 언어 요소와 동일하게 다루어져야 한다는 의견을 견지하는 것이 무리가 있을 것이다. 그러나 담화표지의 적절한 사용은 중·고급 학습자들의 현실적 의사소통에 큰 도움이 될 수 있으므로 통합 수업에서 일정한 시간을 할애하여 가르쳐야 한다고 본다. 특히 한국어 회화 수업, 또는 시청각 수업처럼 말하기와 듣기의 통합적인 능력을 신장하는 데 주안점을 두고 있는 수업에서 담화표지를 보다 많은 시간을 할애하여 비중 있게 교수해야 한다는 것이 필자의 입장이다.

04

중국어권 학습자를 위한 구어 담화표지 교육 내용 선정

　이 책은 기술언어학적 관점에서 이루어져 온 제반 논의를 바탕으로 구어 담화표지의 개념, 범위를 정립하고 학습자들의 말하기 능력 향상을 위한 일환으로 교육 내용으로서의 담화표지 목록을 추출하여 이를 한국어교육 현장에서 효과적으로 교수하는 데에 궁극적인 목적을 두고 있다. 이 부분에서는 교육적인 처치를 위해 우선 구어 담화표지가 교육 항목으로서 가지는 타당성을 검토할 것이다. 그 다음으로 한국어교육 현장에서 다루어져야 할 담화표지의 범위를 정립하고 교육용 목록을 추출하여 기능에 따라 체계적으로 분류하고 해당 교육 내용을 구축하고자 한다.

4.1. 한국어교육 항목으로서 구어 담화표지의 타당성

한국어교육에의 적용은 담화표지를 교육 항목으로 설정해야 함을 전제하고 있는 까닭에 교육용 담화표지를 본격적으로 다루기에 앞서 교육 항목으로서의 타당성에 대해 우선적으로 검토해야 할 필요가 있다. 이때 두 가지 문제가 크게 관여되는데 하나는 담화표지 자체가 교수 가능성(teachability)을 갖고 있는가, 둘째는 교수가 가능하다면 교수가 필요한가의 문제이다. 담화표지 교육의 필요성은 서론에서 논한 바 있으니 여기서 교수 가능성을 위주로 살펴보도록 하겠다.

이해영(2015:250)은 담화표지를 포함한 화용적 자질 전부의 교수 가능성에 대해 논의하였는데 이 자질들이 충분히 교수가능하다고 결론지은 바가 있다. 이 연구에서는 화용적 자질의 교수 효과 검증에 대한 이론적 근거를 목표 언어에 노출되는 것만으로는 충분하지 않다고 설파한 슈미트(Schmidt, 1993)와 목표 언어의 이해와 화용적 생산에 있어서 화용론에 관한 교수를 받지 못한 제2언어 학습자가 모어 화자와 큰 차이를 보이게 된다고 기술한 바르도비-할리그(Bardovi-Harlig, 2001)에서 찾았다. 여기서는 화용 교육의 대상으로 담화표지와 전략, 화용적 상투어, 화행, 화행 반응과 화용 인식(또는 이해) 등을 상정하였다. 이 책의 연구 대상인 구어 담화표지는 한국어의 화용적 특징을 유표적으로 나타낼 수 있는 특수한 항목으로서 '화용적 자질'을 구성하는 필수적인 요소라고 할 수 있다. 또한 담화표지는 이 연구에서 거론되는 담화 전략, 화용적 상투어 등과 겹치

는 부분이 많으므로 이론적으로 교수 가능성을 갖추고 있다고 판단
된다. 그밖에도 구어 문법, 말하기 교육에 대한 기타 이론적 연구에
서도 담화표지가 구어 문법을 구성하는 필수적인 요소로서 교수·학
습 내용으로 다루어져야 한다고 주장해 왔다. 최근에 발표되었던 몇
몇 대표적인 연구 결과를 제시하면 〈표 2-12〉와 같다.

〈표 2-12〉 구어 문법 구성 요소에 대한 대표적 연구

Cullen&Kuo(2007)	Hilliard(2014)[41]	지현숙(2010)	김현지(2015)
[범주 A 자질] 생산적인 문법 구조: 명사구 머리말, 명사구 꼬리표, 과거 진행 시제, 생략	생략 머리 꼬리 간투사 맞장구 표현 구 덩어리 표현	억양 및 초분절 요소 말시작과 끝맺기 화자와 호응하는 법 청자에게 요구하는 법 관용구 조각문장 (구 혹은 절) 부가의문문 능동 표현	형태·어휘적 요소: 철자변이형, 구어 어휘, 접속부사, 간투사, 담화표지[42], 맞장구 표현, 덩어리 표현
[범주 B 자질] 고정된 어휘·문법적 단위: 불변화사, 애매한 꼬리, 수정 표현, 담화표지			통사적 요소: 어순전위, 의문문 형식, 조각문, 생략과 반복
[범주 C 자질] 문어 문법의 표층구조를 파괴한 작은 쌍들			

---

41 Cullen&Kuo(2007), Hilliard(2014)의 구어 문법 요소는 김현지(2015:56)를 참조하
였음을 밝힌다.

42 김현지(2015)에서는 간투사와 담화표지를 동일하게 간주하지 않았다. '간투사'는
발화에 삽입되는 1음절 위주의 어휘들을 의미하며, 감탄사 등을 간투사로 보았으
며 '담화표지'는 구체적인 담화 기능이 보다 명시적으로 확인되는 표현으로, 주로
1음절 이외의 표현들로 설정하였다. 이 책의 앞선 논의를 참조한다면 이러한 음절
수에 따른 구분 방법은 간투사와 담화표지의 근본적인 차이를 밝히기에 충분하지

이상의 연구는 구어 문법을 구성하는 자질, 요소 또는 내용 등을 최대한 명쾌하게 규명하기 위한 시도들이다. 이들 연구가 갖고 있는 공통된 부분이 많은데 그 중에서 특히 담화표지[43]를 강조하는 태도에서 일치를 보인다. 이를 통해 우리는 담화표지가 말하기 교육에서 얼마나 중요한 위치를 차지하고 있는지를 엿볼 수 있다. 이 또한 담화표지가 말하기 교육의 불가결한 교수요목으로서의 가능성, 타당성 및 필요성을 그대로 보여 주고 있다.

다음으로 우리는 이론적 측면을 떠나 교육 현장에서의 교사와 학습자들의 목소리를 한번 들어 보자. 이는 담화표지 교육의 타당성과 필요성에 대한 대중적이고 객관적인 근거에 해당된다. 서론에서 논의했듯이 초급 학습자들은 언어의 기본적 음운, 문법 등 언어 규칙을 습득하는 것이 주된 임무이며 인지적 해석이 필요한 담화표지는 아무런 언어적 기초가 없는 그들에게 부담을 줄 수 있는 교육 항목이다. 이와 다르게 중·고급으로 올라갈수록 학습자들은 일정한 언어 구사력을 확보하면서 정확성과 유창성보다는 모어 화자에 못지않은 대화의 적절성, 자연스러움에 대한 욕구가 높아짐에 따라 구어 담화표지에 대한 학습의 필요성을 느끼게 된다. 이것을 객관화하기 위해 필자는 중·고급 중국인 학습자 총 235명(CC와 CK의 합산)과 중국 현지 중국인 교사 20명을 대상으로 설문조사를 실시하였다. 우

않다는 것을 확인할 수 있다.

43 이들 연구에서의 많은 내용은 필자가 말하는 구어 담화표지와 많이 겹쳐져 있다. 예를 들어, 불변화사, 수정 표현, 간투사, 맞장구 표현/화자와 호응하는 법, 구 덩어리 표현 등 요소가 담화표지와 통하는 측면이 많다.

선 '구어 담화표지가 말하기 능력 향상에 도움이 되는지'의 문항에
대한 응답 분포를 그림으로 나타내면 다음과 같다.

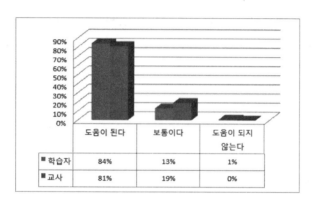

	도움이 된다	보통이다	도움이 되지 않는다
■ 학습자	84%	13%	1%
■ 교사	81%	19%	0%

〈그림 2-5〉'구어 담화표지가 말하기 능력 향상에 도움이 되는지'에 대한 설문조사 결과

조사 결과를 보면, 84%의 학습자와 81%의 교사는 담화표지를 교
수·학습하는 것이 중·고급 학습자들의 말하기 능력 향상에 도움이
된다고 응답하였다. 이러한 결과는 담화표지 교육의 필요성을 강력
하게 뒷받침하는 것으로 보인다. 다음의 설문 문항은 중·고급 단계
부터 담화표지를 배우거나 가르칠 필요가 있는지를 조사하는 것으
로 필요성에 대한 요구 양상을 보다 명확하게 보여 주었다. 설문에
응한 모든 학습자와 교사는 담화표지 교육의 필요성을 인정하였다.
또한 '매우 필요하다'를 선택한 비율을 보면 각각 52%와 63%로 높
게 나타난 것도 주목할 만하다. 구체적인 응답 비율을 〈그림 2-6〉을
통해 확인할 수 있다.

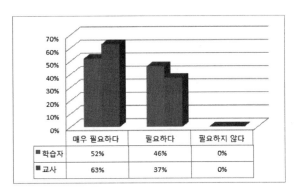

〈그림 2-6〉 '중·고급 단계부터 구어 담화표지 교수·학습의 필요성'에 대한
설문조사 결과

다른 한편으로 중·고급 단계의 학습자를 위한 구어 담화표지 교육
의 타당성을 검토하는 부분적인 방법으로 담화표지의 이해(왼 쪽의
그림)와 사용(오른 쪽의 그림)에 대한 난이도 인식을 측정해 보았다.

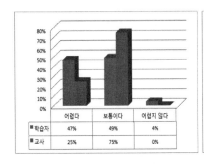
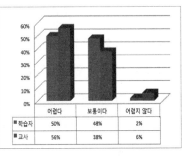

〈그림 2-7〉 '구어 담화표지의 이해와 사용에 대한 학습자의 어려움'에 대한
설문조사 결과

그림을 통해서 우리는 학습자들이 담화표지를 이해하는 것보다
사용하는 것을 더 어려워하고 있다는 사실을 알 수 있다. 사용의 어

려움에 대한 인식은 양 집단이 각각 50%과 56%을 보이고 있는데 이 수치는 중·고급 학습자를 위한 교육 난이도의 타당성을 보여 줄 수 있다고 생각된다. 왜냐하면 지나치게 낮은 수치는 어려움을 전혀 느끼지 못함을 말하며 과도하게 높은 수치는 학습자들에게 큰 부담을 줄 수 있음을 의미하기 때문이다.

▎4.2. 한국어교육용 구어 담화표지의 범위 및 목록

무엇을 구어 담화표지로 봐야 하는가를 둘러싼 논쟁은 연구 초기부터 지금까지 끊임없이 계속되어 왔다. 국내에서도 연구 결과의 불일치가 오래전부터 존재했고 오늘날까지 아직도 통일된 의견이 없는 실정이다. 이것은 어떤 신흥 학문이 언어 연구의 무대에서 자리매김하는 필수적인 과정이다. 현재 구어 담화표지에 대한 연구 현황을 보면 사용의 특수성, 현실 언어의 다변성, 연구자 관점의 다양성 등 요소로 인하여 만족스럽고 통일된 목록의 제시는 아직까지 불가능하다. 그러나 우리는 담화표지를 둘러싸고 있는 여러 논쟁이 지속된다고 해서 이에 대한 교육을 훗날의 과제로 미루어서는 안 된다. 오히려 이것은 시급한 과제로 부각되어야 한다. 이 부분에서는 구어 담화표지 교육을 위한 기초적인 작업인 '목록 선정'을 다루고자 한다. 이 책에서 채택하고자 하는 교육용 구어 담화표지의 목록 선정 방법 및 절차는 다음과 같다. 우선 4.2.1.에서는 기존 연구 논문과 교사용 지도서에서 담화표지로 인정되고 논의되었던 항목들을 열거

할 것이다. 그리고 앞서 제시했던 특징을 바탕으로 구어 담화표지의 판정 기준을 세워 이 항목들을 검토하여 재선택하고, 그리고 담화표지이지만 아직까지 여러 연구에서 거론되지 않았던 것을 추가함으로써 목록을 마련한다. 4.2.2.에서는 한국어교육의 실제성을 염두에 두고 선정 방법론에 근거하여 교육용 목록을 선정할 것이다. 이러한 이론적 연구 시각과 응용언어학적 시각을 겸비한 방법은 선정 과정의 타당성을 보장할 수 있을 것이다.

4.2.1. 판정 기준 및 범위

구어 담화표지 교육의 항목을 추출하는 선행 작업으로 담화표지의 판정 기준을 세워야 한다. 앞서 언급했듯이 담화표지의 개념과 특징은 상호보완적 관계를 맺는다. 개념을 통해 담화표지의 특징을 알 수 있으며 특징에 근거하여 어떤 언어 형태가 담화표지인지 아닌지를 판단할 수 있다. 필자는 〈표 2-3〉에서 제시한 사용 환경, 운율적, 형태적, 통사적, 의미적, 담화적 측면의 특징들이 담화표지 여부 판정에 기여하는 중요한 역할을 받아들여 판정을 위한 필요충분조건으로 적극적으로 활용할 것이다.

그렇다면 이들 특징 가운데 어느 것이 핵심 기준으로 적용될 수 있을지를 살펴보자. 먼저 사용 환경을 보면, '쓰임에서 공간적으로나 사회적으로 어느 정도 보편성을 갖는' 것과 '구어 담화에서 주로 실현된다'는 것은 웬만한 언어 표현에 다 적용되므로 결정적인 기준으로 삼아서는 안 된다. 마찬가지로, 화자가 특정한 상황 맥락에서 특정한 목적을 달성하기 위해 발화 시 악센트, 길이, 휴지 등 초분절적 요소를 자유자재로 동원한다. 즉 '운율적' 특징도 매우 일반적이어서 주요 기준으로 삼기에도 무리가 많다. 형태적 측면도 이와 다를 바 없다. 왜냐하면 담화표지로 쓰이든지 본래의 용법으로 쓰이든지 형태가 고정되는 표현들도 많기 때문이다. 반면에, '통사적 특징', '의미적 특징', '담화적 특징'은 담화표지가 다른 언어 형태와 근본적으로 구별짓는 지점이 된다. 통사적으로 볼 때, 문장의 명제적 의미를 구성하는 필수적 성분과 달리 담화표지는 실현 또는 비실현의 선택이 자유로운데 사용되지 않으면 의사 전달에 영향을 미치지 않고 사용되면 일정한 발화 효과를 가져온다. 단 상대방 발화에 대한 호응적 표지로 등장하는 경우에 해당 담화표지의 비실현이 원활한 대화의 진행에 지장을 줄 수 있다. 아래의 예문 중 통사적인 제약을 받지 않는다는 이유로 담화표지 '그러게 말이야'를 생략하면 완결된 대화가 되기 어렵다.

> 가: 철호가 왜 아직 안 오지?
> 나: 그러게 말이야.

이때 '그러게 말이야'는 독자적인 문장을 형성한다. 여기서 독립적인 응답발화로서 실현되지 않으면 이를 대체할 수 있는 유사 표현을 사용할 수 있다. 따라서 통사적 특징을 판정 기준으로 적용시킬 때 이러한 경우를 충분히 고려하여 규정해야 할 필요가 있다.

또한 담화표지로 쓰이는 많은 어휘와 표현은 순수한 사전적 의미대로 쓰이지 않는다는 의미적 특징을 가지고 있다. 이는 문법화 발달에 따른 의미 변화 단계가 분명한 담화표지('어디', '말이다' 등)에 의해 훨씬 두드러지게 나타난다. 따라서 이 점을 감안하여 이들 어휘와 표현이 담화표지인지 아닌지를 판별할 때 '의미적 변화 발생 여부'를[44] 결정적 기준으로 활용할 것이다. 이때 주의해야 할 것은 의미 변화는 담화표지 모두에 해당되는 것이 아니라는 점이다. 특히 일부 감탄사를 판정할 때 '의미적 특징'을 절대적인 기준으로 활용하면 적절하지 못하다. 그러므로 필자는 의미 변화 여부를 단지 보조적인 기준이라고 간주할 것이다.

반면에 '담화적 특징'은 의미적 특징과 다르게 모든 담화표지에 적용될 수 있다. 어느 특정한 언어 형태는 통사적으로 자유롭고 다른 표현으로 대체 가능하다는 전제 하에 맥락에서 독특한 기능을 수행하거나(예: 그러게) 사용 가능한 맥락의 확장에 따라 고유 기능 이외의 새로운 담화 기능을 생성하면(예: 아니, 그런데) 이를 담화표지

---

44 이에 대해 부연 설명하자면, 해당 언어 형태가 원래 지니고 있는 의미대로 쓰일 경우 이를 담화표지로 간주하지 않는다. 장월형(2015)에서는 부사어 담화표지 '아니'의 화자 태도 표시 기능을 다음과 같이 제시하였다.

화자 태도를 나타내는 기능	부정	가: 학교에 갈 거야? 나: 아니.
	수용불가 태도(감탄이나 놀라움)	아니, 이게 말이 돼?
	응답 회피(얼버무리며 넘어가기)	너 정말…아니…
	발화 유도(호기심 표현)	가: 그 얘기 들었어? 나: 아니(↗).

'아니'는 형용사로 사용되는 경우든 부사로 사용되는 경우든 그 기본 의미에는 부정이 포함되어 있다. 그러므로 순수한 부정의 뜻으로 쓰이는 경우에 '아니'를 담화표지로 보기가 무리가 많다고 본다.

로 판정할 수 있다.

이로써 필자는 '통사적 특징'과 '담화적 특징'을 구어 담화표지
가 지닌 유표성이라고 규정하고 이를 핵심 판정 기준으로 삼고자
한다.

〈표 2-13〉 구어 담화표지의 핵심적 식별 기준

통사적	통사적으로 독립성을 지닌다. 응답발화로서 독립적으로 사용될 경우 제한적으로 생략된다.
담화적	담화 상에서 특정한 기능을 수행하거나 사용 가능한 맥락의 확장에 따라 새로운 담화 기능을 생성한다.

이때 한 가지를 짚고 넘어갈 것은, 보조적인 기준인 '의미 변화 발
생 여부'를 활용하여 '이것이 담화표지로서 사용가능하다'고 판정하
게 되면 해당 표지의 의미와 기능을 다룰 때 원래의 근원적 의미/기
능이 부분적으로 유보되는 경우에도 담화표지로 봐야 할지, 혹은 원
시적인 의미나 기능이 전혀 잔존하지 않는 경우에만 담화표지로 간
주해야 할지를 결정할 때의 모호성이다. 이는 준-담화표지와 담화표
지의 차이에서 기인하는 것으로 보인다. 필자는 학습자들로 하여금
담화표지의 상용 용법을 익히게 하는 데 주된 목적을 두고 있는데
이러한 용법에는 준-담화표지와 담화표지로서의 용법이 모두 포함
되어 있다. 그리고 과도기적 발달 단계를 대표하는 준-담화표지를
뛰어넘어 마지막의 담화표지 용법만 학습자들에게 가르치면 그들
이 담화표지에 대한 인지를 하는 데 있어 단절이 생기기 쉬우므로
체계적으로 이해하지 못하게 된다. 따라서 필자는 보조적인 기준을

응용할 때 해당 어휘나 표현이 문법화된 이후의 모든 모습을 다 담화표지로 간주하고자 한다.

기존의 담화표지 관련 연구와 교사용 지도서에서 규명된 담화표지를 상술한 기준으로 점검하고 일차적 항목을 제시하고자 한다. 여기서는 아래와 같은 대표적인 선행 연구 자료를 참고하였다[45].

분류①: 협의적 관점

김태엽(2000, 2002): 어머님, 아버님, 선생님, 어디, 뭐, 저, 거, 거
시기, 왜, 무슨, 웬, 가만, 참, 아니, 이제, 그냥,
뭘, 어디요, 말이야, 뭐야, 있잖아, -가지고 등

이정애(1998, 2002): 그래, 그러니까, 이제(인자, 인저, 인제), 뭐
(머, 뭐야, 뭐냐면), 그냥/걍, 좀, 이, 그, 저(이렇
게, 그렇게), 어디, 무슨, -가지고(갖고, 갖구,
가지구, 가아, 가), 말이야(마시, 말입니다) 등

안윤미(2012): 그러게[46]

---

45 필자가 주목하는 담화표지는 어휘나 구절 형태를 띠고 있는 것들이다. 그러므로 선행 연구에서 논의하였던 비어휘적 담화표지들을 대상 목록에서 제외시켰다, 이에는 임규홍(1996)에서 제시한 초분절음 담화표지(쉼, 억양, 강세), 김태엽(2000)에서의 조사(-요, -그래, -만은), 이정애(2002)에서 제시한 '기능어에서 전성된 담화표지'(예: -요, -로, 들 등) 등이 포함된다.

46 그동안 담화표지 '그러게'는 활발하게 연구되지 않았다. 『표준국어대사전』에서 표제어 '그러게'는 부사와 감탄사의 용법이 다 수록되어 있다. '그러게'는 '자신의 말이 옳았음을 강조할 때', '상대방의 말에 찬성할 때' 쓰이는 것으로 통사적 독립성을 지니고 있고 어휘적 의미보다 표현적 의미가 더 뚜렷하며 맥락에서 일정한 담화 기능을 수행하므로 담화표지의 모든 기준에 부합해서 이를 담화표지라고 볼 수 있다고 판단된다.

국립국어원(2005): 저기요, 네, 여기요, 뭐, 글쎄, 아니 등
한국어교육학 사전(2014): 아니, 글쎄, 자, 뭐, 그래 가지고, 말이
야, 있잖아 등

분류②: 광의적 관점

전영옥(2002): −부사: 그래, 그래도, 그래서, 그러나, 그러니까(근
까), 그런데(근데), 그럼, 그렇지만, 그리고,
그 담에(그 다음에), 이케, 저케, '정말'류, 아
무튼, 어쨌든, 여하튼, 왜, 이제(인제, 인자,
인저), 좀, 막, 좌우간, 참, 하여간, 어디, 가만
−감탄사: 자, 뭐, 뭘, 저, 아니, 글쎄, 네, 예, 에, 에또,
어, 음, 응, 아, 아뿔사!, 아이가, 아이고!,
아이구!, 어머, 오!, 야, 얘, 이봐
−대명사: 거시기, 저기(요), 이거, 그거, 저거
−용언: 뭐지, 뭐야, 뭐냐면, 뭐랄까, 있잖아(요), 있
지(요), 말씀이야, 말이야/말이에요/말이지/
말입니다, 말하자면
−관형사: 이, 그, 저, 이런, 그런, 어떤, 무슨
−구절: 이런 거, 그런 거, 저런 거, 그 뭐야(거 뭐더
라, 거 뭐시냐), 아니 근데, 응 근데, 그건 그
렇고, −어 가지고, 그래 가지고, 글쎄 말이야,
그거 있잖아(요), 다른 게 아니구요.
안주호(2009): −감탄사: 네/예, 아니요/아뇨/아니오/아닌데요/아

니예요/아니/아니야, 아, 어, 응, 아야, 아

이, 에이 참, 와, 어머, 아이구(고), 오냐,

아휴/어휴, 휴우, 야, 응, 자, 여보세요, 여

보, 애들아, 얘야, 허허, 하하/하하하

-접속어: 그리고(는), 그러면, 그래(요), 그럼(요),

그래서, 그러니까, 그러므로, 그런데(요/

도), 그래도, 그러나, 그렇지만, 하지만,

그러다가, 그렇다고, 그러자, 그렇습니다

만, 왜냐하면, 하긴

-부사어: 어서, 뭘요, 좀, 참, 뭐, 하여튼/아무튼, 어

디, 글쎄(요), 또한, 물론(이에요), 더군다

나, 따라서

-구절: 그저 그랬어요, 그래서 그런지, 그건 그래요/

그건 그렇지, 그렇지 않아도, 그런데 말이야,

아닌 게 아니라, 뿐만 아니라, 그 뿐만이 아니

예요, 그렇고 말고, 물론 그렇지요, 그게 아니

고/그런 게 아니라, 하긴 그래요, 웬걸요.

-용언: 그러지요/그렇지요, 그랬군요, 그렇군요/그

렇대요, 그러세요, 그럽시다, 괜찮아(요)/괜

찮습니다, 됐습니다 등

위에서 나열한 선행 연구들을 비교해 보면 양적인 측면에서나 질

적인 측면에서나 담화표지의 목록이 상당히 다르다는 사실을 알 수

있다. 이는 1.2.에서 살폈던 연구 경향을 그대로 반영하고 있다. 분류 ①은 화용적 일관성에 기초한 협의적인 시각이고 분류②는 담화 전체를 바라보는 광의적인 시각이다. 이를 분석해 보면, 분류①의 모든 항목은 판정 기준에 부합한 것으로 이를 바탕으로 먼저 구어 담화표지의 1차 목록을 구성하였다.

〈표 2-14〉 구어 담화표지의 1차 목록

어휘	뭐, 어디, 왜, 무슨, 웬, 이/그/저, 거, 거시기, 참, 자, 네, 아니, 그래(요), 글쎄(요), 좀, 이제, 그냥, 가만, 이렇게/그렇게, 그러니까(요), 그러게(요), 어머님, 아버님, 선생님을 비롯한 친근감 표시용 호칭어
구절	뭘(요), 말이다, 뭐야, 있잖아(요), -가지고, 그래 가지고, 저기요, 여기요

하지만 분류①의 연구들은 문법화를 겪은 대표적이고 전형적인 담화표지만 다루고 있기 때문에 총 목록을 망라하기에는 부족해 보인다. 따라서 분류①뿐만 아니라 분류②에 나와 있는, 담화표지 전체를 논의한 결과 중 판정 기준에 맞는 것들도 목록에 포함시키고자 하였다. 절차는 다음과 같다.

우선, 감탄사류 담화표지를 살펴보겠다. 이 장의 1.1.에서 감탄사와 담화표지는 공통점이 많으므로 구별하기 어렵다고 밝힌 바 있는데 필자는 감탄사의 형태를 지니고 있는 담화표지를 판별할 때 문법화의 이론에 의거하여 보조적 기준인 '의미 변화 발생 여부'와 '담화 기능 담당 여부'를 근거로 삼는다. 우선 황병순(2010)을 비롯한 선행연구를 참고하여 문법화를 겪지 않은 순수한 감정적 감탄사, 원래의 구상적 어휘적 의미로부터 그 의미가 약화되거나 소실되지 않은 감탄사(예: 아, 어, 아휴/어휴, 음/응, 아이구/아이고, 어머 등)를 담화표지의 목록에서 배제한다. 감정 감탄사 이외에도 발화 현장에서 상대방을 의식하며 자신의 의지를 표시하는 의지 감탄사도 있고(고영근·구본관, 2008:137, 신지연, 2001:255), 상대방에게 어떤 행동을 요구하는 명령 감탄사(신지연, 2001:255)와 맥락에 따라 이러한 부류에 포함하기 어려운 기타 의도의 감탄사(전영옥, 2012:243)도 다수 존재한다. 〈표 2-13〉의 기준과 보조적인 기준에 의거하여 이들을 판정한 결과, 문법화를 겪은 '자, 뭐, 뭘, 저, 글쎄(요), 참, 아니, 예/네, 그래(요), 거시기'를 담화표지의 목록에 포함시켰다. 즉 〈표 2-14〉의 목록에다 '예'를 추가한 것이다.

접속어 또는 접속부사의 주 기능은 담화 맥락에서 화제와 화제를 결속해 주는 연결 기능에 있다. 이러한 기본적인 기능으로 쓰일 때 통사적인 제약을 받아 임의로 생략할 수 없기 때문에 앞서 제시한 판정 기준에 맞지 않다고 판단되어 다수의 접속어 또는 접속부사를 연구 대상에서 제외하기로 하였다. 단, 문맥에서 원래의 기능/의미가 아닌, 현저한 표현적 기능을 갖고 있으며 통사적으로 독립성을 지닐 때만 담화표지라고 판정하였다. 대표적인 예로 '그럼(요)', '그러니까', '그런데'가 있는데 여기서 담화표지로서의 '그럼'의 용법을 간략하게 살펴보자.

이 길로 계속 가. 그럼 그 집이 보일 거야.   (『표준국어대사전』)

이 문장에서 '그럼'은 앞문장의 내용이 뒷문장의 조건이 될 때 두 문장을 연결하는 접속부사이다. '그러면'의 준말로 원래의 의미대로 쓰이고 있다. 하지만 아래 대화 중의 '그럼'은 이와 다르다.

　　가: 내 말 알아들을 수 있어?
　　나: 그럼, 당연하지.

위의 '그럼'은 통사적으로 선·후행 성분 없이 독립적인 한 문장을 구성하는데 상대방 발화 내용에 대한 강한 동의를 표하는 기능을 가진다. 『표준국어대사전』에서는 이러한 '그럼'을 감탄사로 간주하고 있다. 이처럼 통사적인 독립성과 담화 기능의 생성 이 두 가지 조건에 부합하기 때문에 이러한 '그럼'을 담화표지로 인정하는 것이 타당하다고 여긴다.

용언 표현과 구절 표현으로 나타나는 담화표지들은 선행 연구에서 많이 언급되었는데 이들을 쪼개어 보면 어휘적 의미를 가지는 몇몇 단어들로 구성되는 경우가 대부분이다. 그러나 그 형태가 아무리 다양해도, 수가 아무리 많아도 판정할 때는 보조적 기준인 '의미적 변화 발생 여부'와 '담화 기능 생성 여부'를 효과적으로 활용할 수 있다. 일례로 '그게 아니고'와 '-아/어 가지고/그래 가지고'의 경우를 보자. '그게 아니고'는 맥락에서 화자가 상대방의 발화 내용 전체 또는 일부분에 대해 동의하지 않을 때 그것을 부정하는 목적으로 쓰인다. 이때 '그게 아니고'는 단지 문자적 의미 또는 사전적 의미로만 실현될 뿐 확장된 의미로 쓰이지 않으며 기능도 '아니다'의 기본 기능인 '부정'에 한정되어 있다. 반대로, '-아/어 가지고/그래 가지고'의 경우 '가지다'는 원래의 구상적인 '소유'의 의미로 사용되지 않고 추상적인 의미로 쓰이며 맥락적으로 선후 성분을 연결하는 기능을 행사하게 된다. 따라서 '그게 아니고'를 담화표지 대상에서 배제시키고 '-아/어 가지고/그래 가지고'를 목록에 포함하였다. 이와 비슷한 방법으로 '뭐지', '있지(요)', '아니 근데', '글쎄 말이야', '이런/그런/저런 거'를 새로 추가하였다. 이러한 판정 과정은 다른 세세한 형태 (예: 부사, 대명사, 관형사 등)에도 적용시켜 '막', '이런/그런', '어떤', '저기', '이거/그거/저거'를 목록에 넣는다. 여기서 잠시 '거'와 '그거'의 중복 문제를 보자. 『표준국어대사전』에 의하면, '거'는 대명사로서 '그거'의 준말과 '거기'를 구어적으로 이르는 말이라고 뜻풀이되고 있다. 김태엽(2002)에서 '거'를 담화표지로 선정한 계기는 첫 번째의 용법이다. 이런 지점에서 보면 '거'와 '그거'는 근본적으로 동일한 것이다. 그러므로 여기서 준말 형태보다 원래의 형태 '그거'를 취하였다. 이로써 구어 담화표지의 2차 목록을 다음과 같이 제시하였다.

〈표 2-15〉 구어 담화표지의 2차 목록

어휘	뭐, 어디, 왜, 무슨, 웬, **이런/그런**[47], **어떤**, 이/그/저, **이거/그거/저거**, 거시기, **저기**, 참, 자, 네/**예**, 아니, 그래(요), 글쎄(요), 좀, **막**, 이제, 그냥, 가만, 이렇게/그렇게, 그러니까(요), **그런데**, 그러게(요), **그럼(요)**, 어머님, 아버님, 선생님을 비롯한 친근감 표시용 호칭어
구절	뭘(요), 말이다, 뭐야/**뭐지**, 있잖아(요), **있지(요)**, 이런 거/그런 거/저런 거, -가지고, 그래 가지고, 저기요, 여기요, **글쎄 말이다**, 아니 근데

또한 감탄사로서만 다루어졌고 아직 담화표지란 명칭 아래 연구
되지 않은 항목들도 있다. 우선 선행 연구에서 제시된 감탄사들은
〈표 2-16〉과 같다.

〈표 2-16〉 감탄사에 관한 대표적 선행 연구

고영근·구본관 (2008)	감정감탄사	오, 와, 아, 아차 등
	의지감탄사	자, 네, 응, 그래(요) 등
	입버릇 및 더듬거림	뭐, 말이지, 저, 거시기 등
신지연(2001)	감정적 감탄사	아, 아이고, 아참, 저런, 어머나, 휴유 등
	의지적 감탄사	여보, 이봐, 글쎄, 자, 쉬, 음, 저, 뭐, 저기, 있잖아, 말이야 등
전영옥(2012)	드러냄	아, 아유, 아이구, 애고애고, 어기야, 원, 세상에, 정말, 참, 이런/그런/저런 등
	알림	애햄, 에헴, 곤두곤두, 오버 등
	행동 유발	쉬, 아서라, 자, 앗, 영차 등
	행동	야, 얘, 어이, 여보세요, 네, 예, 그래, 안녕 등
	기타 의도	거시기, 그, 뭐 등

그 중 '정말'은 감탄사로 나타나면 원래의 어휘적 의미(명사 및 부
사의 의미)가 약화되어 상황 맥락에 따라 다양한 억양으로 화자의
다양한 심적 태도(놀람, 불만 등)를 전달할 수 있어 담화표지의 특징
을 다 갖추었다고 할 수 있다. '세상에', '저런'도 마찬가지이다.

이외에도 '정말'과 비슷한 용법을 가지는 '진짜'는 『표준국어대사

---

47 볼드체로 표시된 담화표지는 분류②에 나타난 것으로 검토를 거쳐 새로 추가된 것
들이다.

전』에 감탄사로 수록되어 있으며 담화표지의 모든 판정 기준에 부합
하므로 목록에 첨가하기로 한다. 또한 '그래 가지고'는 목록에 있으
면 이와 동질성을 지니고 있는 '이래 가지고'도 목록에 포함시키는
것이 타당하다고 보았으며 이로써 구어 담화표지의 3차 목록을 다
음과 같이 추출하였다.

〈표 2-17〉 구어 담화표지의 3차 목록

어휘	뭐, 어디, 왜, 무슨, 웬, 이런/그런, 어떤, 이/그/저, 이거/그거/저거, 거시기, 저기, 참, 자, 네/예, 아니, 그래(요), 글쎄(요), **정말/진짜(요)**, 세상에, **저런**[48], 좀, 막, 이제, 그냥, 가만, 이렇게/그렇게, 그러니까(요), 그런데, 그러게 (요), 그럼(요) 어머님, 아버님, 선생님을 비롯한 친근감 표시용 호칭어
구절	뭘(요), 말이다, 뭐야/뭐지, 있잖아(요), 있지(요), 이런 거/그런 거/저런 거, -가지고, 그래 가지고/**이래 가지고**, 저기요, 여기요, 글쎄 말이다, 아 니 근데

지금까지 논의한 바와 같이 연구자는 위와 같은 한국어 담화표지
목록을 추출해 보았다. 아직까지는 일반화되어 있는 온전한 담화표
지 목록이 존재하기 어렵고, 있더라도 개방 목록으로서 전형적인 것
을 예시해 주는 것이 대부분(殷樹林, 2012:71-75)이라는 점을 감안하
여 필자가 제시하는 목록도 개방형임을 밝혀 둔다. 그리고 시대에
따라 첨삭이 가능하고 동적인 목록임을 밝힌다.

---

48 볼드체로 표시된 담화표지는 필자의 논의를 거쳐 새로 추가된 것들이다.

4.2.2. 한국어교육용 목록

이 부분에서는 〈표 2-17〉의 구어 담화표지의 목록을 바탕으로 한국어교육의 실제성을 충분히 고려하여 교육용 항목들을 선정하고자 한다. 이를 위해 선정 기준을 무엇으로 삼아야 할지의 문제부터 착수해야 한다.

구어 담화표지는 주로 어휘와 구절 형태를 띠는데 조합이 비교적 복잡한 구절 표지의 경우 한국어 문법(예: 경어법을 실현하는 종결어미, 선·후행 성분과의 결합 규칙 등)과도 관련이 많다. 따라서 교육용 담화표지를 선정할 때 어휘 선정 방법론과 문법 선정 방법론이 참고될 만하다. 일반적으로 방법론은 크게 주관적인 것과 객관적인 것으로 양분되는데 양자가 각자 뚜렷한 단점을 보이고 있어[49] 요즘 양자의 한계점을 서로 보완할 수 있는 절충적 방법론이 선호된다. 이 책에서도 이러한 방법을 채택하기로 한다. 필자는 〈표 2-17〉의 담화표지들이 교육 내용으로서의 타당성을 가지는지를 고찰하기 위해 구어 말뭉치에서의 출현 빈도와 활용도를 묶어 실용성이라는 객관적인 기준을 설정함과 동시에 이 목록을 3명의 한국어교육 전문

---

[49] 주관적 방법론은 주로 관련 분야의 전문가의 직관적 판정을 중심으로 이루어지고 있다. 전통적으로 사용되어 왔지만 계량적 연구 방법론이 많이 도입된 최근에는 객관성과 타당성이 결여되어 있다고 지적을 받으며 지양되고 있는 방법론이다. 객관적 방법론은 첫째, 말뭉치의 빈도를 이용하는 방식과 여러 교재의 중복도를 점검하는 방식이 있는데 객관적 측면에서 적절한 연구 방법이지만 말뭉치의 규모성, 균형성, 대표성을 갖고 있는 것인가, 그 빈도의 결과가 교육적 효용이나 교육 과정에의 적용 가능성이 있는 것인가에 대한 문제 때문에 비판을 받을 수 있다. 또 다른 객관적인 방법론으로 사용된 델파이 방식은 역시 전문가 집단의 분포가 다양하지 못한 한계점을 지니고 있다(국립국어원, 2011:23-24, 34의 논의 참조).

가에게 보여 주고 검토를 요청하는 주관적 방식을 활용하였다.

현재까지 외국어교육학에서 교육용 어휘의 선정 기준으로 빈도, 출현 범위, 교수가능성, 유사성, 유용성(availability), 포괄성(coverage), 정의력(defining power), 교육용 문법을 선정할 때 단순성과 중심성(simplicity and centrality), 빈도, 학습가능성(강승혜 외, 2015:7-14) 등을 들었다. 한국어교육에서도 이와 비슷한 기준을 적용하고 있는데 문법 학습 항목의 경우, 한국어 문법의 특징을 고려하여 복잡도, 난이도, 활용성, 교수/학습의 용이성(국립국어원, 2011:36), 일반화 가능성, 학습자의 기대(김유정, 1998:30) 등을 제안하였다. 방성원 (2004:104)에서는 문법화 형태의 특성을 고려하여 실용성[50], 원형성, 대표성 및 균형성을 학습 항목을 결정하는 중요한 기준으로 삼았다. 여기서 필자는 담화표지가 지니는 특수성을 염두에 두어 상술한 기준을 종합적으로 검토하여 실용성의 기준을 핵심 기준으로 정하였다[51].

실용성은 두 가지 측면에서 측정 가능한데, 우선 첫 번째 하위 기준이 바로 수많은 논의에 의해 제안된 사용 빈도이다. 담화표지의 사용은 개인적 발화 습관으로부터 많은 영향을 받고 있어 개인차가 심한 편이다. 그러나 어느 특정한 담화표지가 말뭉치에서 높은 출현 빈도를 보이면 사용상의 일반성을 유력하게 말해 줄 수 있다. 따라

---

50 방성원(2004)에서의 실용성 기준은 학습자가 학습한 이후 실제로 사용할 가능성과 관련된 것으로서, 해당 항목의 사용 빈도와 사용 장면이 전형적인가, 분명한 의미나 기능을 가지고 있는가 하는 문제와 연관이 있다고 구체적으로 설명하였다.

51 이 부분의 내용은 유나(2014)의 해당 논의를 발췌·보완한 것이다.

서 모어 화자에 의해 빈번히 사용되는 담화표지를 교육 대상으로 우선적으로 선정하면 타당할 것이다. 하지만 빈도수가 낮다고 해서 교육 내용으로 다루지 않겠다고 하면 오히려 타당하지 않은 측면이 많다. 왜냐하면 어떤 담화표지는 그 기능이 뚜렷하지만 여러 요인 때문에 사용 제한이 따르기 때문이다. 이에 대해서는 곧 이어 구체적인 예시를 들어 논의하겠다. 따라서 빈도수의 기준 외에 기능에 주목한 다른 기준이 따로 마련되어야 하는데 여기서 필자는 활용도를 두 번째 기준으로 설정하고자 하였다.

우선 모어 화자의 사용 빈도를 대략적으로 알아보기 위해 '21세기 세종계획' 한국어 원어민 화자의 구어 원시 자료 중 일상대화 말뭉치 자료(총 423,089어절)를 활용하였다[52]. 말뭉치에서 〈표 2-17〉에 있는 담화표지의 출현 빈도는 〈표 2-18〉과 같다.

〈표 2-18〉 원어민 화자 구어 원시 말뭉치 중 담화표지 어원어의 출현 빈도

목록	담화표지의 어원어 출현 빈도	합계
뭐	IC[53]: 3,450, NP: 3,334, NNG: 5	6,789
어디	IC: 2, NP: 542, MAG: 4, NNG: 1	549
왜	IC: 52, MAG: 1,377	1,429
무슨	IC: 5, MM: 615	620

---

52 세종말뭉치에 수록되어 있는 일상대화 자료는 주로 젊은 대학생들 간에 이루어지는 대화를 전사한 것인데 인위적인 조작 없는 진정한 자연 발화 내용이다. 대화 주제(예: 가족, 사랑, 관광, 교육, 강의, 방학, 식생활, 운전면허, 정치와 경제, 운동과 건강, 병역, 영화 등)도 다양하여 일정한 사용 범위를 확보할 수 있다는 장점이 있고 대부분의 대화참여자가 모두 재학 중인 20대, 30대 대학생들로 필자가 관심을 갖는 중국어권 학습자들과 동질성을 갖고 있다.

목록	담화표지의 어원어 출현 빈도	합계
웬	MM: 29	29
이런	IC: 19, MM: 1,344	1,363
그런	IC: 3, MM: 2,812	2,815
어떤	MM: 611	611
이	IC: 158, MM: 1,114, NP: 3	1,275
그	IC: 2,196, MM: 3,918, NP: 36	6,150
저	IC: 235, MM: 165	400
이거	IC: 1, NP: 2,298	2,299
그거	NP: 3,872, NNG: 1	3,873
저거	NP: 306, IC: 1	307
거시기	NNG: 1	1
저기	IC: 92, MAG: 6, NP: 164, NNG: 1	263
참	IC: 104, MAG: 291	395
자	IC: 267	267
네	IC: 1,205	1,205
예	IC: 1,304, MAG: 1	1,305
아니	IC: 1,299, MAG: 22, VCN: 2,822, VCP: 3, VV: 3	4,149
그래	IC: 741, MAG: 3, MAJ: 32	776
글쎄	IC: 62, MAG: 3	65
정말	MAG: 607, NNG: 8	615
진짜	MAG: 1,825, NNG: 70	1,895
세상에	IC: 4	4
저런	IC: 10, MM: 66	76
좀	MAG: 2,352, IC: 6	2,358
막	MAG: 3,032, IC: 14, MAJ: 1	3,047
이제	MAG: 915, IC: 92	1,007
그냥	MAG: 1,467	1,467
가만	MAG: 18	18
이렇게	MAG: 2,169	2,169

목록	담화표지의 어원어 출현 빈도	합계
그렇게	MAG: 1,162	1,162
그러니까[54]	MAJ: 2,399	2,399
그런데[55]	MAJ: 3,593	3,593
그러게	IC: 30, MAG: 9	39
그럼	IC: 33, MAJ: 750	783
어머님	NNG: 10	10
아버님	NNG: 12	12
선생님	NNG: 494	494
뭘	IC: 11	11
말이다[56]	-	557
뭐야	-	422
뭐지	-	295
있잖아	-	695
있지	-	317
이런 거	-	213
그런 거	-	557
저런 거	-	7
-가지고	-	2,050
그래 가지고[57]	-	537
이래 가지고[58]	-	33
저기요	-	11
여기요	-	11
글쎄 말이다[59]	-	5
아니 근데	-	100

....

53 IC: 감탄사, NP: 대명사, MM: 관형사, MAG: 일반 부사, MAJ: 접속부사, NNG: 일반 명사, VCN: 부정 지정사, VCP: 긍정 지정사, VV: 동사.

54 담화표지 '그러니까'의 어원어는 실제 구어에 실현될 때 다양한 축약형을 가지므로 여기서 접속부사의 실현 빈도를 통계할 때 축약형의 빈도까지 합산하였다. 구체적으로 '그러니까'는 346회, '그니까'는 663회, '근까'는 901회, '그까'는 485회,

이어서 이상의 담화표지들은 한국어교육 항목으로서의 타당성을 빈도수 통계 결과와 활용도 기준을 종합적으로 사용하여 검토할 것이다. 우선 단 1회밖에 사용되지 않은 '거시기'를 보자. 출현 횟수만 보더라도 이 표지는 20-30대 연령층의 젊은 화자에게 선호되지 않음을 알 수 있다. 이는 '거시기'가 가지는 교육적 유용성에 대한 의문을 품게 한다. 그 답을 찾으려면 두 번째의 기준인 활용도를 자세히 따져야 한다. 우선 『표준국어대사전』의 뜻풀이에 의하면, '거시기'는 '이름이 얼른 생각나지 않거나 바로 말하기 곤란한 사람 또는 사물을 가리키는 대명사'이며 '하려는 말이 얼른 생각나지 않거나 바로 말하기가 거북할 때 쓰는 군소리'이다. 이와 비슷한 기능을 보이는 담화표지는 '그거'와 '저기, 저' 등이 있다. 그렇지만 이들 유사 담화표지들이 훨씬 빈번히 사용된다는 것을 상기해 볼 때 '거시기' 사용의 빈도가 매우 낮다는 것은 다른 측면에서 그 이유를 찾아야 한다. 그것이 바로 사회언어적 요인이다. 즉 '거시기'는 워낙 전라도 방언

'까'는 4회로 총 2,399회로 출현하였다.

55 담화표지 '그런데'는 접속부사로서 총 148회로 나타났다. 하지만 구어에서 '근데'의 축약형이 훨씬 많이 사용되었는데 횟수는 3,445회에 달하였다. 합이 3,593회이었다.

56 '말이야'의 실현 빈도는 '말이야', '말야', '말이에요', '말입니다'의 빈도 총합이다. 각각은 517회, 39회와 1회이다.

57 담화표지 '그래 가지고'의 실현 빈도를 통계할 때 변이형인 '그래 가지구', '그래 갖고', '그래 갖구'의 빈도까지 합산하였다. 각각을 보면, '그래 가지고'는 80회, '그래 가지구'는 259회, '그래 갖고'는 86회, '그래 갖구'는 112회이다.

58 담화표지 '이래 가지고'의 실현 빈도를 통계할 때 변이형인 '이래 가지구', '이래 갖고', '이래 갖구'의 빈도까지 합산하였다. 각각을 보면, '이래 가지고'는 9회, '이래 가지구'는 15회, '이래 갖고'는 7회, '아래 갖구'는 2회이다.

59 '글쎄 말이야'와 '글쎄 말야'는 각각 3회, 2회 출현하였다.

의 느낌이 강하기 때문에 현재 대사전에 하나의 표제어로서 수록되어 있으나 광범위하게 사용되지 않으며, 또한 젊은 모어 화자들의 의해 거의 사용되지 않아 활용도가 크게 떨어진다는 점이다. 3명의 전문가들도 이와 비슷한 견해를 보였다. 그러므로 필자는 한국어교육을 위한 지점에서 볼 때 담화표지 '거시기'를 대상 목록에서 제외시키는 것이 적절하다고 보았다.

다음으로 나머지 저빈도를 보이는 몇 개의 담화표지를 보자. '세상에'의 경우, 기본적인 의미에서 벗어나서 놀랄 만할 일이 생겼을 때 놀람을 표시하는 것으로 맥락적으로 선명한 기능을 수행한다. 그러나 이러한 놀람 표시 기능을 담당하는 표현이 꽤 많은데 과연 어느 것을 사용하는지는 화자 개개인의 선택에 달려 있다. 검토 의뢰를 받은 전문가 1명은 특히 젊은 세대들이 요즘 유행어(예: 헐, 대박 등)를 더 선호하는 경향이 있어 '세상에'를 덜 사용하는 것이 아닐까라고 하면서 이에 대한 면밀한 조사가 필요하다고 지적하였다. 나머지 2명의 전문가도 '세상에'가 가끔 사용되는 것이지만 교육용 담화표지로 선정되는 것에 전혀 이의가 없다는 견해를 밝혔다. 필자도 이에 전적으로 동의하여 '세상에'를 교육 목록에 그대로 유보하고자 하였다. 이외에도, '아버님', '어머님', '선생님', '여기요', '저기요' 등이 저빈도로 쓰이는 것은 말뭉치 자료를 구성하는 대화 장면이 다양하지 못한 것과 큰 연관이 있다.

결론적으로 정리하면, 〈표 2-17〉에 출현하는 담화표지 가운데 높은 빈도로 사용되는 것은 교육용 내용으로 선정해야 함이 분명하며, 극히 저빈도로 쓰이는 것들은 기능 분석과 3명의 전문가들의 의견을 수렴하여 개별적으로 판정하였다. 그 결과, '거시기'만 대상 목록에서 제외시키는 것이 더 타당한 것으로 보았다. 이로써 한국어교육용 구어 담화표지를 〈표 2-19〉와 같이 추출하였다.

〈표 2-19〉 한국어교육용 구어 담화표지의 최종 목록[60]

어휘	뭐, 어디, 왜, 무슨, 웬, 이런/그런, 어떤, 이/그/저, 이거/그거/저거, 저기, 참, 자, 네/예, 아니, 그래(요), 글쎄(요), 정말/진짜(요), 세상에, 저런, 좀, 막, 이제, 그냥, 가만, 이렇게/그렇게, 그러니까(요), 그런데, 그러게(요), 그럼(요) 어머님, 아버님, 선생님을 비롯한 친근감 표시용 호칭어
구절	뭘(요), 말이다, 뭐야/뭐지, 있잖아(요), 있지(요), 이런 거/그런 거/저런 거, -가지고, 그래 가지고/이래 가지고, 저기요, 여기요, 글쎄 말이다, 아니 근데

▎ 4.3. 구어 담화표지의 분류 및 기능

그동안 구어 담화표지의 분류 체계를 수립하기 위해 많은 연구가 진행되어 왔고 다양한 분류법이 제안되었다. 우선 담화표지가 억양 단위에서 출현하는 위치에 따라 좌향담화표지(left discourse markers)와 우향담화표지(right discourse markers)로 양분하는 관점(Watt,

---

60 이 목록에 있는 구어 담화표지는 기본형 제시를 원칙으로 하였다. 현실언어에서 사용되는 각종 축약형과 변이형(예: 그러니까-그니까/근까/까, 그런데-근데, 말이 야-말야 등)은 여기서 따로 제시하지 않으나 3장에서 구체적 사용 양상 분석 시 이들을 함께 다룰 것이다.

1989)이 있었고 이후 담화표지의 의미와 앞뒤 발화의 논리적 관계에 따라 앞을 지향한 것(retrospective)과 뒤를 지향하는 것(prospective) (Lenk, 1998)으로 양분하려는 시도도 있었다[61]. 일부 연구에서는 이 두 가지를 묶어서 단방향적(uni-directional) 담화표지로 명명하기도 하였으며 앞뒤 내용과 모두 관계가 있을 때에는 양방향적(dual-directional)이라는 분류법을 따로 제시하였다(이윤경, 2016). 또한, 통시적인 고찰을 통해 해당 형태가 원래부터 담화표지로 기능하느냐 아니면 그 기능이 바뀌어 담화표지로 기능하느냐에 따라 '본디 담화표지'와 '전성 담화표지'로 나눈 연구가 있으며(김태엽, 2000), 전성된 것이라면 기능어에서 전성되는지 내용어에서 전성되는지에 따라 분류하는 시도도 있었다(이정애, 2002). 이외에도 형태적인 측면에 입각하여 어휘로 실현되는지 아닌지를 기준으로 '어휘적 담화표지'와 '비어휘적 담화표지'로 유형화한 것도 있고(임규홍, 1996; 劉麗艶, 2005), 사용 시의 자립성 여부에 따라 '비의존적'인 것과 '의존적'인 담화표지로 분류한 것도 있었다. 마지막으로 담화표지로 발달된 어원어의 품사에 따른 분류도 일반적이다(김태엽, 2002; 전영옥, 2002; 안주호, 2009).

외국어교육의 관점에서 보면, 이상의 분류 방법은 형태적 측면과 의미적 측면(즉 공시적 관점), 아니면 통시적 관점에 착안한 것들인데 교육의 장(場)에서 과연 어느 정도 기여할 수 있을지 의문이 생긴

---

61 Watt(1989)와 Lenk(1998)의 분류 제안은 殷樹林(2012: 63-64)의 해당 부분을 발췌·정리한 것이다.

다. 앞서 소개했듯이 구어 담화표지는 산재하고 있는 개별적인 어휘의 집합이나 문법, 표현의 집합이라고 규정하는 것이 어려우므로 이것을 기능 범주에서 다루는 것이 더 수월하고 타당하다. 따라서 구어 담화표지를 분류함에 있어서 기능을 주요 기준으로 삼는 것이 가장 유의미하다고 판단하였다. 화용적 성격이 강한 구어 담화표지를 기능에 따라 분류하는 것이 훨씬 실용적이며 학습자의 의사소통 능력 향상에 실제적인 도움이 될 수 있기 때문에 분류 자체가 어려운데도 불구하고 외국어교육 전문가들에게 각광받고 있다. 이 책에서도 이러한 방법을 채택하여 기능을 중심으로 구어 담화표지들을 분류해 보고자 하였다.

그간 기능에 따라 담화표지를 유형화하는 논의가 활발하게 진행되어 왔다. 마슐러(Maschler, 1994, 2009)는 담화표지가 담화의 관련 요소인 화자, 청자 및 화제 간의 연결을 원활하게 이어주는 데 중요한 역할을 한다고 주장하였는데 기능에 따라 담화표지를 크게 세 가지 하위 범주로 구분하였다. 화자와 청자 사이의 원활한 상호작용을 돕는 기능(interpersonal), 텍스트에서 화제와 화제를 연결하는 기능(textual), 그리고 화자와 화제의 연결을 돕는 기능(cognitive)이 그것이다(박혜선, 2011:32). 이처럼 화자, 청자, 화제의 상호관계에 의거하여 담화표지를 체계화하는 연구가 한국어교육 분야에 파급되었다. 대표적인 논의로는 전영옥(2002)을 들 수 있는데 이 연구에서 제시된 담화표지의 삼원적 기능 체계는 후속 연구(안주호, 2009; 한상미, 2012; 김선정·김신희, 2013 등)에서도 널리 채택되고 있다. 〈표 2-20〉은 바로 이러한 삼원적 기능 체계를 나타내는 것이다.

〈표 2-20〉 담화표지에 관한 선행 연구의 분류 체계 1

Maschler (1994, 2009)	전영옥(2002)	
화제와 화제의 연결 (textual)	화제와 화제 결속	화제 시작, 화제 진전, 화제 전환, 화제 연결, 화제 마무리
화자와 화제의 연결 (cognitive)	화자와 화제 결속	시간 벌기, 얼버무리며 넘어가기, 주장 약화하기, 주장 강화하기, 디딤말 기능, 수정하기, 부정적인 태도 표현하기
화자와 청자의 연결 (interpersonal)	화자와 청자 결속 (상호작용)	주의 집중(관심 끌기), 대화 진행 조정하기, 발언권 가져오기, 정중하게 말하기, 호응하기

이러한 삼원적인 기능 분류는 필자가 관심을 가지는 구어 담화표지보다 넓은 개념인 담화표지 모두를 대상으로 하기 때문에 이들 가운데 접속부사와 같이 담화의 결속성을 성취시키는 표지가 많은 비중을 차지하고 있다. 그러나 본 연구는 담화의 결속성보다는 담화의 다양한 표현적 의미를 구어 담화표지로써 어떻게 실현시키는지가 주된 고찰 대상이기 때문에 '화제와 화제'의 순수한 구조적, 의미적 결속보다 화용적 의미나 기능이 가미된 부분만 주요하게 다룰 것이다.

또한 이상의 체계와 다소 상이하지만 담화표지 사용에 실린 화자의 의도나 태도를 따로 분리시켜 분석하는 연구물도 있는데 '담화 관련'과 '화자 태도 관련'로 나눔으로써 양자를 동등한 지위에 배치하였다. 이에 관한 연구로는 정선혜(2006)가 대표적이다.

〈표 2-21〉 담화표지에 관한 선행 연구의 분류 체계 2

기능	세부 기능
담화 진행상 나타나는 기능	화제 시작 기능, 화제 연결 및 전환 기능, 화제 호응 기능, 발화 수정 기능, 화제 마감 기능
회자의 태도[62]를 나타내는 기능	망설임 기능, 발화 강조 기능, 관심 유도 기능, 체면 손상 완화 기능, 발화 약화 기능, 초점 기능, 응답 회피 기능, 공손 태도 기능, 부정적 태도 기능

　이상의 어느 분류법을 취하든 겹치는 부분을 항상 피할 수가 없다. 예를 들어, 전영옥(2002)의 체계대로라면 대화 진행 조정 기능은 '화제와 청자의 결속'에 속해 있지만 '주의집중' 기능과 '화제와 화제 결속'에 포함되어 있는 '화제 진전 또는 전환' 기능과 무관하지 않다. 정선혜(2006)에서 규정하고 있는 화제 호응 기능을 보이는 담화표지들은 동시에 화자의 태도를 나타내기 마련이고, 동일한 담화표지가 '화자 태도를 표현하는 기능' 중 두 개 이상을 동시에 실현할 수도 있다(예: '좀'은 발화 내용을 약화시키면서 체면 손상 완화 기능도 동시 수행 가능). 이를 통해 필자는 기능에 따른 분류의 어려움을 재차 실감하게 되었다. 이러한 분류의 중복성은 담화표지 고유의 특징 때문에 일어난 것으로 극복할 수 없다고 판단된다.

　이상의 두 분류 체계는 모두 화자라는 발화 주체를 절대적인 개념

62　여기서 '화자 태도를 나타내는 기능'이라는 큰 틀 안에 오른쪽 칸의 내용과 같이 그 기능을 매우 세분화시키고 있다. 그러나 일일이 살펴보면, 이 기능들이 과연 다 '화자 태도 표시'에 해당되는지 의문이 제기될 수 있다. 일례로, '응답 회피 기능'은 상대방의 진술이나 질문에 대해 명쾌한 응답을 보이지 않으려고 할 때 사용된다. 이때 화자의 명확한 태도를 파악하지 못할 것이고 오히려 소극적인 회피 의도를 명확하게 드러낸다. 따라서 필자의 의견으로는 '응답 회피'는 태도를 표시하는 것이 아니라 의도를 나타내는 기능이라고 분류·기술하면 더 타당해 보인다.

으로 전제하여 청자, 화제와의 관계를 다루거나(전자의 경우), 화제나 태도에 치중하고 있다(후자의 경우). 대화에서 발화하는 사람이 화자의 역할을 하는 것이 당연한 일이다. 그러나 외국어 교육의 실용성 측면과 학습자 중심의 교육적 관점에서 보면, 학습자들이 목표어로 실제 대화에 참여하는 과정에서 짧게 발화하는데도 성공적이고 원활한 의사소통을 위한 여러 장치들을 동원한다. 언어적 장치는 물론이고 양호한 관계를 유지하기 위한 대인적 사회문화 요소도 함께 유의해야 한다. 그 중의 하나는 바로 발화 순간에 화자로서 길게, 능동적으로 말해야 하는가, 아니면 상대방의 말에 귀를 기울여 청자의 역할을 해야 하는가이다. 특히 무례함을 유발하지 않으려는 친교적 대화에서는 이러한 역할 판단이 더욱 중요해 보인다. 따라서 대화참여자가 그때그때 맡는 주(主)-역할에 착안하여 담화표지의 기능을 일차적으로 분류하는 것이 한국어교육의 성격에 부합하는 직관적, 실용적인 방법이다. 여기서 말하는 '주역할'의 개념은 상대적인 개념으로 '화자 역할'과 '청자 역할'을 포함한다. '화자 역할'이란 음성의 소유자가 진실한 화자이면서 발화 내용을 이끌어가는 능동적 존재로서 발화 행위를 행할 때 담당하는 핵심 역할이고, '청자 역할'을 보면, 발화자가 발화 당시에 존재론적으로 진실한 화자이지만 내용적 측면에서 따지면 발화가 단지 상대방의 말에 대한 호응으로 이루어지는 경우에 이 화자는 실은 청자의 위치에 있어 그 역할도 '청자 역할'이 된다. '화자 역할'이 행해질 때, 즉 대화의 흐름이 화자의 내용을 구조화하는 것에 치중되어 있으면 해당 발화가 '화자의 주도적 담화'[63]의 성격이 강하게 드러나며, 반대로 발화자가 상대방의 발화 내용에 호응하려는 '청자 역할'을 행할 때 해당 발화가 '화자의 호응적 담화'로 규정될 수 있다. 물론 이 두 가지 경우가 모두 상호작용이 이루어지면서 일어나는 것인데 전자보다 후자는 대화참여자의 상호작용성이 훨씬 다양하게, 두드러지게 나타난다. 필자는 '화자의 주도적 담화'와 '화자의 호응적 담화'의 이분법에 따라 해당 담화표지를 각각 '주도적 담화 운용 표지'와 '호응적 담화 운용 표지'로 명명하고자 한다. 또한 전영옥(2002), 정선혜(2006) 등 선행연구에서 논의된 세세한 하위분류 방법을 종합적으로 참고하여 이 두 범주에 포함될 만한 화자의 의도와 태도를 세분화시켜 분류하고 해당된 담화표지를 제시한다.

'주도적 담화 운용 표지'의 경우, 화제를 기본적 단위로 삼아 화제 진행을 알려줄 수 있는 세 가지 양상, 즉 '화제의 도입과 전환', '화제의 전개' 및 '화제의 종료' 등으로 분류한 후 담화표지가 어떻게 실현되는지를 살펴본다. 또한 화제 전개의 과정에서 화자가 자신의 발화 내용에만 주목하는지, 아니면 청자와의 상호작용에 더 할애하는지

63　현재 국어교육이나 한국어교육 분야에서 아직까지 그리 많이 다루어지지 않았으나 해외의 언어학에서는 대화 과정에서 화자와 청자의 관계에 기준점을 둔 분류법이 있어 왔다. 쉬프린(Schiffrin, 1985)에서는 시발적인 것(예: now, you know 등)과 응대적인 것(예: well, okay 등)으로 나누는가 하면 자커와 스미스(Jucker & Smith, 1998)에서는 쉬프린보다 더 확장시켜 제시 표지(presentation markers: like, you know 등)와 수용 표지(reception markers: oh, yeah 등)로 분류하였다. 그러나 이러한 분류 방식은 단지 일부분의 담화표지에만 적용될 수 있을 뿐 모든 담화표지의 기능을 포괄하기에는 부족한 측면이 많다. 필자는 '청자 역할'을 설정할 때 '응대적'인가 '수용'인가에 관한 이들의 논의를 참고할 것이다. 또한 '화자 역할'을 규정할 때 이 두 연구보다 훨씬 넓은 층위에서 화자의 의해 시작되거나 제시되는 것은 물론이고 이것 이외에 화자의 주도 하에 이루어지는 발화 상황이라면 모두 이 부류에 넣어 '화자의 주도적 담화'라는 범주에 포함시킬 것이다.

에 따라 하위분류한다. 전자를 '발화 내용의 연결', '망설임 표시', '발화 명확성 확보', '발화 내용에 대한 태도 표시' 등으로 나누며 후자를 크게 '청자 주의 집중시키기'와 '청자에 대한 태도 표시'로 양분할 수 있다. '호응적 담화 운용 표지'의 경우, 간단명료하게 '선호적 호응 표지'와 '비선호적 호응 표지'로 구분한 후 선행 연구에서 논의되었던 유사 표현(예: 응대법, 청자 반응 표현, 맞장구 등)의 분류 체계를 참고하여 기능에 따라 미세하게 세분화한다. '선호적 호응 표지'에 해당되는 것으로는 '동조 표시, 놀람 표시, 확인 강조, 관심 표시, 경청 표시' 등이 있으며 '비선호적 호응 표지'는 '발화 내용에 대한 부정, 불확실한 대답, 응답 회피, 완곡한 거절, 부정적 정서의 표출' 등으로 분류된다. 물론 이러한 분류법도 기타 선행 연구와 비슷하게 기능 실현의 중복성을 완전히 피할 수 없으나 그로 인한 혼란을 최대한 줄일 수 있을 것이다. 무엇보다 교실에서 담화표지의 기능을 인식시킬 때 화자 역할과 청자 역할의 구별에 주목한 이 체계는 매우 직관적이면서 친숙하게 느껴진다는 장점이 있다. 구어 담화표지의 구체적 기능과 각각 대표적인 예를 함께 제시하면 〈표 2-22〉와 같다.

〈표 2-22〉 한국어 구어 담화표지의 이원적 기능 체계

기능				대표적인 예
주도적 담화 운용 표지 (화자 역할)		화제의 도입과 전환		참, 그런데, 그래, 아니, 글쎄
	화제의 전개	발화 내용 연결하기		-아/어 가지고, 그래/이래 가지고, 막
		망설임 표시하기	시간벌기	이, 그, 저, 좀, 말이다, 글쎄, 무슨, 이제, 뭐지
			얼버무리기	이런/그런, 이렇게/그렇게, 그냥
		발화 명확성 확보하기	수정하기	아니
			부연하기	그러니까
		자기 발화 내용에 대한 태도 표시하기	강조하기	말이다, 막, 그냥, 뭐, 어디
			약화하기	좀, 그냥, 뭐
			부정적 태도 표출하기	그냥, 막, 진짜
		청자 주의 집중시키기		말이다, 자, 여기요, 저기요, 있잖아
		공손 태도 표시하기	부담 줄이기	좀, 저, 저기
			부정 진술 약화하기	좀
호응적 담화 운용 표지 (청자 역할)		화제의 종료		네, 예, 그래
	상대방 발화에 대한 선호적 호응 표지	동조 표시하기		그래(요), 그러니까(요), 그럼(요), 그러게, 그러게 말이다
		놀람 표시하기		진짜(요)?, 정말(요)?, 그래(요)?, 네?, 뭐?, -단/란/잔/냔 말이야? 아니
		확인 강조하기		말이야?
		관심 표시하기		어디
		경청 표시하기		네, 예, 그래(요)
	상대방 발화에 대한 비선호적 호응 표지	발화 내용 부정하기		뭐, 무슨, 글쎄(요), 어디
		불확실하게 대답하기		글쎄(요)
		응답 회피하기		글쎄(요), 좀
		완곡하게 거절하기		글쎄(요), 좀
		부정적 정서 표출하기		진짜, 정말, 참, 그냥, 저런

▌4.4. 구어 담화표지의 교육 내용 범주

구어 담화표지를 특정한 교수 항목으로 설정한 후 교육 실천에 옮길 때 구체적으로 어떤 측면의 정보를 학습자들에게 제시해야 하는가라는 질문이 제기된다. 담화표지가 한국어교육에서 각광받기 시작한 것은 비교적 최근의 일이고 아직까지 교육 전반에 대한 체계적인 논의가 부족한 상황이다. 따라서 교육 내용을 논리적으로 구축하려면 불가피하게 다른 교육 항목(예: 어휘, 문법 등)의 이론적 접근 방식을 참고하게 된다. 여기서 라슨 프리먼(Larsen-Freeman, 1991, 1995, 2001, 2003)이 제안한 삼차원적 문법 교육 모형을 주목해 보자. 그는 형태(form), 의미(meaning), 화용(use) 세 가지 측면으로 구분하여 문법 교육을 논의하였다. 이에 따르면, 하나의 표현 형식은 일정한 문법적 형식과 그에 따른 일정한 의미로 작용하되 특정한 사회적 담화의 사용 맥락에서 기능하게 된다. 문법이란 단순한 언어 단위의 구조체나 규칙의 집합체로만 볼 수 없으며, 언어 사용의 장면(상황, 맥락), 작용하는 의미, 언어 형식이 삼위일체로 얽혀 기능하는 것이다(민현식, 2008:272). 또한, 구본관(2012:277)에서 한국어 문법의 교수·학습 연구 중 '문법 내용의 측면'에 대해 논의할 때 문법은 언어의 전 국면을 포함하는 것이어야 하므로 다음과 같은 언어 측면을 제시하면서 어느 한 측면만을 강조하는 것이 적절하지 않다고 밝혔다.

〈표 2-23〉 언어의 제 측면과 언어학 연구 분야

언어의 측면	소리	구조		의미(기능)[64]	
		단어 형태	문장 형식	단어 혹은 문장 의미	(의사소통 활동에서의) 담화 기능
언어학 분야	음운론	형태론	통사론	의미론	화용론

3차원적인 모형이든 5차원의 모형이든 구체적인 언어 교육에 적용시킬 때 목표 교육 항목의 특성에 따라 변형시킬 필요가 있으며 구어 담화표지도 예외가 될 수 없다. 우선 두 가지 모형에 공통적으로 제시되어 있는 것으로 형태적, 의미적, 화용적 측면이 있다. 담화표지를 학습자들에게 제대로 교수하려면 이 세 가지 측면에 대한 지도가 필수적이라고 본다. 이어서 '통사적' 측면을 보자. 구어 담화표지는 문장과 독립적으로 존재하므로 통사적 제약을 엄격하게 받지 않는다는 특징으로 인하여 '통사적 측면'을 간략하게 소개하면 되며 별도로 강조할 필요성이 취약하여 이를 형태론에 통합시켜 '형태·통사적'이라는 측면에서 다루면 충분하다고 생각된다. 마지막으로 현실 언어에서 구어 담화표지가 보이는 음운적인 특징을 보면, 이들이 의사소통 활동에서 화자의 태도나 의도를 표현하기 위해 매우 다양한 억양(어조, 길이, 세기 등)으로 발화된다. 상황에 따라 부자연스

---

64 한국어교육 분야의 많은 연구에서 의미, 기능 등을 매우 혼란스럽게 사용하고 있는 실정이다. 이 문제를 인식한 구본관(2012:279-281)에서는 사용상의 혼란을 줄이기 위해 '의미'는 단어나 문장 차원에서의 의미를 지칭하는 용어로, '(사용)기능'은 담화 차원에서의 의미를 지칭하는 용어로 구분하여 사용할 것을 제안하였다. 필자도 이 견해에 전적으로 동의하여 수용한다.

러운 억양이 적절한 의사 표현에 큰 지장이 될 수 있기 때문에 담화
표지의 음운적 정보는 다른 측면에 못지않게 주요하게 제공되어야
한다고 본다. 게다가 담화표지가 주로 구어에서 실현된다는 특성만
보더라도 음운적 측면을 아무리 강조해도 지나치지 않을 것이다. 이
로써 필자는 온전하고 바람직한 교육적 효과를 지향하여 구어 담화
표지의 교육 내용 범주를 〈표 2-24〉와 같이 제시한다.

〈표 2-24〉 한국어 구어 담화표지의 교육 내용 범주

음운적	형태·통사적		의미적	화용적
높낮이, 악센트, 장단, 실제음 등	형태: 축약형, 변이형, 조합형 등, 선행 요소와의 결합 형태	어원어와의 연관성, 의미의 변화 (원시적 의미에서 화용적 의미로의 확장)	맥락 속의 담화 기능, 사회문화적 요소(친밀도/연령 등) 고려
	통사: 문장과의 독립성, 높임법, 서법 등		

음운적인 정보는 음의 높낮이, 강약, 장단, 실제음 등에 관한 것이고
형태적 정보는 구어 대화에서 실현되는 다양한 형태, 선행 요소와 공
기 관계를 이룰 때 생기는 형태상의 변화 등을 포함한다. 통사적 정보
는 문장 안에서의 출현 위치가 매우 자유롭다는 특징, 문장과 분리된
채 임의적으로 사용 가능하다는 주요 특징을 부각시킨다. 또한 높임법,
서법 등의 제약이 따르면 이에 대한 설명도 제공되어야 한다. 의미적
인 정보를 학습자들에게 설명할 때 목표 담화표지가 어원어에서 어떻
게 전성되어 담화표지로 기능하게 되었는지, 의미 변화가 어떠한지를
소개한다. 이때 중국어권 학습자의 모어 지식을 적극적으로 활용하여
자국어와 대조하는 것이 효과적인 교수 전략이 된다. 마지막으로 담화

표지의 실제 사용을 활성화시키려면 담화 기능에 대한 상세한 지도가 중요하다. 담화표지의 사용 여부에 따른 발화 효과의 차이가 무엇인지, 일단 사용되면 맥락상 어떠한 특수한 기능을 하는지에 대한 설명은 물론 대화의 성격(공적/사적), 대화참여자의 관계 등 요소에 따라 어떻게 적절하게 사용해야 하는지에 대한 제시도 빠질 수 없다.

담화표지 교육의 내재적인 내용적 구성 요소가 정해지면 이들을 어떠한 순서로 가르쳐야 하는가의 문제가 바로 이어 제기된다. 여기서 말하는 교육 순서는 거시적으로 보면 앞서 제시한 교육용 목록 중 어떤 담화표지부터 가르쳐야 할지에 대한 것이고, 미시적인 차원에서는 담화표지 하나하나를 단위로 설정하고 해당 표지에 대한 세세한 교육 내용을 배열하는 것에 해당된다. 전자의 경우 담화표지 각각의 어원어(일반적인 어휘나 문법 형태로 되어 있는 것)가 교재에 출현하는 순서를 주된 참고 기준으로 활용할 만하다. 어원어의 기본적인 용법을 숙지시킨 후 의미나 기능의 확장적 변화에 따라 점진적으로 담화표지의 용법을 가르치는 것이다. 즉 어원어의 '기본적 용법' ⇒ '담화표지로서의 용법'의 순으로 내용을 배열하면 된다.

이어서 담화표지 하나하나의 다양한 용법을 교육 내용으로 다룰 때 구체적으로 어떠한 순서대로 학습자들에게 제시해야 하는지를 살펴보자. 보통 한국어교육에서 위계화의 기준으로 늘 거론되는 것으로는 빈도, 난이도, 복잡도, 교수·학습의 용이성(민현식, 2003; 국립국어원, 2011) 등이 있다. 크게 보면 난이도는 복잡도, 용이성 등과 겹치기도 한다. 이들 기준은 어휘나 문법 교육 분야에서 널리 사용되는 것으로 담화표지 분야에도 적용될 수 있을 것이다. 여기서 우리는 대부분 담화표지의 특수성에 주목하여 문법화 단계에 따른 난이도 위계화를 특히 강조하고자 한다. 또한 교육 대상인 중국어권 학습자들의 특성을 고려하여 모국어와의 대응 정도에 따른 난이도 기준으로 삼고자 한다. 사실 이 양자에 근거한 난이도의 판단 결과가 항상 일치하게 나온다. 중국어로 번역 가능한 어원어가 문법화가 진행됨에 따라 담화표지로 변하는 데 그 과정에서 해당된 중국어 표현을 점점 찾을 수 없게 되어 학습자의 모어 지식만으로는 그 용법을 이해하기 어려워지기 때문이다.

구어 담화표지 중 분명한 문법화 과정을 겪은 것들이 많다. 문법화의 정도성 차이로 말미암아 학습자들에게 주는 어려움의 정도도 다르기 십상이다. 이때 원형 관련성이라는 개념을 도입할 수 있는데, 문법화가 덜 될수록 그 내포 의미가 원형적인 것과 공유하는 부분이 많아지고 이에 따라 학습자들에게 더 익숙하게 느껴지고 난이도도 떨어진다. 반대로 문법화가 진행될수록 의미의 변이 정도가 커지면서 원형과의 관련성이 낮아져 난이도도 높아진다(방성원, 2004:107). 구어 담화표지 '-가지고'를 예로 들어 원형성에 따른 학습 난이도를 살펴보면 아래와 같다[65].

(1) ㄱ: 이 인형 좋아해?

ㄴ: 응, 너~무 귀여워.

ㄱ: 그럼 네가 <u>가져</u>. 你<u>拿去</u>吧.

(2) 비가 와요. 우산 <u>가지고</u> 가요. 下雨了, <u>拿着/帶着</u>雨傘去吧。

---

65 이 부분의 내용은 유나(2014: 186-188)의 내용을 참조하였다.

위의 예문에서 '가지다'는 사전적 의미를 그대로 쓰고 있는데 (1)
에서는 어떤 물건을 자기 것으로 만든다는 '소유'의 의미를 나타내
고 (2)는 수반의 뜻을 더 강하게 드러낸다. 해당 중국어 표현은 각각
"拿"와 "帶"이다.

(3) 요즘은 기계(를) <u>가지고</u> 농사를 짓는다.

(4) 자꾸 나(를) <u>가지고</u> 놀리지 마.

(5) 서점에서 책을 잔뜩 사 <u>가지고</u> 왔다.

　　　맛있는 김밥을 해 <u>가지고</u> 회사로 갔다.

(6) ㄱ. 아까 밥을 많이 먹어 <u>가지고</u> 아직도 배불러.

　　　ㄴ. 그렇게 놀아 <u>가지고</u> 시험에 붙겠니?

　　　ㄷ. 선물 받은 꽃이 하도 예뻐 <u>가지고</u> 사진 많이 찍어놨어.

(3)과 (4)의 경우, '가지고' 뒤에 '가다', '오다'와 같은 이동성 동사
가 따라오지 않는다. (3)의 '가지고'는 기계가 농사를 짓는 수단이나
방법이 되었음을 더 강하게 나타내고 (4)의 '가지고'는 선행 성분이
더 이상 물건이 아닌 사람이 되어 '나'가 '놀리다'의 대상이 됨을 강
조하고 있어 (1)과 (2)보다 소유나 수반의 근원적인 의미가 탈색되고
순수한 동사의 용법이 약화되며 사용의 수의성도 동시에 증가된다.
이는 '가지고'의 문법화 과정이 막 시작되고 있는 단계라고 볼 수 있
으며 중국어의 해당 문자적 동사 표현인 "拿"와 "帶"로 번역할 수 없
게 된다. 또한 동사나 형용사 등 용언이 앞에 출현하여 '-아/어 가지
고'의 구성으로 쓰이면 '가지고'의 문법화 발달이 더욱 두드러지게

나타나게 된다. (5)의 경우에 '가지고'는 '사다', '하다'와 같은 실제
적으로 일어나는 구체적인 동작을 나타내는 타동사 뒤에 쓰여 '연속
동사 구성'(이정애, 1998:54)을 이루어 그 행위의 결과나 상태가 계
속적으로 유지됨을 강하게 표현한다. 이때 앞에서 목적어를 취하여
'수반'의 의미를 보유하고 있으나 '사다'와 '하다'에 부속되어 있다
는 점에 의거하여 볼 때 보조 동사로 변환되면서 기본 의미가 이미
약화되어 선후로 일어나는 사건을 계기적으로 연결시켜 주는 담화
기능(손혜옥, 2012:214)을 가지게 되었음을 확인할 수 있다. 한편, (1)
과 (2)에서의 불가결한 존재와 달리 여기서 '가지고'는 필수적으로
사용해야 하는 것이 아니고 이와 비슷한 의미와 기능을 지니는 연결
어미 '-아/어', '-아/어서' 등으로의 대체가 가능해진다. 계속해서 (6)
을 살펴보면 '가지고'의 구성이 타동사(6ㄱ) 이외에 자동사(6ㄴ), 형
용사 뒤(6ㄷ)에도 나타나기 시작하여 훨씬 다양한 담화 맥락에서의
사용이 허용되며 본래의 동사로서의 뜻을 거의 확인할 수 없을 정도
로 원형적 의미와의 거리가 더 멀어졌음을 쉽게 알 수 있다. 그리고
이때 선행절과 후행절을 연결해 주는 인과적 담화 결속 기능을 하고
있으며 생략도 가능하다. 정리하자면, 여기서 '-가지고'는 고유의 의
미를 거의 상실하였고 통사적인 제한을 받지 않으며 명백한 기능을
수행하고 있으므로 문법화가 한층 더 진행되고 원형 관련성이 더 떨
어진다고 볼 수 있다. 앞의 논의를 바탕으로 담화표지로서의 '가지
고'는 문법화의 정도, 즉 원형과 관련된 정도에 따라 학습 난이도를
(3) ⟨ (4) ⟨ (5) ⟨ (6ㄱ) ⟨ (6ㄴ) ⟨ (6ㄷ)로 매길 수 있다.

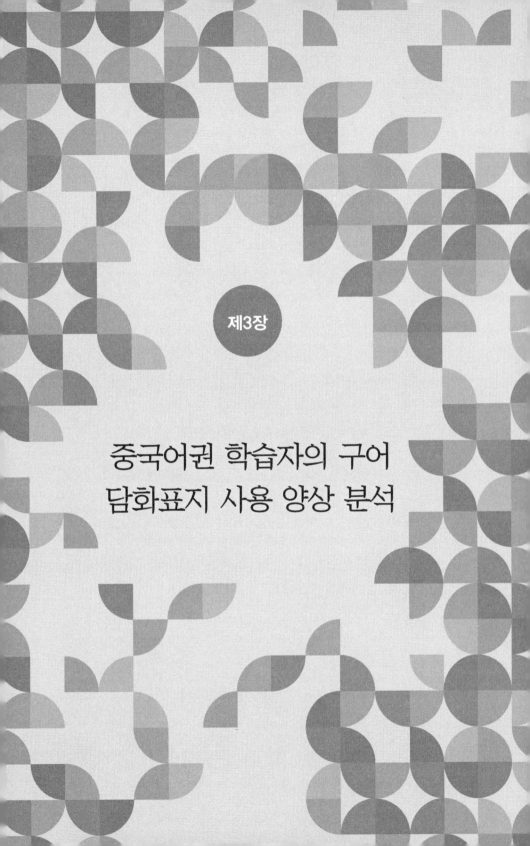

제3장

중국어권 학습자의 구어
담화표지 사용 양상 분석

중국어권 학습자를 위한
한국어 구어 담화표지 교육 연구

이 장에서는 중국어권 학습자가 산출한 일상대화 자료에서 한국어 구어 담화표지가 사용되는 양상을 기능별로 살펴보고 그 경향이나 특징을 규명할 것이다. 학습자의 실제적인 사용 양상을 질적으로 분석하기 위하여 한중 언어·문화적 차이에 입각한 대조분석, 심층 인터뷰, 학습자의 양 집단 간 및 한국어 모어 화자 집단과의 비교 등 방법을 종합적으로 활용할 것이다.

필자는 대화가 이루어지는 동안 화자가 그때그때 맡는 주(主)-역할에 착안하여 구어 담화표지를 분류하고자 한다. 여기서 말하는 '주역할'의 개념은 상대적인 개념으로 화자 역할과 청자 역할을 포함한다. '화자 역할'이 행해질 때, 즉 대화의 흐름이 화자의 발화 내용을 구조화하는 것에 치중되어 있으면 이 담화를 '화자 주도적 담화'라고 부르고 반대로 발화자가 상대방의 발화에 대한 호응을 보여 '청자 역할'을 행할 때 해당 발화를 '화자 호응적 담화'라고 규정한다. 이처럼 '화자 주도적 담화'와 '화자 호응적 담화'의 이분법에 따라 해당 구어 담화표지도 각각 '주도적 담화 운용 표지'와 '호응적 담화 운용 표지'로 양분된다. 또한 각각의 유형은 다양하게 하위분류된다. 이 부분에서는 이러한 기능 체계에 따라 한국어 구어 담화표지에 대한 중국어권 학습자의 사용 양상을 세밀하게 분석하고자 한다.

주도적 담화 운용 표지

    화자가 대화에서 주도적 담화 운용 표지를 사용하여 화제를 통제하는 능동적인 역할을 한다. 그러므로 주도적으로 담화 내용을 구조화하는 것은 화제 진행 조정과 관련되는데 우선 거시적인 차원(문장 이상의 단위)에서 하나의 화제를 단위로 설정하여 그것의 도입/전환, 전개, 종료 등으로 나눌 수 있다. 그리고 화제를 전개하는 과정에서 각 화제를 구성하는 여러 하위 단위, 일반적으로 문장 단위에서 해당 발화 내용에 대한 화자의 의도나 태도를 미시적으로 분석할 수 있다. 위의 각 단계에서 구어 담화표지는 활발하게 사용되었다.

▌1.1. 화제의 도입과 전환

화자는 자기의 말차례에서 담화표지를 사용하여 화제를 도입하거나 전환할 수 있다. 어느 새로운 화제를 도입함과 동시에 진행되었던 화제를 중단시키는 경우가 많으므로 필자는 이 두 가지 경우를 합쳐서 논의하고자 한다. 화제의 도입과 전환 기능을 수행하는 각각의 담화표지를 살펴보면 다음과 같다.

[1] 참

'참'은 화제의 도입과 전환 기능을 수행하는 데 있어 고빈도로 사용되는 대표적인 담화표지이다. 화자는 한 차례의 발화 안에서 '참'을 사용함으로써 앞에서 말했던 화제를 중단시키는 동시에 후행되는 화제를 다른 것으로 도입할 수 있다.

[CCF01-KF03: 한국의 유학 생활-취업]

KF03:　　그 이번에 취직해서 맛있는 거 사 준다고..

　　　　　// CCF01: 인턴을 하면 바로 취직되는 거예요?

KF03:　　아니, 전환될 수 있어요. 나중에 정규직, 정규직 취직되는
　　　　　거죠.

CCF01:　네.

KF03:　　그리고 인턴에서 진짜 잘하는 애들 정규직으로 전환해 준
　　　　　다고.

CCF01:　아, 그것도 회사에 따라 다른 거 아니에요? 좋은 회사, **참,**

엘지 들어가는 그 친구 00?

KF03: 00? 00이는 지금 스페인에 갔어.

CCF01: 스페인?

KF03: 그거 합격하고 스페인에 갔어.

이 대화는 학습자 CCF01과 한국인 친구 간에 이루어지는 자유로운 대화 중 취업과 관련된 부분이다. 이 학습자는 친구에게 좋은 회사에서 인턴을 잘 하면 정규직으로 전환할 수 있을 것이라는 말을 듣고 회사 내규에 따라 다 그런 것이 아니라는 회의 태도를 표현하는 도중에 '참'을 이용하여 갑자기 엘지에 들어간 친구에 대한 화제를 도입하였다.

또한 자기 발화 중의 위치뿐만 아니라 발화의 문두 위치에서 '참'을 사용하기도 하였는데 예시를 보면 다음과 같다.

[CCF03-CCF04: 한국 음악]

CCF04: 그 도완 씨는 그 남자를 불어, 불었어요.

CCF03: 아, 그래요? 아, 아, 처음 들어~본 것 같아요. 잘 불렀어요.

CCF04: **참**, 00 씨는 한국 가수 씨앤블루 좋아하잖아.

CCF03: 아, 너무 좋아요. 그 정용화 제일 좋아해요. ((웃음))

CCF04: 재미있어서.

CCF03: 그...음... 한국의 1년 동안 꼭 씨앤블루의 콘서트 한번 봐
야 하는 생각이 있어요.

이때 '참'은 짧은 발화 길이와 비교적 높은 음조의 억양 패턴을 가진다[66]. 중국어의 "對了"는 '참'과 의미적, 기능적으로 일대일의 대응 관계를 맺고 있을 뿐더러 운율적 특징도 다르지 않아 중국어권 학습자들에게 매우 용이하게 느껴진다[67]. 그들이 '참'을 자유롭게, 높은 빈도로 사용하고 오류를 한 번도 보이지 않았다는 것을 통해 이를 입증할 수 있다.

하지만 위 대화에서 학습자 CCF04는 화제를 전환할 때 '참'뿐만 아니라 '맞다'를 사용하기도 하였다.

[CCF03-CCF04: 한국 음악]

CCF03: 아, 누구예요?

CCF04: 그의 이름은 도완이에요.

CCF03: 아, 도완~알아요. 저도 좋아요. 도완.

---

66 2장에서 논의했듯이 현재 학계에서는 통일된 담화표지의 목록화 작업이 현실적으로 이루어지기 어렵고 그 기능도 연구자의 관점에 따라 다르게 규정되는 경우가 많아 의견이 분분하다. 이러한 연구 현황은 '참'의 기능 규정에도 선명하게 드러나고 있다. 기타 연구에서는 상술한 '참'의 기능을 화제 전환으로 규정하지 않고 주의 집중이라고 분류한 것들이 많다. '참'은 하나의 형태에 동시에 여러 기능이 탑재되어 있기 때문에 어느 한 가지의 기능으로 규정하는 것은 합리적이지 못하다. 따라서 이 부분에서는 개별적 용례를 분석함에 있어 그것이 사용되는 문맥을 충분히 고려하여 어느 기능에 더 치중되어 실현되는지를 기준으로 삼아 구체적 기능을 밝힐 것이다. 이 대화에서 여자 화자는 장기 자랑의 행사 장소를 알아보겠다는 이야기를 하다가 누가 사회를 보는지에 대한 화제로 돌렸다. 이때 '참'을 사용하는 전후 맥락을 살펴보면, 단순히 청자의 주의를 환기시키는 것보다 화제의 변화가 더 뚜렷하게 나타나므로 화제의 도입과 전환으로 분류하는 것이 더 타당하다고 판단된다.

67 때로 '참'은 '아'와 결합되어 '아, 참'의 형태로 출현하기도 하는데 기능상의 변화가 전혀 일어나지 않는다. 중국어의 가장 적절한 대역은 '아'를 함께 반영시키는 "哦, 對了", "啊, 對了"가 된다. '아, 참'은 '참'처럼 중국어와 완전히 대응되기 때문에 학습자들이 이를 어려워하지 않을 것이다.

CCF04: **맞다**, 박기영 씨 '그 여자' 알아? 알아요?

CCF03: 알아요.

'맞다'도 화자가 무엇인가 문득 생각나서 발화 도중에 해당 내용을 추가해서 발화할 때 사용될 수 있다. '맞다'는 중국어 표현 "對(정확하다, 맞다)"와 대응되므로 중국어권 학습자들은 모국어 발화 습관을 한국어로 옮겨서 '참' 대신 '맞다'를 사용하는 듯하다.

[2] 그런데

한국어 모어 화자들은 화제를 조정할 때 '그런데'를 선호하는 경향이 있다. '그런데'의 이러한 담화 기능을 잘 습득한 중·고급 중국어권 학습자들은 이를 원활하게 사용하여 자연스럽게 대화하는 모습을 보여 주었다.

[CCF12-CCF15: 한국 유학 생활]

CCF12: 제가 한국 있는 경험과 TV에서 보는 게, 한국에서 이상한 아저씨가 굉장히 많을 것 같아요. 한국 영화도 이런... 무서워요.

CCF15: 근데 00씨 알바 월급, 시급 얼마예요?

CCF12: 많지 않아요. 아마 1시간 4500원이에요.

(중략)

CCF12: 힘들지 않았어?

CCF15: 괜찮아요. 다 경험이에요. 좋은 경험이에요.

CCF12:　돈이 적지만 그 기분이 좋아요. **근데** 00씨 한국에 있을

　　　　때 알바 한 적이 없어요?

CCF15:　없어요.

　이상의 예시에서 학습자 CCF15는 발화의 첫자리에 '근데'를 사용
함으로써 앞선 화제를 종료시키고 화제의 방향을 돌리고 있다. 또한
CCF12는 한 번의 말차례에서 '근데'로써 새로운 화제를 자연스럽게
도입하고 있다. 이들 예시를 통해 우리는 학습자들이 '그런데'의 화
제 전환 기능을 잘 터득하였을 뿐만 아니라 축약형인 '근데'도 원활
하게 사용하는 모습까지 확인할 수 있었다.

　그런데 모어 화자에 비하면 중국어권 학습자들의 사용은 미숙해
보이기도 하였다. 우선, '그런데'의 출현 위치를 보면 모어 화자는 발
화의 맨 마지막 위치에 '그런데/근데'를 사용하곤 하는데 이러한 용
법은 학습자에게 한 번도 관찰되지 않았다.

[CKF09-KM02: 한국 유학 생활: 언어 공부]

CKF09:　있다면서요. 아니요. 가려고 했는데 시간이 좀 안 되는,

　　　　될 것 같아요.

KM02:　왜요. 왜 안 돼요?

CKF09:　그 표도 예약하지 않은데요.

KM02:　응. 예약해야 돼요. 지금 다 했을 텐데, 예약, 이미.

CKF09:　아마 표도.

KM02:　이승철 무슨 노래 좋아하는데요, **근데**?

CKF09: 저는 다 괜찮은데요. 뭐 가지 말아요. 이런 거.

또한 '그런데'의 선택·사용에 있어서 학습자 집단은 모어 지식에 기대어 사용하는 경향이 비교적 강하게 드러났는데 이는 연사(連詞)인 "但是"와 "不過"를 '그런데'와 대응시키는 모국어 전이 때문인 것으로 해석된다. 아래의 예시를 통해 이러한 모어 영향 관계를 구체적으로 살펴보자.

[CKF06-KF02: 한국 유학 생활]

KF02: 매운 게 땡긴다는 말이 무슨 뜻인지 이해해요?

CKF06: 자주 생각나?

KF02: 응. 먹고 싶어.

CKF06: 아.

KF02: 근데, 了解랑 理解랑 좀 달라요?

CKF06: 달라.

KF02: 뭐가 달라요? 둘 다 이해, 그냥 '이해하다' 아니에요?

CKF06: 비슷해.

(중략)

KF02: 똑똑하시나요?

CKF06: 응.

KF02: 很聰明.

CKF06: 맞아. (3)근데 이렇게 하면 잘 들릴지는 몰라.

KF02: 아니야. 근데 이게, 여기에 이거 표시 있잖아요. 이따가

들을 때도 이거 표시를 켜고 들으면은 크게 들려요.

이 대화에서 학습자 CKF06과 모어 화자 KF02는 화제를 전환할 때 각각 한 번씩 '근데'를 사용하고 있다. 표면적으로 보면 이 두 개의 '근데'는 비슷해 보이나 심층적인 사고 구조에는 질적인 차이가 있다. 위 예시의 경우, 한국어 모어 화자가 사용하는 '근데'를 음성적인 특징과 전후 맥락을 종합적으로 고려하여 자세히 분석해 보면, KF02의 발화 음조가 CKF06의 그것보다 약간 높고, 또한 뒤에서 휴지를 잠시 취함으로써 상대방의 주의를 충분히 환기시키는 반면, CKF06은 '근데'를 아주 빠르게 발화하고 휴지도 없이 바로 후행 발화로 이동하였다. 또한 맥락적으로 봤을 때, KF02의 '근데'는 선후 화제가 별개로 이루어지고 있는 상태에서 화제 간의 전환을 더 유연하게 나타내는 성격이 강한 데에 비해 CKF06은 '대화 녹음'이라는 선행 화제를 말하는 과정에서 대화 녹음을 부탁하는 사람에 대한 이야기를 하다가 녹음이 잘 될지에 대해 갑자기 걱정돼서 화제를 급하게 돌리는 것이다. 더 명료하게 설명하자면, 모어 화자는 화제 전환의 돌연성을 대폭 줄이면서 대화 연결의 매끄러운 순접성(順接性) 실현에 애쓰는 것이라면 중국인 화자는 화제의 역접(轉折) 관계를 '그런데'로써 더 잘 표현하는 편이라는 것이다. 이에 모국어의 전이가 작용하고 있다고 해석된다. KF02의 '근데'는 중국어 "但是/不過(그러나/그런데)"로 대역할 수 없으며 학습자 CKF06은 모국어 인지에 의거하여 발화 당시 머릿속에 역접 관계를 표시하는 연사 "但是/不過"를 상기하면서 그것을 '근데'로 번역하여 사용하는 경향이 높다.

이와 같은 용법은 다른 학습자의 발화 자료에도 다수 발견되었다.

[CCF18-CCF19: 한국 유학 생활]

CCF18: 우리가 기숙사 ??했을 때 맥주이랑 간식을 주었어요.

CCF19: 매주요?

CCF18: 예.

CCF19: **그런데** 기숙사에서 술을 마시는 것 금지했잖아요?

CCF18: 그날만 마셔도 돼요.

[3] 자

'참'과 비슷하게 구어 담화표지 '자'도 화제를 전환시킬 수 있다. 그리고 그 기능은 화제 전환인지 주의집중인지 아직까지 논란이 지속되고 있다. 우선 아래 예시를 보자.

(1) 남자: (전략) 그 대신 제가 오늘 맛있는 점심 살게요.

리에: 그렇게 아무 일도 아닌 거 가지고 점심을 사고 그래요? 그냥 잊어버리세요.

남자: 아니에요. 이런 기회에 리에 씨와 같이 이야기할 수 있게 되어서 오히려 더 잘 됐어요. 자, 어디로 갈까요?

(연세한국어3, 제7과-듣기 지문)

(2) 과장: 자, 여러분, 잠깐만요. 이 분은 이번에 새로 입사한 빌리 화이트 씨에요. 앞으로 우리 과에서 해외 홍보를 담당

하게 되었습니다. 빌리 씨, 자기소개 좀 부탁해요.

(경희대 한국어 중급1, 제3과)

위의 두 예시를 비교해 보면, (1)에서 남자는 리에의 완곡한 거절을 받아들이지 않고 점심을 꼭 사 주겠다는 의사를 표시함으로써 점심을 하는 여부의 화제를 마무리하고 '자'를 사용하여 점심을 어디서 하는지의 화제로 유도하고 있다. 하지만 (2)에서 화자인 과장은 과의 직원들에게 신입 회원을 소개하려고 발화의 맨 처음에 '자'를 넣어서 직원들의 주의를 요하고 있다. 이때 선행 화제가 없으므로 화제 전환 기능의 실현이 불가능하며 주의집중 기능으로 보는 것이 타당할 것이다. 따라서 (1)의 '자'는 화제 전환 기능이 더 강하게 나타나며 (2)의 '자'는 주의집중 기능으로 규정하는 것이 타당하다. '자'의 이러한 기능은 뒤의 '청자 주의 집중시키기' 부분에서 더 자세히 논할 것이다.

'자'에 해당되는 중국어의 대응 표현은 상당히 복잡하다. 일반적으로 중국어에서 화제를 바꿀 때 아무런 언어적 장치를 사용하지 않고 예고 없이 새로운 화제를 꺼내는 경우도 있고(중간에 휴지를 취할 수도 있음), 굳이 말로 나타내면 다양한 언어 형식을 동원할 수도 있다. 예를 들어, 다양한 어기사들, 일부 담화표지(예: 那, 那个, 好 등)가 있다. '자'의 경우 대화 상황에 따라 여러 표현으로 번역할 수 있다.

학습자들의 대화 전사 자료를 분석한 결과, 그들이 '참'보다 '자'를 훨씬 드물게 사용하였다. 여기에는 학습자의 모국어 사용 습관이 중요한 영향을 미치고 있는데 이는 아래와 같은 인터뷰 결과를 통해 확인되었다.

> 인터뷰 학습자 5: 나는 앞의 화제가 다 끝나고 다른 화제로 이동
> 할 때 개인적으로 "那(그럼)", "那个(그)" 등등
> 사용하는 것을 좋아한다...(중략) '자'는 딱히 대
> 응된 중국어 번역이 없다. 그래서 나는 중국어
> 의 번역대로 그런 표현을 사용하고 '자'를 자주
> 사용하지 않는다.

[4] 그래

'그래'도 대화에서 빈번히 사용되는 화제 전환 표지이다.

[CKF02-KF11: 한국 유학 생활]

CKF02: 그 언니가 지금 사귀고 있는데요?

KF11: 응, 그 요즘에는 직장도, 한국에서 직장 찾았잖아. 직장
도 한국에서는 좀 일이 바쁘니까 그리고 직원 중에 무역
회산데 직원 중에 중국 사람이 한 명밖에 없대. 그러니까
할 일이 많은 거고. 음 그리고 데이트도 하고 엄청 바쁜
것 같애((웃음)).

CKF02: 그럼 언니도 그 뭐 잘 생겼어요?

KF11: 응. 키도 크고 예쁘지. 몸매도 이쁘고. 그리고 사람이 되
게 좋아. 사람이 정말 좋아 ○○이. **그래**. 아무튼 나이 어
린 게 정말 부럽다. 나도 한 10살만 젊었으면((웃음)).

CKF02: 선생님 지금도 행복해요.

이 대화에서 KF11은 CKF02가 제기하는 '그 언니'에 대한 질문의 답으로 그 사람과 관련된 정보를 알려 주고 나서 화제를 돌려 어린 사람을 부러워하는 심정을 토로하고 있다. 이때 앞의 화제를 자연스럽게 마무리하고 새로운 화제를 도입할 때 '그래'를 활용하고 있다. 중국어에서는 '그래'를 일반적으로 "好"나 "是啊" 등 감탄사로 번역하는데 상황에 따라 대화의 자연스러운 흐름에 지장을 주지 않은 범위에서 잠시 휴지를 두기도 한다. 특히 사적인 대화에서 친한 사이의 사람들이 발화 도중에 침묵을 가지는 경우가 더 많은 듯하다. '그래'는 형태적으로 쉽고 의미적으로도 중국어와 대응하기 때문에 학습자들은 이를 이해하고 사용하는 데 큰 어려움이 없다고 짐작된다. 그래도 그들은 대화에서 '그래'를 활발하게 사용하지 않은 모습을 드러냈는데 조사 대상 CC집단과 CK집단 중 각각 한 명의 학습자가 이러한 화제 전환 기능의 '그래'를 한 번씩 사용하였다. 해당 예시는 다음과 같다.

[CCF03-CCF04: 대학 생활-수업]
CCF03: 꼭 한 번 읽어보는 책이다. 정말 읽을 만해요.
CCF04: 알았어, 꼭 읽을게요.
CCF03: 그럼 우리 지금 도서관에 가, 아, 아니야, 아냐, 아냐, 지금 시간 봐 봐. 이미 밥 먹는 시간이 됐다. **그래.** 우리 같이 먹을까? 먹은 후에 도서관에 가자.

[CKM01-CKM02: 한국 유학 생활-수업]

CKM02: 나 혼자서 공부하기 좋아해서. 몰라?

CKM01: 니가 그런...

//CKM02: 난 너랑 같이 공부하는 적이 많이 있었어?

CKM01: 내가 싫어서.

CKM02: 아. **그래**. 그러면 내가 누구한테 항상 같이 공부하냐고.

CKM01: 난 몰라.

CKM02: 없어. 원하는 그런 사람 없는데.

인터뷰를 실시한 결과, 상당수의 학습자들은 '그래'를 상대방의 발화에 대한 반응 표지로 주로 사용하고 있으며 자기의 말차례에서는 앞선 화제를 종료하고 다른 화제로 넘어갈 때 '그래'를 실현하지 않고 단도직입적으로 다음 화제를 바로 꺼내는 것이 더 편하고 경제적이라고 응답하였다. 이는 한·중의 일부 언어·문화적 차이에서 비롯된 현상이라고 볼 수 있다. 즉 중국어는 한국어에 비하면 상대적으로 직설적이고 문자적 기제인 전환 표지를 덜 빈번하게 사용하는 경향을 보인다는 것이다.

[5] 아니

모어 화자들은 화제를 전환할 때 '아니'를 사용하기도 한다. 이때 여타 화제 전환 표지와 구별되는 것은 '아니'는 어원어 자체가 지니고 있는 부정적 의미 때문에 상대방의 발화 내용에 대한 약한 부정적 태도를 표출하면서 전에 주고받던 핵심적 주장과 다른 방향으로 화제를 이끌어 가는 역할을 한다는 점이다.

[CKF02-KF11: 한국 생활-취직]

KF11: (전략) 비자문제는 학교에서도 해결할 수 있는 상황이

아니어서 나중에 00가 그걸 포기하더라고. 비자 때문에

아쉬웠지.

CKF02: 너무 아쉬워요.

KF11: 응. 아무튼 한국에서 직장 가져서 한동안 있는 것도 괜찮

을 것 같아.

CKF02: 진짜 좋은 기회

//KF11: 아니.

CKF02: 아쉬워요.

KF11: **아니** 다른 학교들을 찾아보면 아마 기회가 있을 것 같아,

다른 학교도 행정적으로(후략)

이 대화에서 KF11은 CKF02를 가르쳤던 교사이자 선배이다. 두 사람은 공통적으로 알고 있는 친구가 비자 문제 때문에 좋은 직장을 포기했다는 얘기를 하고 있다. CKF02는 그 친구가 좋은 기회를 놓쳐서 매우 아쉽다고 말하는 가운데 화자 KF11은 '아니'를 사용함으로써 이러한 아쉬움에 대한 대화의 흐름을 끊고 취직난으로 인한 상대방의 걱정을 덜어주기 위해 다른 기회도 있을 것이라고 격려하는 방향으로 화제를 돌렸다. 특히 첫 번째의 '아니'는 화자의 끼어듦을 더 명확하게 드러내고 있다[68]. CKF02도 청자의 이러한 의도를 알아

차려 발언권을 바로 양도해 주었다.

'아니'의 사용 환경을 보면, 보통 대화참여자 중 동등한 지위에 있는 친한 사람 간, 또는 화자가 아랫사람에게 말할 때 주로 쓰인다. 이때 '아니'는 중국어의 대역어 "不是"와 어휘적 의미가 똑같을 뿐만 아니라 담화표지로 변하는 과정도 비슷하므로 담화 기능도 별 다를 바가 없다.

(几个老同學在飯店里)(오래된 친구 3명이 식당에서 대화하고 있다.)

A : 你怎么老愛穿新鮮色的衣服啊？

　　넌 왜 자꾸 밝은 색 옷을 입냐?

B : 老了唄, 人家不是說嘛 : 年輕人喜歡穿素, 裝裝深沉, 年紀大了

　　나이 들어서 그렇지. 다들 그런 말을 하잖아. 젊은 사람들은

　　수수한 색깔의 옷을 입지, 어른처럼 보이려고. 나이 먹으면

　　//C : 不是，你現在有沒有男朋友呢？我們倆的孩子可都上幼儿

　　　園了，你得抓緊了.

　　아니, 니가 지금 남친이 있어, 없어? 우리 애들은 벌써

　　유치원에 다니는데 너도 빨리 따라와.

(劉麗艶, 2005:92의 예문)

---

68 교재에서의 '아니'는 대화참여자의 규범적인 발화 순서를 지키면서 제시하는 경우가 대부분이므로 현실 대화에서 화자가 상대방이 발화하는 과정에서 수시로 끼어들어 '아니'를 사용하는 모습을 담아내지 못하고 있다.

　　민철: 얼마나 당황했는지 몰라요.

　　리에: 아니, 결제가 왜 안 됐는데요? (연세한국어 4-2, 제8과)

친구 세 명 간에 이루어지는 위 대화를 보면, B가 A의 질문에 대답하다가 핵심적인 설명('나이가 들어서')을 말한 뒤 C는 B의 후속적 부연 설명을 끝까지 들으려고 하지 않고 "不是"를 동원하여 이 화제를 중단시키는 의사를 표명하면서 B에게 다른 질문을 던지고 있는 장면이다. "不是"는 한국어의 '아니'와 완전히 동일하므로 모국어에 대한 인지가 확보되어 있는 성인 학습자들은 이러한 '아니'를 이해하고 사용하는 데 전혀 지장이 없음이 분명하다. 인터뷰 결과도 이와 비슷하게 나타났으며, 대화 자료 중 실제 사용 사례가 양적으로 많지 않지만 사용상의 적절성은 매우 높게 나왔다. 아래 대화는 이러한 적절한 사용 모습을 보여 주는 예시 중의 하나이다.

[CKF06-KF02: 한국 유학 생활]

CKF06: 그래서 처음 왔을 때 친구 다 성인이잖아. 친구의 신분증을 빌려서 핸드폰 샀어. 그때는 미성년이야.

KF02: 왜 미성년이 신분증 못 써요?

CKF06: 20살 전에 핸드폰 못 사잖아. 아냐?

KF02: 아닌데.

CKF06: 진짜?

KF02: 아, 외국인이라 다른가?

CKF06: 모르는데, 그때는 내가 미성년이어서 핸드폰
//가: 우리 지금 고등학교, 초등학교 핸드폰 써요.

CKF06: 아니, 그 부모님 명의 빌리는 거 아냐?

KF02: 맞아요. 맞아요.

CKF06:   그치?

KF02:   응~아~ 언니 명의를.

CKF06:   응.

위의 예시는 학습자 CKF06이 자기보다 나이가 어린 한국인 친구와의 대화이다. 두 사람의 사이가 비교적 친하므로 CKF06은 풍부한 담화표지를 사용하고 있다. 화제 전환 기능을 하는 '아니'의 사용은 그 중의 하나이다.

전반적으로 학습자들이 일상대화에서 '아니'를 별로 활발하게 사용하지 않았다. 이에 대한 인터뷰 대상자들의 공통적인 답을 보면 우리는 양 언어의 사용 습관 차이를 찾을 수가 있다.

- 일반적으로 우리는 중국어로 말할 때 "不是"를 아주 자유자재로 써요. 그런데 한국어의 '아니'는 보통 부정적 답을 말할 때 써요. 이러한 용법(화제의 도입/전환)으로 사용하려면 상대방에 대한 예의가 아닌 것 같아요. 상대방이 말하고 있는데 무엇을 말할 건지 잘 들어야 돼요.
- 한국인들이 대화하는 거 보면 말투가 아주 부드럽고, 함부로 상대방의 말에 안 끼어들어요. 그래서 한국 친구랑 말할 때도 그의 말이 다 맞다고 생각하지 않는데도 '아니'를 잘 쓰지 않아요.
- 아주 친하지 않은 사이라면 쓰지 않아요. 교재에서도 이런 용법이 없어서 잘 안 써요.

인터뷰 결과를 통해 우리는 중국어보다 한국어가 더 부드럽고, 한국인 친구와 대화할 때 최대한 예의 바르게 하려고 상대방 발화 도중에 끼어들려고 하지 않는다는 심리를 파악하였다. 이에 대해 좀 더 자세히 살펴보면, 한국인 친구와의 친밀도 요인이 크게 작용하고 있을 수 있고 개인적 언어 습관 및 성격, 대화 방식에 대한 인식 등 제반 요소가 어느 정도 영향을 미치는 것으로 추론할 수 있다.

[6] 그러니까

'그러니까'는 원래 접속부사로서 앞 문장과 뒤 문장의 인과 관계를 표시해 준다. 또한 담화표지로 쓰일 때 여러 기능을 행사하는데 그 중의 하나는 화제 도입/전환 기능이다. 이때 어원어의 의미로부터 영향을 받아 화·청자가 공통적으로 알고 있는 정보가 대화의 배경 지식을 구성하는데 이러한 배경 상황 때문에 화자는 이에 대한 화제를 시작하는 것이다. 구체적인 예시는 다음과 같다.

> **[CKM01-CKM02: 한국 유학 생활-수업]**
> CKM01: 녹음 되지? 지금은 녹음되는 거..
> //CKM02: **그니까** 지금은 중국인 외국인이랑 얘기하는
> 거야 아니면 한국인이랑 얘기 하는 거야?
> CKM01: 그게 일정하지 않아. 나 한국 친구 없잖아. 우리 한국말
> 로 할 수 있으면 돼.

학습자 CKM01과 CKM02는 한국에서 동일한 대학교를 다니고 있

는 친한 친구이며 룸메이트이다. CKM01은 필자의 요청으로 대화 채록에 참여하게 되었는데 대화 파트너를 자신의 룸메이트 CKM02로 정하였다. 녹음을 도와 달라는 부탁을 받고 CKM02는 구체적 요구 사항에 대해 궁금한 것이 있어서 녹음을 시작하기 전에 묻고 있는 장면이다. 이때 그는 질문의 내용을 도입하기 전에 '그러니까'의 축약형 '그니까'를 사용하고 있다. 이러한 용법은 중국어권 학습자에게 드물게 관찰되었는데 학습자 CKM02의 능숙한 사용은 2년이 넘은 한국 거주 경험과 연관이 깊다. 유학하는 동안 이 학습자가 한국인의 발화 습관을 유심히 관찰하여 말하기 연습을 꾸준히 하고 있다고 조사되었다.

[7] 글쎄

> 가: 날씨 참 좋지? 오늘 같은 날은 교외로 가서……야, 뭘 그리 생
>   각하니? 내 말은 하나도 안 듣고.
> 나: (딴 생각하다가 놀란 얼굴로) 응? 응. **글쎄**, 이번에 시험 거부
>   한 사람들 모두 F라나 봐. 과대표 만나 봤니?
> 가: 정말이야? 야, 잠깐, 우리 이러고 있으면 어떻게 해?
>
> (이해영, 1994:139)

위 예문에서 화자(나)는 한 차례의 발화 순서 안에 '글쎄'를 사용하였다. (가)의 선행 발화에 언급되는 화제를 이어 말하지 않고 '글쎄'를 삽입함으로써 '이번 시험에 거부한 사람들에게 모두 F학점을

준다'는 완전히 다른 화제를 이끌어낸다. 이때 중국어에서 딱히 대응되는 표지가 없으므로 번역할 때 대화 상황을 고려하여 영표지로 대응할 수도 있고 화자의 발화 심리에 가장 근접한 표현으로 다양하게 번역할 수 있다. 따라서 학습자들은 모국어에 없는 표지가 목표어에서 활용되는 양상을 매우 생소하게 느끼게 된다. 이에 대한 인터뷰 결과에도 이와 비슷한 고민이 드러났다.

> 학습자 CKF01: 우리는 주로 답을 모를 때, 상대방의 체면을 고려하여 대답하기 곤란할 때 '글쎄'를 사용하거든요. 그렇게 많이 배웠어요. 하지만 화제 전환할 때 '글쎄'를 쓸 수 있는 거는 잘 몰라요.
>
> 필자: 그럼 이 예문에서의 '글쎄'가 화제 전환 기능을 한다면, 중국어로 어떻게 번역할 거예요?
>
> 학습자 CKF01: 번역할 수 없는 것 같아요.
>
> 필자: 만약에 '글쎄'를 사용 안 하면 이 두 문장 사이에 어떤 표현을 사용할 거예요?
>
> 학습자 CKF01: 나라면 그냥 아무것도 안 쓰고 말해요.

이를 통해 학습자들이 대화에서 담화표지를 한 번도 사용하지 않은 것이 모국어 전이에 기인한 것임을 부분적으로 확인할 수 있다. 이외에도 현행 한국어 교재에서 '글쎄'의 이러한 쓰임을 전혀 학습자들에게 노출시키지 않고 있다는 것도 중요한 원인이라고 볼 수 있다. 교재를 통한 입력이 충분히 제공되어 있지 않은 상태라면 해당 용법에 대한 학습자의 이해가 확보되지 못하기 때문이다.

[8] 어디

화제의 변화 방향을 좌우할 수 있는 담화표지로 '어디'도 있다. 이 때, '어디'는 주로 앞뒤 문장과 분리되어 단독으로 사용되는데 대화의 자연스러운 흐름을 유지하면서 화제를 전환하는 기능을 한다.

> 이 사건의 발생 원인에 대해선 충분히 얘기했으니, **어디** 이제 향후
> 대책은 어떠해야 하는지 이야기해 보도록 하자.
>
> (이한규, 2008:17의 예문)

이 예문은 화자가 기존 화제에 대한 대화가 충분히 이루어졌다고 생각하여 이를 마무리하면서 다른 화제로 관심을 옮겨 대화의 흐름을 다른 방향으로 이끌어가는 사례이다. 화제를 전환할 때 아무런 예고 없이 바로 새로운 화제를 말하는 것보다 두 화제 사이에 담화표지 '어디'를 삽입함으로써 통해 상대방으로 하여금 대화의 급격한 방향 변화를 더 편하게 받아들이게 하는 동시에 주의를 환기하기도 한다. 이때 '어디'는 높은 어조로 실현되지 않고 속도가 비교적 느리며 말투도 부드러운 편이다. 또한 일반적으로 중년층 남성에 의해서 많이 발화되는 경향을 보인다. '글쎄'와 마찬가지로 이러한 기능 제시는 교재에서 전혀 찾을 수 없으며 학습자의 대화 자료에는 한 번도 출현하지 않았다. 인터뷰 대상 학습자들은 이러한 용법을 배운 적이 없어서 어떻게 사용해야 하는지 잘 모른다고 응답하였다.

　이상으로 '화제의 도입과 전환' 기능을 하는 여러 구어 담화표지의 사용 양상을 살펴보았다. 이들 표지 이외에 중국어권 학습자들은 모국어의 양향으로 '그럼'이나 '그러면', '그리고' 등 접속부사를 사용하여 화제를 도입하거나 전환시키는 경우도 많이 목격되었다. 논의의 편의상 앞서 기술한 여덟 개의 표지와 함께 이들의 사용 빈도 통계 결과를 제시하면 〈그림 3-1〉과 같다.

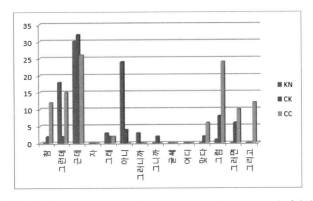

〈그림 3-1〉 화제의 도입/전환 기능의 구어 담화표지 실현 양상 대조(단위: 회)

　요약해 보면, 학습자들은 모어 화자에 못지않게 '그런데/근데'를 선호하였다. 또한 모어 화자보다 '참'과 '맞다'를 많이 사용하였으나 '아니'와 '그러니까'를 덜 사용한 것으로 나타났다. '그래'는 세 집단의 출현 횟수가 각각 3회, 2회, 2회로 나타나 큰 차이를 보이지 않았으며 '자', '글쎄'와 '어디'는 세 집단 모두에게 관찰되지 않았다. 모어 화자 집단과 현저한 차이를 보이는 학습자 집단의 특징적인 사용은 '그럼/그러면', '그리고'를 통해 확인할 수 있다.

[CCF09-CCF17: 대학 생활]

CCF17: 아마, 인턴을 찾기 전에 아마 이력서를 작성해야 돼.

CCF09: 네. 먼저 이력서 작성하는 거 배워야 돼요.

CCF17: 응, 응. 나 오늘 이력서 작성할거야.

CCF09: 오늘이요? 그러면 나도, 저도 해야겠어요. **그리고** 방학이
면 고향에 내려가요?

CCF17: 응. 가요.

[CCF07-CCF10: 날씨]

CCF10: 일기예보가 내일 비가 오다고 하는데.

CCF07: 진짜? 좋겠네.

CCF10: 내일 시원하겠다. (3) **그리고** 날씨가 더우면 사람들이 일
을 하기가 힘들죠? 힘들지?

이 대화에서 CCF09와 CCF10은 선행 발화한 화제를 마무리하고
다른 화제를 도입하기 전에 '그리고'를 사용하였다. 이러한 사용은
다른 학습자에게도 빈번히 관찰되었다.

[CCF02-CCM01: 대학 생활-졸업 직전]

CCF02: 그리고 향수

CCM01: 향수.

CCF02: 네, 사 줬어요.

CCM01: 정말 행복해요.

CCF02: ((웃음))고맙습니다. (선행 화제 완료, 후행 화제 도입 예정)

CCM01: 그리고 오늘 1월, 1월의 일이 때문에 음 이 해는 특별히 어떤 소원 있어?

CCF02: 네, 소원이 되게 많더라구요.

(중략)

CCM01: 그런데 나이가, 음 나이를... 나이 나이를 먹어 몸이 좀..음... //CCF02: 나빠질 수 있어요?

CCM01: 예. 그래서 새해에는 부모님께서 건강하시기 바래요.

CCF02: 그거는 마음속에 매년 매년, 매년마다 하는 내 소원이에요. 네. 그거 이 천하의 모든 자식의 소원이에요.

CCM01: 00씨 졸업 후에 음... 졸업 후에 음 우리 음 헤어지자. (화제의 무표지 전환)

이상의 발화 발췌 부분을 보면, 학습자 CCM01은 상대방과 의사소통하는 과정에서 화제를 두 번이나 전환하였다. 첫 번째는 CCF02와의 '향수 선물'에 대한 얘기를 완료한 후 1월 1일에 어떤 소원이 있는지를 새로운 화제(녹음 일자가 2016년 1월 1일이기 때문임)로 부각시켜 대화를 이끌어 나갈 때 접속부사 '그리고'를 사용한 것이었다. 대화가 진행되다가 CCM01은 재차 화제를 돌릴 때 아무런 전환 표지를 사용하지 않고, 다른 성분도 삽입하지 않은 채 새로운 화제를 바로 제시한 것이 그 두 번째였다. 이들 방식들은 발화자 개인의 발화 스타일과 긴밀한 관계가 있을 수도 있고 중국어의 직설적인 사용 특징과도 관련이 있다고 본다. 그러나 이들 화제 전환 방식을 통해서 우리는 학습자들이 한국어의 사용 습관을 충분히 이해하지 못하고 모국어 또는 개인적 고유의 습관에 대한 의존도가 높아 무의식적으로 화제의 도입이나 전환 기능을 수행하고 있음을 가늠할 수 있다.

한편, 학습자들은 모국어 "那" 또는 "那么"의 영향을 받아 '그럼'이나 '그러면'을 애용하였다.

[CCF05-KF05: 한국 유학 생활-수업]

KF05:   요새 대학 가는 방법이 너무 다양해져서 삼천 가지 방법이 있대. 한국에만...그래서...

CCF05:   그리고 지금 한국도 그 학생 인수가 적어져서 아마 학생을 빼기 위해

         //KF05: 학생을 빼려고?

CCF05:   네. 빼려고.

KF05:   맞아.

CCF05:   **그러면** 지금 3시예요?

KF05:   아니. 근데 연락이 없네.

[CKF09-KM02: 한국 유학 생활: 언어 공부]

KM02:   그리고 얼마 전에 송도에도 반기문 사무 총장님 오신 것도

         //CKF09: 아, 반기문?

KM02:   에. 얼마 전에 와 가지구, 주변에 경찰 깔려 가지구, 그거만 봤어요. 경찰 깔린 거.

CKF09:   **그럼** 내가 물어보고 싶은 단어가 있어요. 우리 선생님

이 그 usb안에 있는 그 파일 같은 거 컴퓨터 안에, 컴퓨

터 안에 아니고 컴퓨터에 올리면, 그러면 '깔았어?'물어

봤어요.

[CCF27-KF10: 대학 생활]

CCF27: 생활비? 백만?

KF10: 우와.

CCF27: 그 정도라면 40만원? 40만원 그 정도 될 것 같아요.

KF10: 괜찮네요. 하하하

CCF27: **그럼** 방과 후에 뭐해요?

KF10: 음 요즘에는 방과 후에 친구들이랑 맛있는 거 먹으러 가

거나 아니면 집에서 인터넷이나 드라마 봐요.

이들 예시 또한 모국어 습관의 전이를 입증할 수 있는 좋은 사례
이다. 중국어에서 선행 화제를 완료시킨 후 다음 화제로 이동할 것
이라는 신호를 상대방에게 부드럽게 보낼 때 절차적인 표현(대부분
은 한국어의 접속부사에 해당됨)을 종종 사용한다. "那" 또는 "那么"
는 그 대표적인 예이다. 따라서 학습자들은 이러한 모국어 사용 습
관을 한국어 발화에 그대로 적용하게 되어 한국어 대역어 '그럼'이
나 '그러면'을 무의식적으로 사용하는 경우가 적지 않았다.

▌1.2. 화제의 전개

1.2.1. 발화 내용 연결하기

화자는 대화에서 어느 특정한 화제를 전개하는 데 그 하위 구성인 문장들 간의 연결 관계를 다루어야 한다. 이를테면, 문장 안에 쓰이는 연결어미, 문장과 문장을 결속해 주는 접속부사 등은 화제를 통제하여 담화의 결속력을 나타내는 역할을 한다. 하지만 앞서 누차 논의한 것처럼 본 연구는 이와 같은 순수한 담화 구조적 결속을 보이는 성분을 담화표지의 대상에서 제외하는 논지를 견지하며, 통사적으로 독립성을 지니고 원래의 의미나 기능으로 쓰이지 않는 것만 담화표지로 보고자 하는데 이 중에서는 '-아/어 가지고', '그래 가지고/이래 가지고', '막' 등이 대표적이다.

[1] -아/어 가지고, 그래 가지고/이래 가지고

일반적으로 '-아/어 가지고'는 한 문장 안에서 선후 성분을 연결해 주는 데 쓰이며 '그래 가지고'와 '이래 가지고'는 문장과 문장 사이에 사용된다. 통념상 이 두 개를 서로 다른 층위(담화 층위와 문장 층위)에서 다루는 것이 합리적인데 본 연구는 구어 담화에 대한 연구로서 전통 문법 차원에서 이들을 고찰하는 것보다 담화에서 어떤 기능을 하는지에 주안점을 두어 분석을 진행하고자 한다. 또한 실제 한국어 대화에서 일부 연결어미가 종결어미적 기능을 가지게 되면서 후행 성분을 생략한 채 연결어미로써 문장을 구성하는 경우가 매우 흔하므로[69] 문장과 문장의 경계가 불분명해진다. 이러한 이유로 여기서 '-아/어 가지고', '그래 가지고/이래 가지고'를 묶어 함께 다루기로 한다.

우선 '-아/어 가지고'를 보자. '-아/어 가지고'는 선행 용언에 붙어 앞서 기술한 동작이나 상태를 유지하는 것을 표현하기도 하고, 선행 동작이 이루어지거나 어떤 상황이 일어나기 때문에 무엇인가를 초래하게 되는 인과 관계를 표시하기도 한다. 이를 중국어로 설명할 때 '가지다'의 기본 의미대로 해석하면 안 된다. 상태 유지 기능의 경우, 중국어는 이에 명확한 대응 표지가 없으며 선후 성분의 배열 순서를 통해 그 논리적 관계를 함축적으로만 나타낸다. 따라서 모어 화자들은 이 기능의 '-아/어 가지고'의 사용이 빈번한데 중국어권 학습자들의 사용은 극히 드물었다.

[CCF05-KF05: 한국 유학 생활]

KF05:   저녁 먹고 나서 12시까지 토론하는 거 있고 영어 토론 있
는데...토론 대본을 써서 올려놔야 돼.

CCF05:   아. 그러면 다른 사람 토론하지 않고 그냥 그거 써야 돼요?

KF05:   그러니까, 이게 팀 토론인데 우리 팀이 얘기하고 싶은 게

---

69 '-아/어 가지고'의 경우, 문법화(또는 담화표지화) 과정을 거쳐 '실사)조동사(또는 보조동사))후치사화)어미화'의 발달 양상을 보여 주었다(이정애, 1998:51). 담화 표지화된 '-아/어 가지고'는 유지 의미를 나타낼 때 연결어미 '고'와 호환되면 인과 관계를 표시할 때 '-아/어서'와 서로 치환이 가능하기 때문에 문장의 연결어미로 보아도 무방할 것이다. 또한 실생활에서 화자들은 '-아/어 가지고'로 발화를 끝맺기도 하였다.

있잖아요. 그거를 오늘 저녁 12시까지 다 대본을 **짜 가지
고** 올려 놓기로 했어.

CCF05:　네.

　인과 관계 표시 기능의 경우에는 유사한 연결어미(예: '-아/어' 등)
와 서로 교체가 가능하고 이를 더 명시적으로 표시할 때 "所以"(그래
서) 등 연사(連詞)를 사용할 수 있다. 또한 상태 유지 기능의 경우와
마찬가지로 영표지로 대응하는 암시적인 방법도 있다. 이처럼 한·중
의미적 대응 관계가 단순하기 때문에 학습자들은 인과 관계를 표시
하는 '-아/어 가지고'를 원활하게 사용하는 양상을 보였다.

[CKF06–KF02: 한국 유학 생활]

KF02:　저 인천으로 가야 되는 일이 있긴 한데.

CKF06:　어, 왜?

KF02:　병원에서...엄마가 병원에 갔던 적 있어, 그쪽 병원에. 진
　　　단서를 끊어야 **돼 가지구**, 보험처리 하자면.

CKF06:　응. 인천 어디로 가야 돼?

KF02:　가천대 병원? 가천대 맞나?

(중략)

KF02:　박사는 몇 년 해야 돼요?

CKF06:　박사 수료는 3년이고 또 1년, 2년 이렇게 논문도 써야 돼.
　　　너무 **힘들어 가지구**, 나 그런 생각 별로 없어, 안 하고 싶어.

한국어 모어 화자들은 대화에서 '-아/어 가지고'를 상당히 고빈도로 사용하며 편리상 '-아/어 가지구'로 발음하는 경우가 대부분이다. 위의 예시의 경우, 모어 화자 KF02는 선행 용언인 '되다' 뒤에 '-아/어 가지구'를 인접하여 그 축약 형태인 '돼 가지구'를 취한다. 중국어권 학습자는 '고'를 '구'라는 변이형으로 실현하는 데에도 능숙하였다.

[CKF02-KF11: 한국 생활-취직]

KF11:   7시면 괜찮을 것 같아. 나중에 여름이면 날이 늦게 어두워지니까

CKF02:   짐도 **많아 가지고** 너무 힘들어요. 그 다른 친구들도 저를 부탁해, 아, 그 화장품을 뭐 **사 가지고** 뭐 짐이 너무 많아서요. 그래서 좀...

KF11:   짐이 많으면 힘들지.

(중략)

CKF02:   그런데 지금 배우면 배울수록 생각해 보니까 좀 영어 더 쉬워요. 그 한국어 어떤 거 너무 비슷하는 문법 같은 거 많아요. 특히 단어 같은 거 그런 거 좀 **많아 가지고** 어려워요. 높임법.

이처럼 중국어권 학습자들은 인과 관계 표지로서 쓰이는 '-아/어 가지고'를 매우 편향되게 사용하는 양상을 보였다. 이는 모국어로부터 많은 영향을 받은 것으로 해석될 수 있다. 인터뷰에 응한 학습자들은 이를 간단하게 중국어 "所以(그래서)"로 번역할 수 있어서 이

해·사용할 때 매우 편하다고 느낀다고 대답하였다. 반면, 동작/상태 유지를 표시하는 '-아/어 가지고'의 드문 실현은 모국어 대응 표지가 없는 관계로 한국어로 말할 때 이를 꼭 써야 할 필요성을 인식하지 못한데서 기인된다는 결과를 얻었다. 많은 한국어 교재에서 '-아/어 가지고'의 상태 유지 용법을 명시적으로, 인과 관계 표시를 상대적· 암시적으로 제시하고 있는 것을 상기해 볼 때[70], 모국어에 대한 기저 인지와 이로 인한 사용 습관은 '-아/어 가지고'의 사용에 훨씬 큰 영향을 미친다는 사실을 재차 확인하였다.

'그래 가지고/이래 가지고'도 비슷한 사용 경향을 보인다. 모어 화자는 두 기능을 골고루 사용하지만 학습자들은 인과 표시 기능을 집중적으로 사용하였다. 그리고 전반적으로 '그래 가지고/이래 가지고'는 '-아/어 가지고'에 비하여 그 사용 빈도가 현저히 낮게 나타났다.

---

70 교재에서는 이 담화표지를 문법이나 관용형으로 취급하여 어떤 동작이나 상태의 유지를 표시한다고 소개하고 있다.

① 우물에서 물을 **퍼 가지고** 지붕 위로 끼얹는 사람도 있었다.
(경희대 한국어 중급 1:162-문법 설명)
② - 물건을 차에 **실어 가지고** 올까요?
- 마음대로 하세요. 택시에 *실어 가지고* 오세요.
(북경대 한국어 1:177-문법 설명)

하지만 교재의 나머지 대화문에는 다른 용법도 적극적으로 학습자들에게 보여 주고 있다.

③ 민정: 걱정하지 말아요, 제주도에 우리 친척이 있는데다가 비행기 표도 두 장이나 공짜로 생겼거든요.
나오코: 정말요? 어떻게요?
민정: 백화점 경품 행사에 **당첨돼 가지고** 제주도 왕복 항공권을 받게 됐어요.
(경희대 한국어 중급 1, 제6과-듣기 지문)

[CCF01-KF03: 한국 유학 생활]

KF03: 내가 얘기하고 싶은 게 근까 막 중국의 교육은 어떤지 모르겠는데 한국은 선생님이, 한 반에 30명, 40명 있어요. **그래 가지구** 중학교 때부터는 그...문답식, 질문하고 답하고 이런 식의 수업이 아니라 선생님이 일방적으로 교육을 막 일케 하는 거야. (후략)

CCF01: 네.

KF03: 그리고 선생님들도 수업시간에 그냥 무조건 조용히 해라 이런 얘기 밖에 안 하거든요. 그래서

//CCF01: 초등학교 때부터요?

(중략)

KF03: 근데 나는 생각하는 게 무슨 생각을 했냐면 그거 보면서, 이거 우리가 단순히 글자를 읽을 때는 진짜 아무 생각 없이 글자를 읽을 수 있거든요. 그리고 특히나 글자를 읽기를 그렇게 크게, 큰 소리로 내서 시작하면은 주변도 너무 시끄럽지, 내 목소리도 그냥 잊고 있지. **이래 가지구** 머리에 남는 게 하나도 없거든요.

CCF01: 그러면 그 한국인들은 국어 배울 때, 어렸을 때 또 읽지는 않아요?

KF03: 우리는 대표로 한 명 읽으라고 시켜. '누구 읽어보세요.' 이렇게 하고 다른 애들 그냥 다 듣고 있고 응.

'-아/어 가지고'는 문중에서 용언에 의존하여 쓰이며 '그래 가지고

/이래 가지고'는 문두에 사용된다. 기능상 똑같더라도 사용 빈도의 차이가 극명하다. 물론 여기서 교재에서의 불충분한 제시가 한 몫을 하고 있다[71]. 하지만 이보다 더 근본적 원인을 찾으려면 '그래 가지고/이래 가지고'에 대한 학습자들의 인지 상태를 파악해야 한다. 상당수의 학습자들은 인과 관계를 표시하는 '그래 가지고/이래 가지고'를 문두에 넣어 발화를 시작한다는 방식을 어색해 하며 대신 더 친숙하게 느껴지는 접속부사들(예: 그래서, 그러니까 등)을 선호한다고 하였다. 또한, 동작/상태 유지의 '그래 가지고/이래 가지고'는 중국어에 해당 문자적 표지로 명시적으로 대응해서 발화하는 경우가 많지 않으며 소수의 경우 "然后(그 다음에)"로 대역한다. 따라서 학습자들은 이때 모국어에 의지하여 '다음에'를 쓰게 돼 단순히 시간적 순서를 나타내는 데 그치게 된다. 결론적으로 학습자들은 일반적 접속 표지(예: 그래서, 그 다음에)와 구분되는 '그래 가지고/이래 가지고'의 핵심적이고 미세한 의미를 충분히 인지하지 못하는 까닭에 비교적 쉬운 표지를 택하거나 모국어 습관대로 발화하는 현상이 두드러지게 나타났다.

---

[71] 분석된 모든 대상 교재에서는 '그래 가지고'와 '이래 가지고'에 대해서 명시적으로든 암시적으로든 아무런 언급을 하지 않고 있다. 이 또한 교재의 실제성이 상당히 부족하다는 것을 입증해 줄 수 있는 좋은 실례이다.

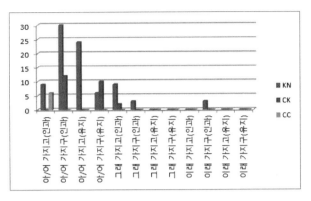

〈그림 3-2〉 발화 내용 연결 기능의 구어 담화표지 실현 양상 대조(단위: 회)

〈그림 3-2〉는 발화 연결 기능의 구어 담화표지 '-아/어 가지고'의 12가지 형태에 대한 세 집단의 사용 양상 및 빈도를 나타낸다. 학습자 집단은 12가지 형태 중 네 가지 형태를 사용하였으나 모어 화자 집단은 일곱 가지를 사용한 것으로 나타났다. 또한 모어 화자의 사용 횟수는 학습자 집단의 그것보다 현저히 높은 것으로 조사되었다 (KN: 84회; CK: 24회; CC: 6회).

이외에 모어 화자에 의해 가끔 사용되는 축약형 '-아/어 갖고'와 '그래 갖고'는 학습자 대화에 한 번도 실현되지 않았다. 즉 모어 화자에 비해 학습자들은 축약형을 능숙하게 사용하지 못하였다.

[CCF22-KF09: 한국 유학 생활]

CCF22: 혹시 일본 만화 좋아해요?

KF09:   일본 만화요?

CCF22: 일본 만화 유명하잖아요.

KF09:   네, 맞아요. 저는 일본 만화는…좋아요?

CCF22:   고민했어요. 고민했었어요?

KF09:   제 동생이 애니메이션 이 쪽으로 진로 **정해 갖고**. 동생 때문에 만화 보긴 했었어요.

[2] 막

담화표지 '막'은 부사 '막'으로부터 전성된 것이다. 대다수의 선행 연구에서는 '막'의 기본적 담화 기능을 '부정적 태도 표시'로 규정하고 있다. 이는 어원어의 사전적 의미와 높은 관련성이 있는 것으로 귀결된다. 하지만 담화표지로서 '막'은 젊은 한국어 모어 화자의 발화에 매우 높은 빈도로 나타나며 그 기능도 더 이상 '부정적 태도'에만 한정되지 않고 더 넓은 범위에서 다양하게 실현되고 있다. 그 중의 하나는 발화의 시작 부분에 출현하여 발언권을 유지하여 상대방에게 자기가 계속해서 발화할 것을 예고해 주는 역할을 한다는 것이다.

[CCF01-KF03: 한국 유학 생활-수업]

KF03:   맞아. <u>근데</u> **막** 1, 2학년 때 자기가 좋아하는 교양만 선택해서 엄청 들었던 애들은 지금 졸업할려고, 학점이 부족한 거야. 졸업해야 하는 과목이. 그래서 3,4학년에 난리 나지.

CCF01:   네, 그런 것도 있어요. 저는 사실 지금 좀 어려운 수업을 들었어요. 근데 그 장학금 이런 거 걱정 없어서 그 수업도 저에게 도움이 많이 줄 수 있다고 생각해요. 그래서 선택했어요. 근데 다른 친구들은 다 그걸 선택하지 않았어요. 왜냐면 좀 어려운 수업이라서 나중에 성적 잘 나오지 않으면 안 된다고 생각해요. 그래서 이것도 제한이 있어요.

KF03: 응.

(중략)

CCF01: 근데 제 생각에는 이거 학생 역할도 중요해요, 학생 실력이 어떤 건지 그리고 또 적극, 적극

//KF03: 적극적인지

CCF01: 네.

KF03: 그러니까. **막** 실력 차이가 너무 많이 나는 학생 두 명을 앞혀 놓고서 둘이 토론하라고 하면 진짜 토론이 안 될 것 같아요.

(중략)

KF03: 00 이번에 되게 많이 붙었어. <u>그러니까</u> **막** 이제 기업들도 인재를 빼내기 위해서 수를 쓴단 말이야. 그 모집 기간 똑같잖아요.

CCF01: 네.

이때 '막'은 화자의 부정적 태도를 전혀 표출하지 않는다고는 할 수 없다. 발화 예고나 유지 기능을 보이는 담화표지 '막'은 일반적으로 발화의 맨 처음, 또는 화자가 본격적으로 말하고자 하는 내용 앞

에 출현하며 상황에 따라 단독으로 사용되기도 하고 '그런데', '그러니까', '그리고', '그래 가지고' 등 접속 성분 뒤에 나타나기도 한다.

모어 화자의 무의식적이고 빈번한 사용(53회)에 비해 중국어권 학습자들은 담화표지 '막'을 거의 사용하지 않았다. 그들은 단지 '막'의 부사 용법만 잘 알고 있기 때문에 주로 부정적 발화 내용을 부각시킬 때 사용한다. 또한 '막'의 이러한 용법은 문법화의 정도가 비교적 높고 중국어에도 해당 용법이 없어 유표성이 강하기 때문에 학습자들은 이를 이해하거나 사용할 때 큰 어려움을 겪는 것으로 예측된다.

1.2.2. 망설임 표시하기

1.2.2.1. 시간벌기

시간벌기는 현실 대화에서 가장 높은 빈도로 사용되는 기능이다. 화자는 하고자 하는 표현을 모르거나 떠오르지 않을 때, 적합한 표현을 바로바로 찾지 못하여 생각하는 시간이 필요할 때 여러 담화표지를 활용하여 발화의 공백을 채워나가면서 대화를 지속시킨다. 이들은 침묵하는 것보다 대화의 자연스러운 흐름을 끊지 않고 유지하는 데 효과적인 언어 장치들이다. 한국어에서 시간벌기의 목적으로 사용되는 구어 담화표지는 아래와 같은 것들이 있다.

이, 그, 저, 이런, 그런, 어떤, 이렇게, 그렇게, 어떻게, 무슨, 예/네, 어디, 글쎄, 이제, 좀, 그래 가지고, 뭐, 뭐랄까……

이들 중 대부분이 대화에서 많이 사용되는 반면 현행 교재에서는 아주 소극적으로 제시하는 경향을 보인다. 아마 교재 편찬자들은 이들 표지가 주요 학습 내용이 아니며, 과도한 사용이 학습자들의 말하기 능력 신장에 부정적인 영향을 미칠 수 있다는 판단 하에 일부러 교재에서 빈번히 제시하지 않았던 것 같다. 그런데도 불구하고 학습자들은 언어 능력의 부족으로 인해 의사소통 상황에서 시간을 벌기 위해 나름대로 다양한 담화표지들을 많이 사용하고 있다. 필자가 수집한 대화 자료 중에서는 시간벌기 기능을 가진 담화표지의 사용 빈도가 가장 높게 나타났다[72].

[CCF23-CKF23: 한국 생활]

CKF23: 아 인천. 인천에 뭐.. 놀러 가면 뭐 재미있는 데 없어요?

CCF23: 음... 인천에는 그... 월미도 아세요?

CKF23: 월미도는 들어본 적이 있었는데 근데 직접 가보 적, 가본

　　　　적이 없어요.

72　중국어권 학습자들의 발화 자료에서 매우 높은 빈도로 사용되는 시간벌기 기능의 담화표지는 '어...', '음....' 등도 있다. 일례로 다음과 같은 대화를 보면 학습자들은 실제로 '어'나 '음', '아' 등 망설임을 나타내는 담화표지들을 애용한다. 그러나 이들은 이 책의 연구 대상인 '구어 담화표지'에 해당되지 않으므로 이들을 논외로 한다.

[CCF26-KF10: 한국 음식]
KF10:　한국 음식은 좋아해요?
CCF26:　많이 좋아해요. **어...음...**계란말이, **음...**치킨, 찜닭. 다 좋아해요. 중국음식 은요?
(중략)
KF10:　한국 음식을 할 줄 아는 거 있어요?
CCF26:　**음...** 없는 것 같아요. ((웃음))없어요. 라면 빼고.

CCF23: 그게 괜찮구요. 놀이공원도 있고 바다도 있어요. 풍경은
아름다워요.

CKF23: 그래요?

CCF23: 네.

[CCF02-CCM01: 대학 생활]

CCF02: 잘 따라가는 여자야?

CCM01: 예.

CCF02: 여자를 좋아해요, 그런 여자?

CCM01: 예. 성격, 성격 중요해.

CCF02: 어떤 성격인데요?

CCM01: **좀**.. 사실 나도 몰라요.

(중략)

CCM01: 근데 음. 남자 친구 음 니의 생각, 니가 생각해는 남자 친
구 음 무슨 일이 해서 너는 제일 감동적인

//CCF02: 어머나, **글쎄요**.. 감동, **그냥**...

CCM01: 남자 친구의 사랑을 잘 느낄 수 있는

//CCF02: 네. 저의 남자 친구는 뭐... 사소한 일이, 사소한
일에 대해

CCM01: 사소해?

CCF02: 네. 사소한 일에 대해 되게 뭐 인내심이 있어요.

[CCF06–CCF30: 한국어 공부]

CCF30:　원래는 어학원을 다녔잖아요.

　　　　//CCF06: 어학원이요?

CCF30:　그때는 두 달만 다녔어요. 어학원 수업을 끝난 후에 학교
　　　　에서 현대문화사라는 수업 하나 밖에 없어요. (3)스트레
　　　　스 별로 없어요. 좋죠?

CCF06:　((웃음))제 수업이 너무 어려워요. 현대 소설 이론, 고대
　　　　소설, 아동 문화 **이런**...알아들을 수 없는

　　　　//CCF30: 그렇게 해야 자기 실력이 많이 높일 수 있잖아.

위의 대화들은 중국어권 학습자들이 여러 시간벌기 담화표지를 사용하는 모습을 보여 주고 있다. 모어 화자 집단에 비해 학습자 집단은 이들 표지를 다양하게 사용하였을 뿐만 아니라 사용 빈도도 압도적으로 많았다. 표로 제시하면 다음과 같다.

〈표 3-1〉 시간벌기 기능의 구어 담화표지 실현 양상 대조(단위: 회)

집단	구어 담화표지의 양상 및 빈도	총 빈도
KN	그81, 좀9, 뭐42, 그 뭐3, 그냥 뭐6, 그런3, 좀 그렇게3, 근까9, 그니까6, 뭐지21, 뭐였지3, 그 뭐지6	192
CK	그150, 그런8, 좀16, 뭐16, 뭐지22, 그냥2, 이제 그2, 근데 뭐지2, 그 뭐46, 그 좀2, 무슨4, 그 뭐지6, 일케2, 이렇게2, 네2	282
CC	뭐44, 뭐지10, 그냥2, 그106, 그 뭐지4, 이런2, 그런2, 좀2	172

이때 주목해야 할 점은 '그'를 매우 빈번하게, 심지어 무의식적으로 남용한다는 것이다. 이러한 사용 경향은 모국어부터 받은 영향

때문인 것으로 해석될 수 있고 개인적 발화의 버릇이라고도 설명될 수 있다. 여기서 모국어와 목표어의 영향 관계에 입각해서 보면, 중국어는 발화 도중에 사고하는 시간을 갖고자 사용하는 담화표지의 종류가 한국어처럼 다양하지 못하며 가장 빈번히 사용되는 것으로는 "那个……(그...)", "這个……(이)", "那什么(그 뭐...)" 등이 있다. 또한 교재 제시의 불충분으로 인하여 학습자들은 한국어 모어 화자가 시간벌기용 담화표지를 어떻게 쓰는지, 이들 표지 간에 어떤 미세한 차이가 있는지에 대한 직관적인 인식이 부족하다. 그 결과 그들은 모국어에 상대적으로 의지하게 되어 그것을 목표어로 전이하여 '그...', '뭐...'를 훨씬 많이 사용하게 된다.

이밖에도 중국어권 학습자들은 한국어 지식의 부족으로 인하여 말하고 싶은 내용을 즉각 표현하지 못할 때 상기 담화표지 이외에 모국어를 직역하여 사용하는 전략을 취하기도 하였다.

[CCF07-CCF08: 한국 생활]

CCF07: 한국 음식 다 싫어?

CCF08: 응, 그렇게...**어떻게 말해**...음…맛있는 음식도 있고...근데 대부분 음식이 다 매우잖아. 나 너무 매운 것 못 먹어.

CCF07: 아, 어울리지 않아?

CCF08: 어, 어울리지 않아.

CCF07: 어, 그럼 우리 중화요리 먹자.

CCF08: 오케이. 중화요리 먹자.

(중략)

CCF07: 그리고 멋있는 남자 너무 좋아해.

CCF08: 근데 멋있는 남자라면, 음, **어떻게 말해?** 그..

//CCF07: 인기?

CCF08: 인기 많아서 음…나 매일매일 걱정하겠어.

학습자 CCF08은 '멋있는 남자'에 관한 발화 내용을 한국어로 표현하는 데 어려움이 있어 '어떻게 말해?'를 삽입함으로써 생각하는 시간을 벌고 있다. 이와 같은 사용은 CC집단 4회, CK집단 8회가 발견되었다. '어떻게 말해?'는 중국어 해당 표현 "怎么說呢"를 직역한 것으로 그 사용은 모국어의 영향을 받은 것으로 해석하면 별로 이의가 없을 것이다. 그러나 전적으로 모국어 전이로 인한 것이라고 판단하면 무리가 따를 수 있다. 왜냐하면 한국어에는 '뭐랄까(요)'라는 표현이 있는데, 학습자가 만약 이를 선행 학습한 경험이 없으면 '어떻게 말해?'는 완전히 모국어의 습관을 전이한 것으로 볼 수 있으며, 학습한 적이 있는데도 불구하고 그대로 '어떻게 말해?'를 쓰면 '뭐랄까(요)?'에 대한 온전한 습득이 일어나지 않았다는 것을 의미하기 때문이다. 이때 '어떻게 말해?'의 사용 원인은 모국어의 영향과 목표어의 습득 정도 이 두 가지 측면을 모두 고려해야 할 것이다.

1.2.2.2. 얼버무리기

'시간벌기'와 마찬가지로 '얼버무리기'도 역시 큰 관심을 받고 있는 교육 항목은 아니다. 이는 화자가 모호하게 의사를 전달하는 데 주로 쓰인다. 해당 담화표지는 '이런', '그런', '이런 거', '그런 거', '뭐' 등이 있다.

[CKF04-CKF05: 한국 유학 생활]

CKF05: 사실 나도 가고 싶은데 집에 가는 그 과정이 너무 귀찮아. 그리고 집에 가면은 일주일 동안만 있으면 좋겠어.

CKF04: 오래 있으면.

CKF05: 좀... 오래 있으면은 좀 짜증나. 잠시만.

CKF04: 하하, 맞아 맞아. 나도 그랬어. 처음에 집에 갈 때 일케 어... 오랫동안 못 만났잖고. 얼굴 못 만났고, 처음 갈 때는 부모님 되게 반갑고 맛있는 거도 해 주고, 엄청 귀여워하고. 근데 이렇게 좀 1주 지나면, 딱 1주야. 1주 지나가면 거의 다, 다, 어 일상 다 제, 그 제자리에 돌아갔어. **뭐 그런 거.** 특별하게 뭐 어... 귀여워하지도 않고, 특별하게 뭐 반가워하지도 않고 그냥 심심하, 심심해졌어, 점점. 오래 있으면 갈등도 생겨.((웃음))하하. 이거저거, 일이 많아서.

학습자 CKF04는 집에 오래 있으면 기분이 안 좋아질 수 있다는 상대방의 말에 동의하면서 일주일이 지나면 집에서 환영을 받지 못하는 사람이 되어버려 모든 것이 원래로 돌아간다고 말하고 있는데 구체적인 내용을 말하기 전에 '뭐, 그런 거'와 같은 모호한 표현을 사용한다. 발화 시의 말 속도가 느리지 않고 말소리가 현저히 낮아지며 휴지도 없어서 전형적인 시간벌기 기능과 구별된다. 얼버무리기 기능을 보이는 구어 담화표지는 조사된 대화에 사용되는 양상과 빈도는 아래 표와 같다.

〈표 3-2〉 얼버무리기 기능의 구어 담화표지 실현 양상 대조(단위: 회)

집단	구어 담화표지의 양상 및 빈도	총 빈도
KN	그런 거3, 좀3	6
CK	좀4, 그런 거6, 뭐 그런 거2, 그런6, 이런 거8, 그런 그2, 이렇게4	32
CC	그런 거4, 이런2, 그런 거 좀2, 그냥2, 그런 뭐2	12

지금까지 살펴보았듯이 중국어권 학습자는 모어 화자보다 '시간벌기'와 '얼버무리기' 기능을 훨씬 많이 사용하였다[73]. 이는 학습자 집단의 담화표지 사용 능력이 더 뛰어나다는 것을 의미하는 것이 아니라 오히려 그들이 담화 진행에서 머뭇거리거나 망설일 때가 더 많다는 것을 암시하고 있다. 한국어의 지식 부족으로 인한 경우도 많고 발화 내용을 바로 말하지 못하고 생각하는 시간을 더 갖고자 하는 목적으로 쓰이는 경우도 있었다.

----

[73] 현혜미(2005)에서는 영어권 고급 한국어 학습자와 한국어 모어 화자의 이야기체 담화에서 담화표지가 어떻게 다르게 나타나고 있는지, 두 집단의 사용 양상을 비교하여 그 차이점을 살핀 결과 중 시간벌기 담화표지는 모어 화자는 788회(약 68%) 사용하였고, 학습자 집단은 이보다 많은 921회(약 78%)를 사용한 것으로 조사되었다. 또한 모어 화자는 총 19가지 종류의 담화표지를 시간벌기 기능으로 사용하였고, 학습자는 이보다 많은 총 24가지 종류의 담화표지를 사용하였다. 이처럼 사용 빈도에서뿐만 아니라, 사용 종류의 수도 모어 화자보다 많은 것으로 나타났다.

1.2.3. 발화 명확성 확보하기

1.2.3.1. 수정하기

실제로 일어나는 대화가 문어와 가장 크게 구별되는 점 중의 하나는 바로 즉각성의 여부이다. 모어 화자는 말하는 과정에서 말실수를 범할 때, 또는 발화 직후 이보다 더 적합한 표현이 생각날 때 선행 발화를 수정하는 경우가 종종 있다. 학습자는 잘못되거나 불완전한 언어 형식을 말하고 나서 그것이 틀렸다는 것을 즉각적으로 인식하여 스스로 수정할 때가 많다. 전에 했던 발화를 수정하는 용도로 사용되는 담화표지는 주로 '아니'이다. 발화를 수정하는 것이라면 앞선 발화 내용이 틀렸다는 것을 내포하기 때문에 부정 의미를 지닌 '아니'는 이 기능을 발휘하는 가장 대표적인 담화표지가 된다.

[CKF02-KF11: 한국 유학 생활-대학원 공부]

KF11:　졸업논문은 너무 이른 것 같은데.

CKF02:　뭐 그 졸업시간을 그 연정하는 거, 그 느리는 것 싫어요.
　　　　그 선배가 그렇게 하고 싶지 않아요.

KF11:　근데 다음 학기부터, **아니** 이번 학기부터 그냥 5차에 졸업할 수 있을지도 몰라. 지난번에 한국 한국인 석사 이번에 4차였어, 4찬데...

[CKF06-KF02: 한국 유학 생활]

KF02:　우리 비즈니스 중국어, **아니다**, 고급 중국어 회화 수업할

때 중국인 학생 여학생이 4명이 있는데 그중에 한 명은
진짜 너무 귀여워요.

CKF06: 뭐가?

'아니'는 화자의 주관적 선택에 따라 사용된다. 때로는 화자는 도중에 순수한 실수로 잘못 말했을 때 '아니'를 사용하지 않은 채 고쳐진 정확한 발화를 바로 이어서 한다. 이러한 말실수는 일반적으로 전체적 의미 전달에 큰 지장을 주지 않는 것들이다. 하지만 이러한 말실수 때문에 상대방의 오해를 불러일으키거나 중요한 정보를 잘못 전달할 위험이 있다고 판단되면 화자는 '아니'를 적극적으로 사용하는 경향이 있다. 위의 예시는 '아니'에 대한 모어 화자의 사용 양상을 보여 주고 있는데 KF11과 KF02는 '다음 학기'와 '이번 학기', '비즈니스 중국어'와 '고급 중국어 회화' 사이에 '아니'를 첨가함으로써 잘못된 의사 전달을 막고 있다.

[CKF01-KF01: 한국 배우]

KF01: 이름은 기억이 안 나는데 그 시어머니조차도 밖에 나가서 '우리 며느리가 누군지 아냐고' ((웃음))자랑할 정도로 국민 배우 된 거 같아요.

CKF01: 맞아요. 그런데 그 천송이, 천송이 **아니** 전지현 진짜 운이 많은 그런 스타일의 배우인 것 같아요. 영화도 **몇 분, 몇 편**만 찍고 진짜 찍은 영화 많지 않지만 근데 다 유명해요.

KF01:   맞아요. 엽기적인 그녀. 좋아했었는데.

위의 예시에서 동일한 화자 CKF01은 자기 발화를 수정할 때 두 가지 방식을 사용하였다. 하나는 'X+아니+O'(예: 천송이+아니+전지현)의 패턴이고 다른 하나는 '아니'를 쓰지 않은 채 바로바로 수정하는 'X+O'('몇 분+몇 편')의 패턴이다. 한국어 모어 화자와 여타 학습자의 발화 자료에서도 이와 비슷한 사용 경향이 드러났다.

이렇게 보면 '아니'의 사용 여부는 수정될 내용이 무엇인지에 달려 있다고 보여진다. 즉 한국어 사용과 관련된 순수한 언어적 실수, 그리고 의미 전달에 크게 영향을 미치지 않을 때 'X+O', 즉 '정확하지 않은 언어 형식+정확한 언어 형식'으로 앞선 발화를 바로 고치며, 한국어로 매개로 하여 표현하는 발화의 명제적 내용이 잘못 전달된 경우, 그 잘못을 수정하는 의도를 더 가시적으로 표현하려고 'X+아니+O', 즉 '정확하지 않은 언어 형식+아니+정확한 언어 형식'을 취하는 경향이 강하다. 이때 '아니'는 수정의 문자적 기제로 기능할 뿐만 아니라 발화 내용에 대한 상대방의 오해를 확실히 단절시키는 목적으로 강조하기나 주의집중의 기능을 동시에 실현하기도 한다. 학습자 집단과 모어 화자 집단의 사용 양상 및 빈도는 〈그림 3-3〉과 같다.

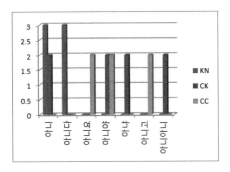

〈그림 3-3〉 수정하기 기능의 구어 담화표지 실현 양상 대조(단위: 회)

1.2.3.2. 부연하기

'그러니까'는 본래 앞선 내용이 뒤의 내용의 이유나 근거가 될 때 사용되는 접속부사로서 문장들을 결속해 주는 담화구조적 기능을 주로 수행한다. 그러나 실제 대화에서의 구체적 실현 양상과 기능을 보면, '그러니까'는 구조상의 결속 기능보다 훨씬 다양한 기능을 보이고 있다. 부연하기가 바로 그 중의 하나이다. 한국어 모어 화자, 특히 조사된 20대의 대학생들은 선행 발화에 대한 부연 설명을 할 때 '그러니까'를 매우 선호한다.

[CKF02-KF11: 한국 생활-취직]

KF11: 사실 그것보다 조금 더 좋은 기회가 있었는데 원래 00대에 원래 남을 수 있는 상황이 됐는데 비자가 안 됐어, 왜냐면 비자가...비자가 f종류하고 e종류인가 그 두 종류가 아니면 세금을 낼 수 없대.

CKF02: 아.

KF11: 그까 일단 한국에서 취직을 하고 그러면 세금을 내야 되
     는데 지금 00이가 갖고 있는 비자는 지금 대학에서 근무
     할 수 있는 그런 비자가 아니어서 그 비자 변경이 안 됐
     어. 그래서 학교에서는 00를 거기서 근무하라고 했는데
     비자 문제 때문에 그게 해결이 안 되니까 할 수 없이 00가
     그걸 포기한 거야.

(중략)

CKF02: 그럼 어떡해요?

KF11: ((웃음))그냥 상황 속에서 그렇게(2) 터득해야 될 것 같애.
     까 문맥 속에서, 그런 상황 속에서, 이게 쓰이는 상황 속
     에서

[CCF05-KF05: 한국 유학 생활]

KF05: 아 이거 논술이라고 알아요?

CCF05: 네.

KF05: 논술 하는 거야 연습. 그니까 이것도 약간 생각을 넓히기
     위해서. 그니까 자기가 조사해서 자기가 글을 써놓은 거
     야. 자기 생각을… 그리고서 학생들이 교실에서 발표를
     하면서 서로 토론을 하는 거야. 이 주제에 대해서

CCF05: 그러면 지금 하는 수업도 토론 할 수 있어요?

KF05: 토론수업, 거의 질문 위주.

CCF05: 질문 위주?

KF05: 응.

부연하기 기능을 보이는 담화표지 '그러니까'는 4음절 구조를 지니고 있으나 발화 시 이 모든 음절이 뚜렷하고 온전하게 실현되지 않는 경우가 상당히 많은데 일반적으로 축약 정도에 따라 '그니까', '근까', '까' 등의 다양한 발음 형태를 띤다. 또한 실현될 때마다 화자가 상대방의 이해를 돕고자 부연 설명의 대상이 되는 발화 내용이나 주제를 더 명료하고 상세하게 설명하는 데에 주력하므로 '그러니까'를 일종의 선언적 표지 또는 예비적 표지로 간주하여 빠르게 발음하는 것도 특징이다. 중국어권 학습자들은 이러한 '그러니까'의 기능을 이해하는 데에는 어려움이 없으나 사용하는 데에는 미숙한 모습을 보였다. 모어 화자 집단 KN의 대화에는 '까', '그까', '그니까'와 '그러니까' 등 형태가 다양하게 나타나 총 81회의 빈도를 기록하는 반면에 학습자 CK집단은 '까'와 '그니까'를 각각 4회 사용하였고 CC 집단은 '그니까'만 2회 사용하였다. 이를 그림으로 나타내면 다음과 같다.

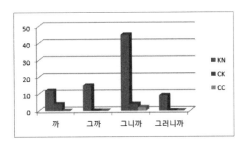

〈그림 3-4〉 부연하기 기능의 구어 담화표지 실현 양상 대조(단위: 회)

그 이유는 크게 다음과 같은 두 가지가 있다. 첫째, 모든 교재에서 '그러니까'의 접속부사 용법을 소개하고 있을 뿐 구어적 특징이 두드러진 부연 기능에 대해서는 전혀 다루고 있지 않다. 둘째, 인터뷰를 통해 확인할 수 있듯이 학습자들의 모국어도 상당한 영향을 미치고 있음을 알 수 있다. 중국어에서의 부연 기능은 주로 "就是(바로....이다)"의 전략적인 사용을 통해 실현된다. 위의 예시를 재인용하여 설명하도록 하자.

> KF03: 논술하는 거야, 연습. **그니까** 이것도 약간 생각을 넓히기 위해서. **그니까** 자기가 조사해서 자기가 글을 써놓은 거야. 자기 생각을……. 그리고서 학생들이 교실에서 발표를 하면서 서로 토론을 하는 거야. 이 주제에 대해서.
> (這個是"論述", 一种練習。這個就是爲了擴展思維, 就是自己調查之后寫一篇文章, 寫自己的想法。然后學生在教室里發表, 針對這個主題進行討論。)

이상의 한국어 모어 화자의 발화를 괄호 안에 있는 중국어로 번역할 수 있는데 그 중 '그니까'에 대응되는 가장 적합한 표현으로 "就是"가 있다. 필자가 인터뷰에 참여한 학습자들로 하여금 이를 다시 한국어로 구두 번역하게 한 결과, 모든 학습자들이 '그러니까'를 사용하지 않은 반면에 의식적이든 무의식적이든 부사 '바로'를 많이 썼다. 한국어로 되어 있는 화자 본래의 발화를 보여 주고 나서 몇몇 학습자들은 다 '이런 것을 많이 봤어/들어봤는데 막상 쓰게 되면 저절로 입에서 안 나온다'는 응답을 해 주었고, '이렇게 쓰는 것이 자연스럽지 만 그런 연습도 안 해 봐서 발화 즉시 이것을 무의식적으로 활용하지 못한다'는 고민도 토로하였다. 이를 통해 중국어권 학습자들은 부연 하기 기능의 '그러니까'를 얼마나 생소해 하는지를 알 수 있다.

흥미롭게도 일부 학습자들은 부연하기 기능을 수행할 때 '그러니 까' 대신 '아니야' 또는 '아니요'를 동원하는 모습도 보였다(CK: 26 회; CC: 4회).

[CKF09-KM02: 한국 유학 생활-학교 축제]

KM02: 축제에 막 공연 같은 거 안 했어요?

CKF09: 봤는데요.

KM02: 괜찮았어요?

CKF09: 시끄러워요. **아냐-1(부연하기)**, 사람 너무 많아 가지구 자
　　　　리가 없어서 그냥 주변에, 사람 얼굴도 볼 수 없고, 그냥 소
　　　　리만 **아냐-2(수정하기)**, 그 노래 말고 그 사람 치는 소리.

담화표지 '아니'는 화자가 앞선 발화 내용을 수정할 때 자주 사용 된다. 여기서 CKF09는 한 차례의 연속 발화에서 '아니야'의 축약형 '아냐'를 두 번이나 사용하고 있다. 논의의 편리를 위해 이를 각각 '아냐-1'와 '아냐-2'로 지칭한다. 먼저 '아냐-2'가 사용된 상황 맥락 을 보면, 화자는 학교 축제 때 가수의 얼굴을 못 봤을 뿐만 아니라 주 변 사람이 시끄러워서 노래도 제대로 들을 수가 없었다고 이야기하 고 있다. 이때 '그냥 소리만 들었다'고 말하고 나서 상대방이 그것이

노래라고 오해할까 봐 '아냐'를 첨가하고 '그 노래 말고'라고 명확하게 밝혔다. 따라서 '아냐-2'는 전형적인 수정 기능을 하고 있다. 이와 반대로 '아냐-1'의 전후 맥락을 보면, 후행 발화는 선행 발화인 '시끄러워요'를 설명하는 역할을 하고 있어서 발화를 수정하는 것이 아님이 분명하다. 그러므로 '아냐-1'의 기능을 '부연하기'로 보는 것이 타당하다.

여기서 이 학습자가 담화표지 '아니'를 사용하는 원인은 크게 두 가지로 볼 수 있는데 첫째는 모국어 대응 표현 "不是"의 영향이다. "不是"는 구어에서 매우 활발하게 사용되는 중국어 표지로서 다양한 기능을 수행한다. 그 중의 하나는 화자가 자기의 말이나 행동에 대한 이유나 근거를 제공하는 것인데 이는 '부연하기' 기능과 똑같다. 학습자 CCF26의 발화 중 '아니요'도 마찬가지이다.

[CCF26-KF10: 대학 생활]

CCF26: 그리고 음... 신촌.

KF10: 신촌 뭐가 유명해요?

CCF26: 명동((웃음)) **아니요.** 그냥 사람이 많고 살 거도 많고.

둘째, 화자 개개인의 발화 습관도 이에 관여된다. 조사된 70명의 학습자들 가운데 이 기능을 사용하는 학습자가 그다지 많지 않다는 것을 보면, '아니'의 사용은 모국어 영향 때문만이 아니고 화자의 발화 습관과도 연관이 크다고 짐작된다. 예를 들어, CKF09는 총 30분 길이의 대화에서 부연 기능의 '아니야'를 4번 사용하였고, CKM02는 무려 7번 사용하였다. 이들은 모국어로 말할 때 "不是"를 애용해서 이러한 영향을 받아 한국어로 대화할 때에도 무의식적으로 '아니'를 많이 사용하게 되었다.

1.2.4. 자기 발화 내용에 대한 태도 표시하기

1.2.4.1. 강조하기

대화 과정에서 화자는 말하고자 하는 내용 중의 특정 부분이나 전체를 강조하는 경우가 많다. 강조할 부분을 두드러지게 드러낼 수 있는 기법이 꽤 다양한데 문장 성분의 도치나 반복, 삽입 표현, 담화표지 등이 그것이다. 담화표지 중에서 강조 기능을 가지는 것으로는 '(-단/란/잔/냔)말이다'가 대표적이다.

[1] (-단/란/잔/냔)말이다

'(-단/란/잔/냔)말이다'는 강조 기능을 행사할 때 일반적으로 강조된 부분 뒤에 놓으며 화자의 진술 태도를 보이는 평서문의 문미에 실현되는 경우가 많다. 모어 화자들은 '(-단/란/잔/냔)말이다'의 이러한 강조 용법을 자주 사용한다.

[CCF01-KF03: 한국 생활-취직]

CCF01: 하하. 근데 생각이 너무 많이 하는 거 아니에요?

KF03: 아. 왜냐하면 내가 교생실습 나갔잖아요. 근데 그 선생님
들이 내가 뭐 모르는 거 물어보면 별로 좋아하지 않았**단**

말이에요. 아, '내가 할 일이 너무 많은데 왜 자꾸 이런 거 물어봤는지', '그냥 자기 손에서 알아서 끝내지' 막 이런 식이란 **말이에요.**

CCF01: 네.

(중략)

CCF01: 근데 제 생각에는, 특히 인턴 때 지금은 아무것도 모르고, 다른 사람한테 물어봐야 돼요.

KF03: 응.

CCF01: 아마 귀찮아도, 근데 그렇게 해야 우리 많이 배울 수 있어요.

KF03: 맞아. 나도 알지만. 그게 실제 상황이 그렇지 **않단 말이에요.** 그래서 어떤 거 해야 될지 엄청 고민하다가.

　　상기 대화에서는 한국인 화자 KF03은 3분도 안 되는 짧은 대화에서 '(-단/란)말이다'를 세 번이나 사용하여 선행 발화 내용을 강조하였다. 해당 중국어 번역을 보면 다음과 같다.

　가. 근데 그 선생님들이 내가 뭐 모르는 거 물어보면 별로 좋아하지 **않았단 말이에요.**

　　　但是我如果問那些老師我不知道的東西, 他們(眞的)不太喜歡。

　나. 아, '내가 할 일이 너무 많은데 왜 자꾸 이런 거 물어 보는지', '그냥 자기 손에서 알아서 끝내지' 막 이런 식**이란 말이에요.**

　　　啊, "我手頭有這么多事情要做, 爲什么還一直問這問那", "應該自己看着處理", 就會這樣。

다. 그게 실제 상황이 그렇지 **않단 말이에요.**

　　實際情況不是那樣的。

　중국어에서는 무엇인가를 강조하려고 할 때는 해당 부분을 강하고 높은 어조로 발화하는 방식을 많이 취하며 풍부한 부사를 적절한 위치에 출현시키기도 한다. (가)와 (다)의 '-단 말이다'는 중국어에 있는 일부 부사 표현으로 번역할 수도 있으나 굳이 일정한 표현을 찾아 번역해야 하는 것은 아니다. 왜냐하면 많은 경우에 강조할 부분인 "不太喜歡(별로 좋아하지 않는다)"와 "不是那樣的(그런 것이 아니다)"를 높고 세게 발음함으로써 '-단 말이다'와 비슷한 발화 효과를 얻을 수 있기 때문이다. 또한 문미에 쓰인 '(-단/란/잔/난)말이다'는 중국어의 부사 "就"와 대역되는 경우도 많은데 (나)의 '-란 말이다'가 그것이다.

　중국어권 학습자들은 의존형인 '-단 말이다'를 문장의 끝에 사용하여 문장 전체를 강조하는 기능을 능숙하게 사용하였다(CK와 CC: 각 6회).

[CCF07-CCF08: 한국 생활-음식]

CCF08: 근데 오늘 밤에 식당 돈까스 있어. 무료.

CCF07: 나 돈까스 진짜 싫어.

CCF08: 무료야!

CCF07: 무료도 싫어.

CCF08: ((웃음))

CCF07: 싫단 말이야.

CCF08: 왜 이래? 돈까스 맛있어.

학습자들은 '-단 말이다'와 '-다는 말이다' 두 가지 형태만 사용하였고 '-란/잔/냔 말이다'를 한 번도 쓰지 않았다. 인터뷰를 통해 이는 평소에 '-단 말이다'의 빈번한 접촉과 깊은 관련이 있음을 확인하였다. 학습자들은 의존형인 '-단 말이다'를 비교적 빈번히 사용한 반면에 명사, 어미 등 강조될 부분 뒤에 비의존형인 '말이다'를 붙여 쓰는 것은 한 번도 발견되지 않았다.

[CCF07–CCF10: 대학 생활]

CCF10: 너무 더워.

CCF07: 아, 그리고 우리 학교 에어컨도 없고 선풍기도 없어서 잘 수도 없군, 소나기라도 내리면 좀 시원할 텐데.

CCF10: 일기예보가 내일 비가 오다고 하는데.

이 발화에서 CCF07의 말투는 분명히 발화 내용에 대한 강조를 나타내는 것이다. 그러나 이 학습자는 '소나기라도 내리면 좀 시원할 텐데' 뒤에 비의존형 담화표지인 '말이다'를 붙여 쓰는 용법을 잘 모르기 때문에 원하던 발화 효과가 그다지 두드러지게 나오지 못하였다.

[2] 막

한국어에서도 중국어처럼 무엇인가를 강하게 부각시킬 때 부사형 담화표지들을 사용하기도 하는데 부사 '막'이 그 중의 하나이다. '막'은 원래 부정적인 태도를 표시하는 것이 주 기능이지만 현실 대화에서 모어 화자에 의해 훨씬 다양한 기능으로 사용되고 있다. 특히 젊은 사람들은 발화 중 특정한 내용을 강조할 때 '막'을 빈번히 사용한다.

[CKF06-KF02: 한국 유학 생활]

KF02: 우리 비즈니스 중국어, 아니다, 고급 중국어 회화 수업할 때 중국인 학생 여학생이 4명이 있는데 그중에 한 명은 진짜 너무 귀여워요.

CKF06: 뭐가?

KF02: 완전 말하는 것도 너무 귀엽고 **막** 통통하고 귀엽게 생겼는데. 뭘 하고 하지? 그니까 그 학생이 말을 하면은 뭔가 사랑스러워 보이거든요.

CKF06: 진짜?

KF02: 응. 엄청 귀여워요. 그래서 교수님도 원래 그런 교수님 아닌데 **막** 웃으면서 쳐다보고 말할 때 따뜻하게 아빠 같애.

CKF06: 진짜? 중국 유학생?

KF02: 응.

중국어권 학습자들은 부사로서의 '막'을 잘 사용하지만 강조용 담화표지로서의 '막'의 사용에 있어서 매우 미숙하다. 조사된 70명의 학습자 가운데 이러한 '막'의 강조 기능을 사용한 사람은 한 명밖에 없었다.

> **[CKM01-CKM02: 한국 유학 생활-여자친구]**
>
> CKM02: 근데 진짜 너 사귀고 싶다면 그 여자는 마음을도 알아야
> 되거든.
>
> CKM01: 어떤 조건?
>
> CKM02: 예를 들면 착하고 **막** 조용한 성격을 가지고 있는 그런 여
> 자. 아니면 되게 **막** 공부도 잘하고 그런 여자
>
> CKM01: 없어.
>
> CKM02: 있을 수도 있거든.
>
> CKM01: 만약에 있으면 남친이 이미 생겼어.

한국 거주 경험이 없는 대다수 학습자들에게 있어서 '막'은 원래 부정적인 감정 색채를 띠고 있는 부사인데 어떻게 긍정적인 이미지를 표시하는 상황에서도 사용할 수 있는지에 대해 잘 이해하지 못한다. 모국어에 '막'과 대응된 부사가 없고 교재 제시도 거의 없어서 이렇듯 목표어 지식에 대한 불완전한 인지를 가지고 있는 학습자들은 강조 기능의 '막'을 원활하게 사용하지 못한 것이 자연스러운 결과라고 볼 수 있다.

[3] 그냥

담화표지 '그냥'은 '막'과 다를 바가 없다. 이에 대해서는 보다 자

세히 후술하겠으나 중국어권 학습자들은 '그냥'의 약화 기능을 매우 능숙하게 사용한다. 이것은 어원어인 부사 '그냥'의 사전적 의미로부터 영향을 받은 결과라고 해석된다. 그러나 현실 대화에서 한국어 모어 화자들은 '그냥'을 긍정적인 감정 색채를 부각시켜 고유의 용법에서 탈피하여 강조하는 용도로도 자주 사용한다. 대조적으로 이러한 용법은 학습자 집단에게 한 번도 관찰되지 않았다.

[CKF01-KF01: 한국 문화-배우]

CKF01: 근데 전지현이나 아니면 박신혜, 이런 스타일은 다 딱 보면 사람들이 다 쉽게 기억하는 그런 얼굴이에요.

KF01: 고유의 향기가 있는 것 같은 그런 사람. 저는 중국 여배우 중에 장만옥 좋아하는데, 장만옥이야말로 전형적인 그런 미인의 얼굴이 아니라 어떻게 보면 얼굴도 너무 턱도 작고 둥그랗고, 코도 좀 비뚤어지고, 좀 그렇게, **아주 그냥,** 전형적인 미인은 아닌데 저는 장만옥이 너무 예쁜 것 같아요. (후략)

CKF01: 맞아요. 장만옥은 또 품위 있는 그런 사람인 것 같아요.

[4] 뭐

문미에 놓이는 '뭐'도 강조 기능을 수행할 수 있다. 의문사로부터 담화표지로 변화하는 '뭐'는 다양한 맥락에서 독립적으로 쓰이며 풍부한 기능을 보이는데 문장의 마지막에 출현하면 선행 발화 내용을 강조하는 용법이 대부분이다. 이때 '뭐'는 보통 세게 발음되지 않고 전체 발화의 억양에 따라 문미에서 가벼운 내림조로 실현된다. 중국어에는 이러한 '뭐'에 해당된 실사 표현이 없으므로 화자의 강조 태도를 표현하려면 일부 어기사와 강세 등 방법을 적절하게 동원해야 한다.

[CKF06–KF02: 한국 유학 생활]

CKF06: 그럼 밖에서 따로 찍을 거야?

KF02: 친구들이랑 따로 찍으려고. 그냥 학사복만 찍고

CKF06: 아, 그 졸업식 때 그 학사복 입고 그거만 찍고?

KF02: 응. 나름이야 **뭐**.

담화표지 '뭐'의 이러한 기능은 상당수의 중국어권 학습자들에게 어렵게만 느껴진다. 왜냐하면 '뭐'는 웬만한 상황이면 거의 모국어 "什么"와 호환 가능한데 유독 이렇게 강조의 의미를 나타내는 경우에는 "什么"와 아무런 관련성이 보이지 않기 때문이다. 그럼에도 불구하고 고무적인 것은 몇몇 학습자들이 이에 대하여 선행 학습을 한 적이 있어서 여유 있게 사용하는 모습을 보여 주었다는 것이다(CK: 4회; CC: 10회).

[CCF06–CCF30: 한국의 방 임대]

CCF30: 괜찮은데요. 어차피 지금 00도 지금 살 수 있는 곳을 찾았어요. 미안하지만 어쩔 수 없어요.

CCF06: 어쩔 수 없지 **뭐**.

[5] 어디

담화표지 '어디'는 가장 전형적인 담화 기능 중의 하나는 화자의 부정적 태도에 대한 강조인데 이때 반어적 의미 표출을 항상 수반한다. 그리고 이러한 '어디'는 중국어 "哪里/哪儿"과 대응 관계를 이루고 있어 학습자들에게 쉽게 이해될 수 있다.

> 예: 말이 쉽지, 정말 그렇게 하려면 <u>어디</u> 말처럼 쉬운가?
> 역 : 話說得簡單, 眞那么干哪(儿)有說的那么容易啊!

위 예시에서는 화자가 어렵다는 의미를 반어적으로 표현하고 있고 이를 더 강하게 전달하고자 부정하는 형용사 '쉽다' 앞에 담화표지 '어디'를 덧붙인다. '말처럼'이 부정 핵심인 '쉬운가'의 주변적인 수식 성분으로 긴밀한 관계를 맺고 있어서 '어디'가 이들 앞에 나오는 것이 일반적이다. 중국어도 이와 비슷한 양상을 보인다.

학습자들의 사용 양상은 비교적 단조롭게 나타났는데 명사, 형용사 등 품사 앞에서 사용되는 경우가 전혀 없고 '있다' 앞에 쓰여 '어디 있어?'의 형식으로 두 번 나타난 것이 그 전부이었다.

[CKF20-CKF21: 한국 유학-알바]

CKF20: 나는 니가 오히려 더 부러워. 나는 지금 돈이 많지 않잖아. 그래서 옷도 많이 못 사고 고기도 많이 못 먹고 너무 너무 답답해.

CKF21: 그러지 마. 세상이든 놀면서 돈을 벌 수 있는 직업이 있으면 좋겠다.

CKF20: 꿈 깨라. 그런 일이 **어디** 있어? 열심히 일 해라.

[CCF03-CCF04: 대학 생활]

CCF03: 우리가 같이 갈래?

CCF04: 그래? 나도 가고 싶은데 숙제도 많아서 아마 토요일까지
안 되겠다.

CCF03: 그럼, 숙제 일요일 하지 뭐. 나도 숙제 엄청 많아. 그런데
주말 같은 놀 수 있는 시간도 **어디** 있겠니? 같이 가자.

CCF04: 그럴까? 나도 갈까?

지금까지 강조 표시 기능을 가지는 다섯 가지 담화표지에 대해 살펴보았는데 세 집단의 종합적인 사용 양상 및 빈도를 일목요연하게 제시하면 〈그림 3-5〉와 같다.

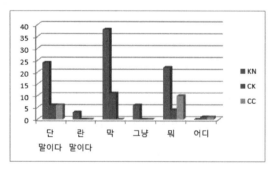

〈그림 3-5〉 강조하기 기능의 구어 담화표지 실현 양상 대조(단위: 회)

1.2.4.2. 약화하기

[1] 좀

한국어와 중국어는 여러모로 화용적 차이를 보이지만 아시아 문화권에 속하고 있기 때문에 공통된 언어문화 양상도 있다. 약화기능의 '좀'은 양 언어 모두에서 관습적으로 고빈도로 쓰이는 것이 이에 해당된다. 또한 한국어의 '좀'과 중국어의 해당 표현은 일대다의 관계를 이루고 있는데 대조분석 가설에 근거한 난이도 위계[74]에 따르면 중국어권 학습자들은 '좀'을 매우 쉽게 습득할 수 있다. 이론적 연구로부터 도출한 이러한 판단은 학습자들이 대화에서 '좀'을 빈번하고도 원활하게 사용하는 양상을 통해서 충분히 입증되었다.

담화표지 '좀'은 '양이나 수의 적음'을 의미하는 것으로 그것이 수식하는 어구가 지시하는 것의 중요성을 최소화함으로써 약화 기능[75]

---

74 Stockwell, Bowen & Martin(1965)에서는 대조분석 가설을 응용하여 외국어 습득의 난이도를 위계화하였다. 이와 비슷한 시기에 주목할 만한 연구가 Prator(1967)도 있는데 이 연구에서 6단계로 나누어 다음과 같이 난이도의 단계를 매겼다 (Brown, 2001).
  level 0 transfer
  level 1 coalesence
  level 2 underdifferentiation
  level 3 reinterpretation
  level 4 overdifferentiation
  level 5 split

75 '좀'의 약화 기능은 다음과 같은 예시에서도 찾아볼 수 있다.

  ① 문 **좀** 닫아주세요.
  ② 가: 이따 끝나면 우리 같이 저녁을 먹자.
    나: 선배, 저 선약이 있어서 **좀** 곤란할 것 같네요.

을 실현하는데 그 구체적인 양상은 아래 예문과 같다.

[CCF25-CKF23: 한국 배우]

CCF25: 차승원 알아요?

CKF23: 차승원?

CCF25: 네.

CKF23: 아 혹시 키가 되게 크시고

CCF25: 네.

CKF23: 약간 좀 덩치가도 **좀** 크시고 여기 수염도 **좀**.

　　　//CCF25: 네 있으신 분. 네

CKF23: 되게 잘 생겼는데 남자답게.

CCF25: 네, 매력적인 아저씨예요.

　　한국어나 중국어나 '좀'은 대부분 형용사 앞에 사용하여 그것이 지시하는 정도를 약화시킨다. 이때 '좀'은 "有点儿", "有些"로 번역하는 것이 대부분이다. 하지만 '좀' 뒤에 동사 성분이 나오면 그 대응 표현이 달라진다.

이때의 '좀'은 상대방에게 어떤 부탁이나 요청을 할 때, 또는 상대방의 부탁이나 제안을 거절할 때 사용하는 것으로 화자의 공손한 태도, 완곡한 태도 등을 표출한다. 물론 이때의 '좀'도 고유의 기본 의미가 잔류되어 문장 속에서 약화기능을 수행하고 있음이 분명하다. 하지만 그 기능은 단순한 약화 기능을 넘어선 맥락상의 기능이 더 두드러지게 부각되기 때문에 필자는 이들을 각각 '공손 태도 표시'와 반응적 표지의 '완곡하게 거절하기'로 규정하여 후술할 것이다.

[CCF12-CCF15: 대학 생활]

CCF12: 이따가 뭐 할 거야?

CCF15: 서점에 **좀** 갔다오려고, 왜?

학습자 CCF15는 동사 '갔다오다' 앞에 '좀'을 붙였다. 중국어에서 이와 똑같은 약화 표현으로는 동사 뒤에 붙여 쓰는 "一趟(한 번), 一下儿(-아/어 보다)" 등이 있다. 이 예시에서 '좀'은 화자 본인이 곧 할 동작 앞에 쓰여 가볍고 약하게 발음되는데 이러한 사용 뒤에 화자의 어떤 동기나 심리가 분명히 숨어 있다. 화자 CCF15는 '좀'을 사용함으로써 자기가 서점에 가는 일을 별로 중요하게 생각하지 않는다든지 상대방으로 하여금 이 일에 신경을 많이 쓰지 않게 하려는 심리를 전달한다. '좀'이 사용되는 문장 전체를 약하게 발화하지만 뒤에 나오는 '왜'는 화자가 상대방에게 전달하고 싶은 핵심 내용이기 때문에 이를 보다 강하게, 높게 발음하는 것이 자연스럽다.

또한 '좀'은 화자가 자기를 낮추는 자세로 겸손한 태도를 표현할 때도 활용된다. 이때 역시 약하게 발음되는 것이 대부분이다.

(철수가 영어를 잘 하지만 다른 사람들 앞에서 영어 실력을 자랑하고 싶지 않다.)

지애: 철수 씨, 영어 잘해요?

철수: **좀** 해요. 왜요?　　會一点儿。

지애: 나 요즘 토익 시험을 준비하고 있어요.

여기서 철수는 영어를 아주 잘 한다는 것을 별로 자랑하고 싶지 않고 그러나 잘 못한다는 거짓말도 하기 싫어서 절충적으로 '좀'을 사용함으로써 겸손한 태도를 보이고 있다. 한국인뿐만 아니라 중국인들도 이러한 표현 방식을 선호한다. 보통 '잘해요?', '할 줄 알아요?' 따위의 질문에 응답할 때 "會/懂一点儿"(좀 할 줄 안다), "知道点儿(좀 안다)"라고 한다.

담화표지 '좀' 뒤에 동작의 부정형도 사용하곤 한다. 아래 대화에서의 '좀'은 "不太"나 "不大"로 하면 화자가 원하는 완화 효과를 제대로 드러낼 수 있다. 이 용법 또한 중국어와 다르지 않아 학습자의 이해와 사용에 전혀 어려움이 없는 것으로 나타났다.

[CKF01-KF01: 한국 유학 생활-문화]

KF01:   한국에서 문화 생활 많이 해요?

CKF01: 무슨 문화 생활?

KF01:   예를 들면, 어...영화를 본다든지, 공연을 보러 간다든지, 콘서트 관람을 한다든지 문화생활 많이 해요?

CKF01: 그거, 좀... 같이 가 주는 사람이 없어서 못해요. 많이 못 해요.

KF01:   남편은 가끔 한국에 있어서?

CKF01: 가끔 한국에 있지만 바빠요. 나랑 같이 가주는 시간이 없어요.

KF01:   또 그런 취미에 대한 기호가 서로 맞아야 또 같이 가는 거니까. 남자들은 **좀** 그런 문화 활동에 시간과 돈을 투자

하는 것에 대해서

//CKF01: 네.

KF01:   **좀** 좋아하지 않는 경향이 있는 것 같아요.

흥미롭게도 모어 화자 발화를 살펴보면 '좀' 뒤에 '많다'가 사용되는 현상도 몇 번 관찰되었다. 서로 모순이 되는 것처럼 보이지만 심층적으로 분석하면 발화 내용 약화 기능의 '좀'은 일종의 언어·문화적 요소로 정착되고 있음을 알 수 있다.

[CKF06-KF02: 한국 대학 생활]

CKF06:   원래는 어느 과야?

KF02:   저요?

CKF06:   아니, 아니.

KF02:   저 중국인? 중국어과.

CKF06:   중국인이 중국어과 다녀?

KF02:   네. 중국인인데 중국어 하는 사람들 **좀** 있어요. <u>많아요.</u>
         그래서 저도 처음에 신기했는데, 하더라고요.

위의 대화에서 KF02는 중국인 학생이 중국어과에 다니고 있는 현상을 언급하면서 약하게 '좀 있어요.'를 습관처럼 말하고 나서 그런 학생의 숫자가 적지 않다는 사실을 더 명료하게 전달하기 위해 곧이어 '많아요.'를 붙여 쓰고 있다. 이때 '좀'과 '많이'는 각각 독립적인 문장에 출현되므로 중국어로 전환할 때 간단하게 순서대로, 그리고 문자적 의미대로 번역하면 된다[76]. '좀'과 '많다'가 나란히 사용되는 것은 학습자들에게 전혀 어렵게 느껴지지 않지만 활발한 사용 모습은 보이지 않았다.

[2] 그냥

이어서 약화하기 기능의 또 다른 담화표지 '그냥'을 살펴보겠다. 앞서 소개한 강조 기능의 '그냥'과 다르게 약화 기능을 보이는 '그냥'은 약하고 짧게 발음되며 그 사용 빈도가 모든 기능 중에서 최고치를 기록하였다.

[CKF09-KM02: 한국 스타]

CKF09: 아. 한국에서 되게 유명한..

//KM02: 아, 그 00가. 응, 유명하지요.

CKF09: 아.

KM02: 되게는 아니고 **그냥** 이름이 조금 날린 정도, **그냥** 젊은

---

76 하지만 이러한 번역 방식은 아래 예문에는 적용되지 않는다.

성준: 어젯밤에는 좀 많이 아팠는데, 지금은 나아졌어요.
　＊昨天晚上有点儿特别難受。
　昨天晚上有点儿難受。(좀 아프다)
　昨天晚上特別難受。(많이 아프다)　　　　　　(말하기 쉬운 한국어 6, 제1과)

여기서 화자 성준은 정말로 많이 아팠지만 친구의 걱정을 최대한 덜어주려고 '좀'을 사용하여 그 아픔을 가볍게 표현하고 있다. 이때 '좀 많이'를 중국어로 직역하면 "有点儿特別"가 된다. 그러나 이러한 표현은 중국어에서 비문법적이기 때문에 '매우 아프다', 즉 "特別難受"로 번역하든지 '좀 아프다'의 "有点儿難受"로 번역할 수밖에 없다.

친구 대부분 아는 정도.

[CCF09-CCF10: 한국 유학 생활]

CCF10: 얘기할 때, 샤워할 때 얘기하고 근데 옆의 친구, 한국 친
　　　구가

CCF09: 큰 소리 얘기하는 거야?

CCF10: 큰 소리지 않은데, **그냥** 얘기하는 거. 그런데 우리 옆에
　　　한국 친구가
　　　//CCF09: 한국인이야?

CCF10: 한국인, 한국인 친구가 저한테, 우리한테 조용히 해 주세요.

　중국어 부사 "就"가 '그냥'과 대응되므로 그 사용이 매우 용이한 편이다. 학습자의 자료에 나타난 약화 기능 표지는 '그냥'은 1위의 '좀'에 이어 2위를 차지하였다(CK: 50회; CC: 34회).

[3] 뭐

　담화표지 '뭐'도 화자가 자기 발화를 완화시키기 위해 자주 사용하는 표지이다. 조사된 자료 중 주로 의문문에서 '뭐+수식어+피수식어'의 형식으로 출현하였다. 이때 '뭐'는 화자가 망설이는 태도를 거의 나타내지 않아 이를 '시간벌기' 기능에 포함시키는 것보다 발화를 부드럽게 만드는 '약화 기능'으로 보는 것이 더 타당하다.

[CKM03-KM06: 한국 유학 생활]

CKM03: 멀어서 안 돼요? 우리 주변에 피자집 많은데요.

KM06: 추천 좀 해 주세요.

CKM03: 추천

//KM06: 아니, ((전단지를 찾고)) 뭐 전단지 이런 거 없나?

CKM03: 아마 다 치워버렸어요.

KM06: 하, 슬프구만.

[CCF26-KF10: 중국 생활]

CCF26: 중국 음식은 뭐 좋아하는 거 없어요?

KF10:   다 좋아요. 샹채만 빼면 다 먹을 수 있을 것 같아요. 특히
        탕수육이나 궈바오유나 다 맛있을 것 같아요.

CCF26: 한국 사람들은 다 그런 걸 좋아하는 것 같아요. 단 거.

KF10:   네, 단 거 좋아해요.

[CKF04-CKF05: 한국 유학 생활]

CKF05: 공부도 힘들고, 여러 가지.

CKF04: 여러 가지? 일상생활에서 뭐 힘든 때도 있어?

CKF05: 그럼. 공부지.

(중략)

CKF04: 음, 공부 힘들구나. 그럼 어 공부 말고 한국 생활 따른 쯤
        에 ???. 뭐 괜찮은 거 없어? 다 힘들어?

CKF05: 다른 거는, 음식? 음식, 한국 음식 별로 안 좋아. 중국처

럼 먹고 싶은 것도 없어.

CKF04: 음. 한국 어식, 한국 음식 입에 맞지 마, 안 맞았구나. 한국
　　　　뭐 드라마 같은 거, 연예인 같은 거 **뭐** 좋아하는 거 있어?

CKF05: 드라마는 요즘 보고 있는 드라마 있어. '응답하라, 1988'.

　담화표지 '뭐'의 이러한 쓰임은 중국어권 학습자에게 낯설지 않
다. 왜냐하면 '뭐'에 해당되는 중국어 표현 "什么"도 이와 비슷한 완
화 기능을 담당하고 있기 때문이다.

　　　뭐 전단지 이런 거 없나?　　有沒有什么傳單啊之類的？

　　　뭐 괜찮은 거 없어?　　　　有什么不錯的嗎？

　　　뭐 좋아하는 거 있어?　　　有沒有什么喜歡的？

　이들 문장의 의문 용법은 문두의 "有沒有"와 문미의 어기사("嗎")
를 통해 드러난다. 여기서 '뭐'와 "什么"는 의문사로서의 고유 기능
을 행사하는 것이 아니라 화자의 부드러운 말투를 표현하는 것으로
사용상 별로 차이가 없기 때문에 중국어권 학습자들에게 매우 쉬운
항목으로 인식된다.

　지금까지 논의한 약화 기능 담화표지의 집단 간 사용 양상 및 빈
도는 다음 〈그림 3-6〉과 같이 제시한다.

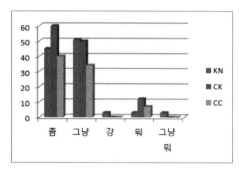

〈그림 3-6〉 약화하기 기능의 구어 담화표지 실현 양상 대조(단위: 회)

1.2.4.3 부정적 태도 표출하기

화자는 자기의 발화 내용에 대한 부정적 태도를 표현하는 경우가 흔하다. 이러한 태도는 화자의 말투를 통해 전달되기도 하고 일부 담화표지를 통해 표현되기도 하는데 자주 등장하는 담화표지로 '그냥', '막', '진짜', '정말', '참' 등이 있다. '그냥'과 '막'은 부사 어원어가 지닌 부정적 색채가 그대로 전이되어 담화표지로 쓰이게 되면서 화자의 부정적 발화 태도를 자연스럽게 표출하게 되며 '진짜', '정말', '참'은 화자의 불만, 한심함, 못마땅함 등의 부정적 심리를 나타낼 때 사용된다. 발화 시의 억양도 이러한 심리적 태도와 어울리면서 실현되어야 한다.

[CCF01-KF03: 한국 유학 생활]

CCF01: 네. 왜냐면 좀 아마 유치한...지금 돌이켜 생각해 보면 그때 한 질문은 좀 유치한 질문이에요. 그래서 아마 그 교수님도 아 그거 유치하다고 생각할 거예요. 근데, 그래서 한국 사람도 그렇게 질문을 잘 안 해요.

KF03:　　까 어렸을 때부터 질문을 잘 안 해요. 질문의 깊이 없는
　　　　거야. **그냥, 그냥** 되게 **진짜** 뭐 질문을 해 보세요. 이러면
　　　　진짜 표면적인 거. 이 단어 뜻이 뭔가요, **막** 이런 식의 질
　　　　문밖에 못하는 그런, 아예 연습이 안 되는 그런 상태인
　　　　것 같아요.

이 예시에서 모어 화자 KF03은 한국인이 어렸을 때부터 질문을
잘 안 한다는 것, 질문하게 되면 매우 표면적인 것만 한다는 것에 대
한 부정적 시각을 명확하고 강하게 전달하기 위해 '그냥', '진짜',
'막' 세 가지의 담화표지를 사용하였다. '그냥'과 '진짜'에 대응하는
중국어 표현이 "就(是)", "眞的" 등이 있는데 이러한 표현은 중국어
모어 화자가 부정적 태도를 표시할 때 흔히 사용하는 것들이다. 학
습자들의 대화 자료를 분석한 결과는 자기 발화 내용에 대한 부정적
태도를 표현할 때 '그냥'만을 사용한 것으로 나타났다(CK: 18회; CC:
16회). 이에 반해, 2.2.5에서 후술하겠지만 상대방의 발화에 대한 부
정적 정서를 표출할 때 '진짜', '정말', '그냥', '참' 등을 골고루 활용
하였다.

단, 담화표지 '막'은 한국어 모어 화자의 발화에서는 빈번히 목격
되었지만 학습자들에게는 별로 선호되지 않은 것으로 조사되었다.

[CKM03-KM06: 한국 유학 생활-취직]

KM06:　 그러니까 00가 먼저 그 이력서를 받고 막 이렇게 했어요.

근데 그 다음에 000이⋯000에 들어가려면 시험이 있단 말이에요. 시험을 **막** 쳤어요. 그 000이 면접⋯ 최종 면접을 **그냥 막** 속전속결로 **막 그냥** 끝내버리는 거예요. 그래서 00에 갈 사람들 중에 많은 사람들이 000를 같이 쳤잖아요.

CKM03: 네.

KM06: 그 중에 좋은 사람들 다 뽑아갔어요.

CKM03: 네.

이처럼 부정적 태도를 표시하는 '막'은 단독으로 쓰이는가 하면 '그냥'과 함께 사용되기도 한다. 다른 담화 기능에 비하면, 부정적 태도의 표출 기능은 어원어 의미와의 관련성이 깊으므로 학습자들이 '막'의 부사 용법을 잘 습득한다면 이를 별로 어려워하지 않을 것이다. 하지만 학습자들은 '막'을 저빈도로 사용하였다. 대부분의 인터뷰 대상자는 '막'이 발화 내용의 부정적인 색채를 강하게 부각시킬 수 있기 때문에 이를 사용하면 원래 의도하지 않았던 발화 효과를 가져올 위험이 있으며, 또한 교재에서의 소개도 찾을 수 없어 정확한 용법을 몰라서 '막'을 적극적으로 사용하려고 하지 않는다고 응답하였다. 몇몇 학습자는 '막' 대신 '그냥', '진짜', '정말' 등처럼 부정적 태도를 가장 무난하게 전달하는 담화표지들을 선호한다고 덧붙였다.

1.2.5. 청자 주의 집중시키기

화자가 상대방의 주의를 집중시키려면 다양한 담화표지를 사용할 수 있는데 대표적인 것으로는 '말이다', '자', '저기요', '여기요' 등이 있다[77].

[1] 말이다

한국어 대화에 자주 등장하는 주의 집중 표지 중의 하나는 '말이다'이다. 이러한 기능의 '말이다'는 강조 기능의 그것과 다르게 문장의 중간 위치에 출현하여 '그런데', '그리고', '그래서' 등 접속부사에 후행하는 경우가 많다[78]. 이때 '말이다'에 해당된 중국어 표현은 고정되지 않고 어기사(예: 啊, 呢 등)나 말투의 변화, 발화 휴지 등을 다양한 방법을 활용함으로써 '말이다'의 어감을 근접하게 나타낸다.

----

[77] 주의집중 기능을 보이는 담화표지에는 '어디'도 있다. 여러 선행 연구에서 '어디'의 이러한 기능을 논한 바가 있다.

(웅성거리는 사람들을 향하여)**어디**, 제가 한 말씀 드리겠습니다.
那个/那什么, 我來說兩句啊.
(구종남, 1999:227쪽의 예문)

이 예문은 '어디'의 가장 전형적인 '주의집중' 기능을 보여 준다. 구체적인 본 발화 내용을 말하기 전에 '어디'와 '제가 한 말씀 드리겠습니다.' 이 두 가지 언어 장치에 예비 발화의 역할을 부각시켜 청중들의 주의를 끌고 있다. '어디'에 대한 중국어 표현 "哪里/哪儿"은 이에 해당되지 않으며 "那个", "那什么"를 쓰는 것이 대다수이다. 본 연구에서 조사한 대화 자료 가운데 주의집중 기능을 보이는 '어디'는 한 번도 출현하지 않았다.

[78] 여기서 주의해야 할 점은 '말이다'가 '그러나', '그렇지만', '그러므로', '따라서' 등 접속사와 결합하여 사용되는 경우가 드물다는 것이다. 이는 여러 선행 연구에 의해 밝혀진 바가 있다.

이밖에도 '말이다'는 '주제 강조하기'와 '주의 집중' 기능을 동시에 수행하는 경우도 있는데 구체적인 발화 주제를 알려 주는 성분 뒤에 쓰이는 것이 이에 해당된다. 여기서 대표적 선행 연구인 임규홍 (1998:171)의 예문을 가져와 살펴보자.

그런데 철수가 **말이야,** 이번에 교통사고를 크게 당했단다.

위 예문에 나타나는 '말이야'는 주제어인 '철수' 뒤에 출현하여 화자가 말하고자 하는 대상은 다른 사람이 아닌 철수임을 강조하고 있다. 동시에 청자의 주의를 철수에 대한 후행 발화 내용에 집중시키는 기능도 하고 있다. '말이야'가 사용되지 않으면 이러한 독특한 발화 효과가 두드러지게 나오지 못할 것이다.

학습자들의 대화 자료를 분석한 결과, 접속부사 뒤에 쓰여 순수한 주의 집중의 기능을 가지는 '말이다'의 출현은 한 번도 발견되지 않았다. 필자가 인터뷰를 통해 원인을 확인하였는데 학습자는 젊은 사람, 또한 여성 화자들이 이를 잘 쓰지 않는다는 견해를 보였다. 그리고 교재 제시와 교사 설명의 부재도 일부 원인에 해당된다.

이와 대조적으로 '주제 강조+주의 집중' 기능을 보이는 '말이다'의 빈도는 총 9회로(CK: 4회; CC: 5회) 1.2.4.1.에서 논의했던 강조 기능의 그것을 이어 2위를 차지하였다.

[CKF09-KM02: 한국 드라마]

KM02: 이 사람도 연기 엄청 잘하는 걸로 유명해요 원래

CKF09: 아.

KM02: 아주 잘 뽑았어.

CKF09: 그 강소라 **말이야**. 나 전에 그 써니 때문에 정말 좋아했거
든요.

KM02: 강소라?

CKF09: 강소라.

KM02: 왜 좋아해요?

CKF09: 좀...다른 여배우랑 좀 특별한 분위기가 있잖아요.

[CCF18-CCF19: 대학 생활]

CCF18: 참, 00아, 넌 저번에 말한 그 친구.

CCF19: 누구?

CCF18: 음, 여행하러 한국에 간 친구 **말이야**. 호텔에서 쓰러졌잖
아. 어떻게 됐어?

　위의 예시에서 학습자 CKF09와 CCF18은 주제어 '강소라', '친구'
뒤에 비의존형 담화표지 '말이야'를 넣어 상대방의 주의를 끌고 있
다. 하지만 일부 학습자는 '말이야'의 이러한 비의존적인 용법을 충
분히 인식하지 못하여 주제어와 담화표지 사이에 불필요한 성분(예:
주격조사 '이/가')을 첨가하는 오류를 범하였다.

[CCF07-CCF10: 대학 생활]

　CCF07: 그렇게 많이 죽었어?

CCF10: 응. 근데 지금 한국 정부가 메르스 시설가 좋지 않다구,
그리구 한국 사람의 **말이야**, 메르스 이런 바이스가 신경
전혀 안 쓰는데.

CCF07: 아, 진짜? 어떻게 이럴 수가 있어?

CCF10: 모르겠어. 그냥, 아마 우리 생각보다 그렇게 심하지 않은
것 같애.

[2] 자

'자'는 감탄사이자 담화표지이다. '말이나 행동을 할 때 타인의 주
의를 불러일으키기 위하여'(『표준국어대사전』의 뜻풀이) 하는 말이
다. 해당 중국어 표현은 고정되어 있지 않으며 상황에 따라 마땅한
동사를 찾아 대응시키는 경우가 많다. '자'는 학습자의 대화 자료에
한 번만 사용되었다.

[CKF20-CKF21: 유학 생활-여행]

CKF20: 있잖아, 다른 게 아니라 돈 좀 빌려줄래?

CKF21: 왜? 왜 또 돈을 빌리는 거야? 며칠 전에 많이 빌려줬잖아.

CKF20: 요즘 친구랑 부산 가려고 돈 좀 부족할까 봐 그래서 좀
빌리려고.

CKF21: **자**, 여기, 가져가.

CKF20: 고마워.

인터뷰를 통해 확인한 바로는 이와 같은 저빈도의 출현은 이해 및

사용상의 어려움 때문이 아니라 상대방의 주의를 강력하게 집중시키는 대화 맥락이 흔하지 않고, 또한 개인적 습관으로 인하여 '자'를 애용하지 않기 때문인 것으로 나타났다.

[3] 여기요, 저기요

'여기요'나 '저기요'는 일상대화에서 종종 사용되는 상투어로서 상대방의 주의를 끄는 기능을 가진다. 이들은 처소나 장소를 의미하는 '여기'와 '저기'를 기저로 해서 담화표지로 전성하는, 한국어 특유의 언어문화 현상이므로 중국어의 해당 표현인 "這"와 "那"는 이와 비슷한 문법화 발달이 이루어지지 않아 한국어와 서로 대응하지 않는다. 하지만 양국 언어의 이러한 차이 때문에 학습자들은 '여기요', '저기요'를 어려워할 것이라는 결론을 도출하는 것이 위험한 일이다. 왜냐하면 어떤 경우에 모국어에 없는 지식이 목표어에 특징적으로 나타나면, 특히 그 용법이 상대적으로 용이할 때 학습자들은 오히려 이를 더 잘 습득할 수 있기 때문이다. '여기요'와 '저기요'는 바로 이에 해당된다. 이 또한 인터뷰를 통해 검증되었다.

학습자들의 대화 자료는 사적인 면대면 대화를 위주로 수집하였기 때문에 '여기요'나 '저기요'가 사용될 만한 대화 상황이 거의 제공되지 않아 그 사용이 단 한 번뿐이었다. 해당 대화는 아래와 같다.

[CCF20-KF06: 한국 유학 생활]

CCF20: 춘천에 가 본 적이 있어?

KF06: 춘천? 아니…

CCF20: 춘천닭갈비 유명해잖아.

KF06: 응...맞아.

CCF20: 나 저번에 친구랑 같이 가봤어. 잠깐만. (식당 종업원을
향해) **저기요**, 물 좀 주세요.

이 대화는 학습자 CCF20이 한국인 친구 KF06과 춘천닭갈비 식당
에서 밥을 먹으면서 채록된 것이다. 여기서 CCF20은 '저기요'를 자
연스럽게 사용함으로써 상대방의 주의를 끌려고 하였다.

[4] 있잖아

담화표지 '있잖아'도 청자의 주의를 환기하는 기능을 갖고 있는데
보통 화자 발화의 시작 부분이나 중간 부분에 사용되며 주의를 끌기
위해 높은 어조로 실현되는 경우가 대부분이다. 학습자의 대화 자료
에서 '있잖아'의 사용은 한 번밖에 관찰되지 않았는데 해당 사례는
다음과 같다.

[CCF21-CCF28-CCF29-CKF13: 대학 생활]

CCF21: **있잖아**, 요새 내 친구가 다이어트 때문에 완전 덜었어.

CKF13: 왜?

CCF29: 걔가 다이어트 한다고 이틀 동안 밥 먹지 않고 요거트
만 마셨어.

하지만 '있잖아'의 저빈도 사용은 학습자들이 이를 어려워하는 것

을 의미하는 것은 아니다. 왜냐하면 '있잖아'는 의미가 단순하고 담화 기능이 단일하기 때문에 학습자들이 이를 원활하게 이해하고 사용하는 능력을 충분히 갖추고 있기 때문이다. 따라서 사용 빈도의 저하 현상은 다른 측면에서 그 원인을 찾아야 할 것이다. 상대방의 주의를 환기할 때 문두 위치에 특정한 표현을 미리 사용하는 것이 일반적인데 이때 '있잖아' 외에 '참', '맞다', '그거' 등 다양한 장치들을 사용할 수 있다. 이처럼 많은 선택항이 주어지는 경우에 학습자들은 이 중 어느 것을 선택해서 사용하는지를 결정할 때 모국어에 의지하는 경향이 강하다. 따라서 모국어의 해당 표현에 대응되는 한국어 담화표지를 우선적으로 사용하게 되는데 그 중에서 '참'과 '맞다'(對了), '그/그거(那个)'가 가장 선호될 수 있다. 이 때문에 '있잖아'에 대한 선호도가 떨어지는 것이 자연스러운 선택의 결과이다.

　이상에서 살펴본 바와 같이 청자 주의 집중시키기 기능을 가진 구어 담화표지로는 '말이다', '자', '여기요', '저기요'와 '있잖아' 등이 있는데 조사된 세 집단의 대화 자료에서 이들의 출현 빈도는 〈그림 3-7〉과 같다.

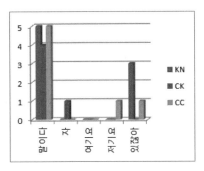

〈그림 3-7〉 청자 주의 집중시키기 기능의 구어 담화표지 실현 양상 대조

1.2.6. 공손 태도 표시하기

1.2.6.1. 부담 줄이기

화자는 청자보다 나이가 어리거나 사회적 지위가 비교적 낮은 경우, 또한 사이가 별로 가깝지 않은 경우에 조심성이 있는 발화를 하게 된다. 이때 발화의 무례함을 피하기 위해서 화자는 다양한 담화표지를 사용하는데 '좀', '저', '저기' 등이 그것이다. 이들은 상대방과 원활한 대화 분위기의 조성에 도움이 된다.

우선 담화표지 '좀'을 보자. '좀'은 요청, 제안, 부탁 등 담화에서 화자의 겸손한 태도를 보이거나 청자의 부담을 덜어주려는 의도로 청유문, 의문문 및 평서문에서 빈번히 사용된다. 조사된 대화 자료에 요청, 부탁 등의 다양한 상황이 제공되어 있지 않아 '좀'은 비교적 낮은 빈도를 보였다(CK: 3회; CC: 4회).

[CKM07-CKM08: 한국 유학 생활-여행]

CKM07: 역사도 배울 수 있고 시야도 넓힐 수 있어요. 00씨 어디 좋아해요?

CKM08: 나는 기억이 제일 나는 곳이 경포대예요.

CKM07: 경포대? 아직 거기 가지 않았어요. **좀** 소개해 주세요.

CKM08: 경포대가 동해안에 있어서 깨끗한 바다도 볼 수 있고 수영도 할 수 있어요.

'저'는 대명사와 감탄사로서 쓰일 수 있다. 담화표지 '저'는 감탄사와 동일한 용법을 보이는데 일반적으로 '말을 꺼내기가 어색하거나 곤란하여 머뭇거릴 때'(『표준국어대사전』의 뜻풀이) 사용된다. 일반적으로 화자가 상대방에게 부탁을 하려고 발화를 조심스럽게 시작할 때 '저'를 주로 사용하는데 이때 '저'는 상대방의 심리적 부담을 줄이기 위한 일종의 전략에 해당된다.

저, 죄송하지만 사진 좀 찍어 주실 수 있으세요?

위 예문에서 화자가 전혀 모르는 사람에게 사진을 찍어 달라고 부탁하는 데 이때 화자가 상대방의 부담을 줄이면서 무례함을 유발하지 않기 위해 청유문보다 의문문 형식을 사용하였으며 '저'와 '좀' 등을 함께 동원하였다. 담화표지 '저'는 발화의 맨 처음에 위치하며 중국어 "那个"와 대역된다.

부담 줄이기 기능을 보이는 다른 담화표지로 '저기'가 있는데 이 또한 중국어 표현 "那个"와 대응되고 있다. 조사된 자료 중 '저'나 '저기'의 학습자 사용이 한 번도 출현하지 않았다. 이러한 현상은 주의 집중 기능의 '여기요', '저기요'와 마찬가지로 녹음된 대화 상황의 한계로 인한 것이고 인터뷰를 통해 학습자들이 '저'와 '저기'를 어려워하는 것이 아님을 확인하였다.

> 필자: 주변에 아는 사람에게 어떤 어려운 일을 시킬 때, 또한
>   모르는 사람에게 뭔가 도와 달라고 할 때, 예를 들어, 사
>   진 찍어 달라고 부탁할 때 보통 어떻게 말을 시작해요?

학습자 CKF01: 저 혹시+의문문의 형식으로요.

학습자 CKF04, 학습자 CKF07, CKM03: 친하면 좀 애교 있게 '~도 와주세요.' 이렇게 해요. 시진 찍기를 부탁할 때, 특히 모르는 사람에게 하는 거라면 저는 보통 '저기, 안녕하세요'라고 좀 천천히, 공손하게 말해요.

1.2.6.2. 부정 진술 약화하기

이 기능은 주로 담화표지 '좀'을 통해 실현된다. 화자는 상대방을 배려하는 마음으로 어떤 진술을, 특히 상대방에 관한 부정적인 진술을 할 때 그것을 완화시키는 목적으로 '좀'을 빈번히 사용한다. 부정 진술을 약화시키는 기능은 1.2.4.2.에서 제시한 '약화 기능'과 비슷한 부분이 많지만 여기서 상대방의 입장을 충분히 고려하여 그 부정적 진술 내용이 상대방에게 미칠 수 있는 악영향을 최대한 줄인다는 점에서 차이를 보인다. 이때의 '좀'은 중국어의 "有点儿"나 "有些"와 의미적으로, 화용적으로 일치하기 때문에 학습자들의 습득을 용이하게 만들어 주며, 1.2.4.2.에서의 약화 기능을 보이는 '좀'보다 그 사용 빈도가 현저히 낮았으나(CK: 8회; CC: 4회) 모두 높은 적절성을 보였다.

[CKF13-CKF16: 한국 유학 생활]

CKF13: 요즘 다들 대학원 신청 준비하고 있는데 너 신청했어?

CKF16: 나 지금 00대학교의 서류를 준비하고 있어. 근데 나 00대학교를 신청하려고 했는데 그 시기를 놓쳐서, 그래서 다

른 대학교

//CKF13: 아, **좀** 아쉽네.

▎1.3. 화제의 종료

대화하는 과정에서 어느 특정한 화제를 마무리하고자 할 때 쌍방이 서로 묵인하듯이 아무런 표지를 사용하지 않은 채 자연스럽게 종결하는 경우가 있는가 하면 '네/예', '그래(요)' 등 담화표지를 동원하여 화제를 종료하려는 의사를 더 명료하게 표현하는 경우도 있다.

전반적으로 보면, 녹음에 참여한 중국어권 학습자들은 특정한 하나의 화제를 마무리할 때 담화표지를 적극적으로 사용하지 않았다. 몇몇 학습자들은 이를 사용하긴 했으나 대부분 '그래(요)'보다 '예/네'를 선호하였다.

[CCF22-KF09: 한국 유학 생활]

KF09:   아, 엘리베이터.

CCF22:   에, 엘리베이터도 없고 버스, 그 버스 한국에서 장애인

         위해 그 버스 있잖아요. 중국에서도 거의 없어요. 진짜.

         그래서 그 장애인 외출했을 때 너무 불편해요. 네.

KF09:   엘리베이터 없으면 진짜 불편해요.

학습자 CCF22와 모어 화자 KF09는 같은 대학교를 다니고 있지만 아

직 절친한 사이가 아니기 때문에 서로에게 높임말을 사용하였고 CCF22
는 자기 발화의 종료를 표시할 때 명시적으로 '네'를 사용하였다.

[CKF09-KM02: 한국 유학 생활-언어 공부]

CKF09: 응, 깔았다. 어떤 뜻인데, 어떻게 써요?

KM02: 설치했다는 말이요. 응, 설치.

CKF09: 설치?

KM02: 프로그램 설치했다. 이런 것처럼. 응 프로그램 깔았다.

CKF09: 그 말 자주 듣는데 근데 어떻게 쓰는지 모르겠다. 그 원
형 어떤... '깔다'야?

KM02: 그니까 이거는 깔다가, 방석을 깔다, 그런 거처럼 이제
프로그램도 설치하면 뜨잖아요, 바탕화면에 그래서 깔
았다.

CKF09: 응. 나도 '깔다'로 찾아봤는데 근데 나오는 의미가 좀 아
닌 것 같아서 지금 확실하게 지금 물어보는 거야.

KM02: 응. 컴퓨터 용어를 '설치했다'가 되는 거고 방석 '깔다'도
되는 거고.

CKF09: 아. 그런 뜻이야. **예**. 새로운 걸 배웠어요.

위의 대화에 등장하는 학습자 CKF09가 모어 화자 KM02의 중국
어 선생이자 친구이기 때문에 두 사람은 높임말과 반말을 섞어서 사
용하였다. 여기서 CKF09는 KM02에게 단어 '깔다'의 용법에 대한 자
세한 설명을 듣고 나서 '예, 새로운 걸 배웠어요.'라고 하면서 '단어

공부'의 화제를 마무리할 것을 나타냈다. 담화표지 '예'의 사용은 이러한 의도를 더 직접적으로 표현하였다. 이때 CKF09는 '예'와 비슷한 기능을 가지는 '그래'를 충분히 사용할 수 있는데도 불구하고 '예'를 최종적으로 선택하였는데 이러한 사용은 CKF09가 상대방에게 예의를 보이려는 의도를 반영하였다.

호응적 담화 운용 표지

　본 절에서는 화자가 대화에서 청자의 역할을 담당하여 상대방 발화에 대한 다양한 호응을 보일 때 어떠한 담화표지를 사용하여 어떠한 태도를 보이는지를 고찰하고자 한다. 상대방의 말에 대한 호응 양상은 크게 선호적인 것과 비선호적인 것으로 양분되는데 이에 따라 이 부분에서는 호응적 담화 운용 표지를 일차적으로 '선호적 호응 표지'와 '비선호적 호응 표지'로 나누며 각각의 하위 유형을 세밀하게 살펴보고자 한다.

▌2.1. 상대방 발화에 대한 선호적 호응 표지

2.1.1. 동조 표시하기

화자가 상대방 발화에 대한 다양한 적극적인 태도를 보일 수 있는데 그 중 동조, 공감, 동의 등의 태도는 실제 대화에서 상당히 높은 빈도로 출현한다. 이러한 태도를 전달할 수 있는 담화표지의 종류가 꽤 다양한데 조사 자료에서 발견된 동조 표시 기능 담화표지의 출현 양상과 빈도를 제시하면 다음 그림과 같다.

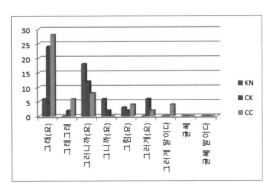

〈그림 3-8〉 동조 표시하기 기능의 구어 담화표지 실현 양상 대조(단위: 회)

[1] 그래

'그래(요)'는 상대방의 말에 동의할 때 빈번히 사용되는 담화표지이다. 이는 해당 중국어 표현 "好(啊/呀)", "是(啊/呀)", "對(啊/呀)"로 번역할 수 있어 학습자들에게 매우 쉬운 항목이다. 이는 학습자들이 활발하게 사용하는 모습을 통해 충분히 입증되었다.

[CKF20–CKF21: 한국 유학 생활]

CKF20: 그러면 우리 지금부터 드라마 얘기 할까요?

CKF21: 오케이. **그래요.**

CKF20: 00 씨, 무슨 한국 드라마 좋아해요?

CKF21: 나 청춘 드라마.

학습자들은 '그래(요)'의 형식 이외에도 두 개의 '그래'를 병렬시켜 강조형인 '그래그래'를 사용하기도 하였다. 아래의 대화에서 학습자 CCF16은 다양한 맞장구 표현을 사용함으로써 상대방 발화에 적극적으로 호응하였는데 그 중 '그래그래'를 두 번이나 사용하였다.

[CCF09–CCF16: 대학 생활]

CCF09: 우리 언제 시간 있으면 바닷가 가자.

CCF16: **그래그래.** 맛있는 거도 먹고 노래방도 가고 바닷가도 가고.

CCF09: **그래.** 좋아.

CCF16: 너 찜질방 좋아해?

CCF09: 찜질방 별로.

CCF16: 그럼 우리 이 면접 끝나자마자 우리 바닷가 가자.

CCF16: **그래그래.**

'그래그래'와 비슷하게 상대방의 말에 대한 강한 동조를 표시할 때 '그래'와 '맞아'를 결합시켜 '그래 맞아'를 발화한 학습자도 한 명 있었다.

[CCF03-CCF04: 이상형]

CCF04:   그리고 뭐더라...음 그리고 웃는 걸 좋아하는 남자. 그런

남자는 다른 사람 자주 보면 기분이 좋아질 거예요.

CCF03:   **그래, 맞아.**

학습자들은 '그래(요)' 자체의 의미를 이해하는 데 있어 전혀 어려움을 보이지 않았으나 현실 대화 상황에서 발화 내용에만 집중하다 보니 '그래'의 높임법 형식을 제대로 사용하지 못한 오류를 범할 때가 종종 있었다.

[CCF12-CCF15: 학교 생활]

CCF15:   지금 아홉 시 반.

CCF12:   정말요? 시간이 장말 빨리 지났어요. 이미 여덟 시 반이

에요?

CCF15:   아홉 시 반!

CCF12:   아홉 시? 저 오늘 숙제가 있어서 빨리 가서 공부 해야죠.

CCF15:   그럼 저도 공부해야 해요.

CCF12:   **그래.** 열심히 공부하자.

한편, 〈그림 3-8〉에서 '그래(요)'의 출현 빈도를 보면 예상보다 빈번히 사용하지 않았음을 알 수 있다. 그 원인 중의 하나는 '그래(요)'와 '맞아(요)'의 상호 교체 가능성이라고 본다. 『표준국어대사전』에 의하면, '그래'는 긍정적인 뜻으로 대답할 때 사용하는 말이고, 동사

용법을 보이는 '맞다'는 '문제에 대한 답이 틀리지 아니하다', '말, 육감, 사실 따위가 틀림이 없다', '(앞 사람의 말에 동의하는 데 쓰여) '그렇다' 또는 '옳다'의 뜻을 나타내는 말'이라고 해석되고 있다. 양자를 비교한 결과, '그래'는 긍정 표시 또는 동의 표시의 측면이 더 강한 데 비해 '맞다'는 '틀림없다', '옳다' 등 말, 사실 등의 진리치 판단에 주력하는 성격이 더 강하다. 그래서 화자들은 동조 표시를 할 때 객관적인 측면을 부각시켜 '맞아(요)'를 많이 사용하는 듯하다. 이는 중국어에도 적용된다. 학습자들의 발화 자료에 나타난 '맞아(요)'와 '그래(요)'의 빈도는 〈표 3-3〉과 같다.

〈표 3-3〉 '그래(요)'와 '맞아(요)'의 실현 빈도 대조(단위: 회)

	맞아(요)[79]	그래(요)
KN	72	6
CK	22	26
CC	54	34

'그래(요)'와 '맞아(요)'는 동의를 표시할 때 상통한 측면이 많지만 서로 차이가 나는 부분도 있다. 상대방의 제안이나 요청 발화에 대

---

79 〈표 3-3〉은 '맞아(요)'와 '그래(요)'의 출현 빈도 대조에 초점을 맞추고 있어서 각각의 구체적 변이형(예: 맞어)과 중첩형(예: 그래그래, 맞아맞아)을 따로 나열하지 않았다. '그래그래'의 경우 표면상 '그래'가 두 번 나타났으나 '그래'에 비하면 강도가 더해졌을 뿐 표현적 의미 자체가 동일하기 때문에 그 횟수를 1번으로 계산하였다. '맞아맞아'나 '맞아맞아맞아'도 마찬가지이다. '그래 맞아'의 경우는 이와 다르게 중첩 형식이 아닌 병치·조합 형식으로 출현하였다. 이때 '그래'와 '맞아'는 각자 독립적 사용이 가능한 상황에서 이렇게 골고루 사용되는 것이 이들의 기능에 대한 학습자의 숙련도를 반영할 수 있기 때문에 각각 1번으로 계산하였다.

한 수락을 표현할 때 '맞아(요)'보다 '그래(요)'의 사용이 더욱 자연스럽다는 점이 바로 그것이다.

[CCF07-CCF08: 대학 생활-화장품]

CCF07:　아, 화장품 사고 싶어?

CCF08:　응.

CCF07:　어떤 화장품?

CCF08:　어떤 화장품?

CCF07:　아, 요즘 날씨가 점점 더워졌어. 그래서 선크림 살까?

CCF08:　응, **맞아**, 선크림하고.

　　　　//CCF07: 에센스? 에센스도 사고 싶어?

　학습자 CCF08은 '선크림 살까?'라는 말에 대한 동의를 표시할 때 '맞아'를 사용하고 있다. CCF08에게 그 사용 이유를 물어본 결과, 이 학습자는 동의든 제안 수락이든 모든 상황에서 '맞다'를 다 무난하게 사용할 수 있다고 응답하였다. 이를 통해서도 우리는 '맞아(요)'에 대한 학습자의 선호도가 매우 높다는 것을 재차 확인하였다.

[2] 그러니까(요)

　'그러니까'는 원래 '앞내용이 뒷내용의 이유나 근거 따위가 될 때 쓰는 접속부사'로서 발화 내용을 연결시키는 담화구조적 기능을 수행한다. 하지만 구어에 실현되는 담화표지 '그러니까'는 독립적으로 쓰이기도 하는데 이때 인과 관계를 내포할 뿐만 아니라 상대방 발화에 대한 강한 동의를 나타내는 표현적 의미도 있다. 한국어 모어 화자들은 실생활에서 이러한 기능의 '그러니까'를 흔히 사용한다.

[CKF02-KF11: 한국 생활-취직]

KF11:   응. 지금 한국어 어렵지?

CKF02: 그 특히 높임법 그 어려워요.

KF11:   한국어 안 어려운데 외국인이니까 어려운 거잖아.

CKF02: 응.

KF11:   한국어 진짜 모국어로 하면 진짜 쉬운 건데. 중국어보다
         쉽지.

CKF02: 응. 처음 배웠을 때 그 영어보다 더 쉬워요.

KF11:   그니까.

이상의 대화에서 모어 화자 KF11은 '한국어를 처음 배웠을 때 영어보다 쉽다.'라는 상대방의 말에 공감하여 '그러니까'의 축약형 '그니까'를 사용함으로써 이러한 동의 태도를 표현하고 있다. '그러니까'에 해당된 중국어 표현으로는 "是啊, 所以說啊" 등이 있으나 '그러니까'가 가지고 있는 고유의 의미를 고려해 보면 "所以說啊"가 가정 적합한 대응 표현이 된다. 이처럼 양 언어가 일대일의 대응 관계를 이루고 있는 경우에 '그러니까'의 사용은 중국어권 학습자들에게 어렵게 느껴지지 않는다. 따라서 현행 교재에서는 이를 적극적으로 다루고 있지 않은데도 학습자들은 비교적 높은 빈도로 적절하게 사용하는 모습을 보였다. 아래는 학습자 CCF16이 '그러니까'를

사용함으로써 CCF09의 선행 발화에 대한 강한 동의를 표시하는 예이다.

[CCF09-CCF16: 대학 공부]

CCF09: 참, 며칠 후에 시험도 있지요?

CCF16: ((웃음))그런데 공부하고 싶지 않아.

(중략)

CCF09: 공부함, 하면 졸려.

CCF16: **그러니까.**

CCF09: 매일 자고 싶어. 자고도 자고 싶어.

전반적으로 동조 표시 기능의 '그러니까'는 부연 기능의 그것에 비하면 실현 형태가 주로 축약형 '그니까'와 '그러니까' 두 가지로 집중되어 있고 '그니까'의 경우 학습자 집단은 총 2회 사용한 것으로 모어 화자 집단의 6회보다 낮게 나타났다.

[3] 그럼

담화표지 '그럼'은 '말할 것도 없이 당연하다는 뜻으로 대답할 때 쓰는' 말이다 (『표준국어대사전』의 뜻풀이). 이때 상대방 발화에 대한 긍정적 표현으로 독립적인 호응 표시로 사용된다. 중국어권 학습자들은 '그럼'은 물론 높임 형식인 '그럼요'도 자연스럽게 사용하는 모습을 보였다.

269

[CKF04–CKF05: 한국 유학 생활]

CKF05: 공부도 힘들고, 여러 가지.

CKF04: 여러 가지? 일상생활에서 뭐 힘든 때도 있어?

CKF05: **그럼.** 공부지.

[CCF11–CCF14: 대학 생활]

CCF14: 그, 그...곱창 먹어봤어요?

CCF11: 아니요. 근데, 나는 그 뭐지...족발.

CCF14: 홍대에서요?

CCF11: 예, 홍대에.

CCF14: 맛있어요?

CCF11: **그럼요.**

중국어 번역 방법을 보면, 이 기능의 '그럼'은 "当然(啦)"와 일대일로 대응된다. 역으로, "当然(啦)"는 형용사 '당연하다'와 의미적으로 일치하므로 모국어의 영향으로 학습자들에게 '당연하지(요)'의 호응 방식은 보다 친근하게 느껴져서 '그럼(요)'보다 활발한 사용 양상을 띠게 되었다.

[CCF09–CCF17: 대학 생활-한국 드라마]

CCF17: 아참, 그 보고 있는 드라마 학교 후아유, 2015. 그 드라마 어때?

CCF09: 그 드라마는 일단 재미있고 그리구 그 주인공이 나이가 너무 어려요, 그 99년생 근데 연기는 완전 잘해요.

CCF17: 중국 배우보다 낫지?

CCF09: **당연하죠.** 중국에서는 잘하는 어린 배우 별로 없어요.

'그럼'과 '당연하지(요)'는 비슷한 의미를 갖고 있기 때문에 학습자 사용에 있어서 경쟁적 관계를 보이고 있다. '당연하다'는 한자어로서 중국어 문자와의 연계성이 훨씬 뚜렷하므로 학습자는 즉각적인 발화에서 모국어에 대폭 의지하면 '당연하지(요)'를 빈번히 사용할 가능성이 커 보인다. 이러한 사용 경향은 이상의 예시를 통해 확인할 수 있으며 아래의 〈표 3-4〉에서 제시한 양자의 사용 빈도를 통해 더 객관적으로 입증할 수 있다. 보다시피 학습자들은 모국어의 영향으로 인해 '그럼(요)'보다 '당연하지(요)'를 압도적으로 사용하였다.

〈표 3-4〉 '그럼(요)'와 '당연하지(요)'의 실현 빈도 대조(단위: 회)

	그럼(요)	당연하지(요)
CK	2	18
CC	4	24

[4] 그러게

구어 담화표지 '그러게'는 단독으로 쓰일 때 상대방의 발화에 대한 동의를 나타내고, '말이다'와 결합해서 나오는 경우에는 그 전달 효과가 더 강하게 드러난다. 교재에서는 '그러게'와 '그러게 말이다'에 대해 매우 적극적으로 학습자에게 노출시키고 있다.

[CKF20-CKF21: 한국 문화-예능]

CKF21: 아 맞다, 그...'내 친구의 집은 어딘가' 라는 프로그램이
　　　　있잖아. 봤어?

CKF20: 당연하지. (중략) 나는 여행 이렇게 좋아하는데 그 프로
　　　　그램에 나와 있는 멤버들은 여행하면서 돈을 벌 수 있는
　　　　게 진짜 좋다.

CKF21: **그러게**. 그런데 멤버들이 그렇게 많은 나라들 중에서 어
　　　　느 나라 제일 좋아해?

CKF20: 나 네팔을 제일 좋아해.

[CCF12-CCF15: 한국 문화-음악]

CCF12: 예를 들면, '사랑 안 해', 들어봤어요? 이것도 너무 슬, 슬
　　　　픈 노래요.

CCF15: 백지영 씨의 노래를 다 슬픈 편이 아니에요?

CCF12: 아, **그러게 말이야**. 그래. 그래. 응, '그 여자', '그 여자'처
　　　　럼 한참 ?? 지나서 또 슬퍼. 아, 정말이에요. 다 슬픈 노래
　　　　에요.

　'그러게(요)'보다 '그러게 말이다'가 훨씬 강한 동의 태도를 보인
다. 이 점을 살려 중국어로 대응시키면 '그러게(요)'를 "是(啊)", "對
(啊)", "就是(說啊)"로, '그러게 말이다'를 "說的就是(啊), 要不就說嘛,
誰說不是啊(누가 아니래?)" 등으로 번역하는 것이 좋다. '그러게(요)'
는 CK집단과 CC집단 모두에게 출현하였는데 각각 6회, 2회 사용되

었다. 흥미롭게도 '그러게 말이다'는 한국 내 범용 교재에만 제시되어 있고 중국 내 교재에는 한 번도 언급되지 않은데 그 유일한 출현이 CC집단의 학습자 CCF12에게 발견되었다. 필자가 이 학습자에게 확인한 결과에 의하면, 교재에는 없지만 한국인 친구에게 몇 번 들어본 적이 있어 사용해 본 것이라고 응답하였다. 이는 교실이라는 장 이외의 개별적 습득 결과이지 일반화되어 있는 습득 현상이라고 보면 타당하지 않은 측면이 있다고 본다.

[5] 글쎄

담화표지 '글쎄'도 동조 표시 기능을 가지고 있다.

> (1) 가: 구정석 씨는 너무 잘하네요. 우리랑 별로 다를 것도 없는
> 것 같은데요.
> 나: **글쎄.** 뭐 하러 여기 다니냐? 저런 사람한테 뭘 가르쳐?
> 是(啊)/對(啊)/就是(啊)/說的就是(啊)/誰說不是(啊)/要不就說
> (嘛). (이해영, 1994:141)

위 예시는 두 명의 한국어 교사가 말하기 대회의 우승자를 뽑는 심사에서 나누는 대화이다. '나'는 '가'의 말에 대한 강한 지지 반응을 보이는 태도로 '글쎄'를 사용하고 있다(이해영, 1994:141). 발화 시의 음성 크기가 비교적 크고 말투도 강한 편이다.

또한 '글쎄' 뒤에 '말이다'를 붙여 사용하는 것은 조사된 대화에는 한 번도 나타나지 않았으나 일부 교재와 현실 대화에서 종종 목격된다.

(2) 수진: 맞아요. 아이를 안심하고 맡길 만한 곳이 회사 안에
있으면 좋을 텐데...
샤오징: **글쎄 말이에요.** 육아 문제 때문에 직장 여성들이 사회
생활하기가 힘들다고 하잖아요.
是(啊)/對(啊)/就是(說啊)/說的就是(啊)/誰說不是(啊)/要
不就說(嘛)　　　(성균관 말하기 쉬운 한국어6, 제7과)

　　(2)의 예문들은 모두 담화표지 '글쎄'와 '말이다'의 통합형을 사
용함으로써 상대방의 선행 발화 중에 나타나는 생각이나 주장에
대해 강한 동의를 표하고 있다. 이러한 표현은 '예/네', '그래요', '맞
아요' 등 단순한 동의 방식보다 태도 전달의 강조가 훨씬 세다. 중
국어에서도 마찬가지로 가장 일반적인 번역은 "是啊/對啊(네, 예,
그래(요), 맞아(요))"일 것이다. 하지만 '글쎄 말이야'에 담겨진 강
한 어감을 최대한 가깝게 반영하려면 "就是(啊)/說的就是(啊)/誰說
不是啊/要不就說(嘛)"를 사용하는 것이 가장 적합하다고 본다. 담화
표지 '글쎄'와 '글쎄 말이다'는 기능상의 독특성을 가지고 있음이
분명한데 조사된 자료에서 이들이 한 번도 발견하지 않았다. 이는
수집된 자료의 규모성과 상황 맥락이 다양하지 못한데서 그 주된
원인을 찾을 수 있다고 추론된다. 또한, 이 두 가지 표지를 들어본
적이 있긴 하나 막상 사용하게 되면 상당한 어려움을 느낄 수 있다
는 학습자의 인터뷰 응답에서도 난이도의 측면에서 일부 원인을
찾아냈다.

2.1.2. 놀람 표시하기

화자는 청자의 선행 발화 중의 진술 내용이 전혀 생각하지 못했던 것이라면 그것에 대한 놀람을 즉각적으로 나타낼 때 여러 표현을 사용할 수 있다. 가장 일반적으로 쓰이는 구어 담화표지로는 오름 억양의 '그래(요)?', '정말(요)?', '진짜(요)', '네?', '뭐' 등이 있다.

[1] 정말(요)?, 진짜(요)?, 그래(요)?

이때 이들 담화표지들은 의문문의 모습을 갖고 있으나 상대방으로부터의 응답을 기대하지 않고 바로 이어 후속 발화를 하는 경우가 대부분이다.

이상의 예문에서 화자는 단순히 '정말(요)?'과 '그래(요)?'를 사용함으로써 놀람을 잠시 표시하였다가 후행 발화를 이어서 하고 있다. '그래(요)?'는 일반적으로 가벼운 놀람을 나타내지만 만약 강렬한 말투로 발화되면 매우 놀랐다는 것을 표시하는 것도 가능하다. 중국어에도 이에 대응되는 표현이 있는데 그것이 바로 "眞的嗎?"와 "是嗎?" 등이다. 의미상 전혀 다르지 않기 때문에 중국어권 학습자들은 이를 학습하는 것이 가장 수월할 것으로 보인다. 학습자들과의 인터뷰를 관찰하면 놀람을 나타낼 때 이 몇 개의 담화표지를 거의 부담 없이 사용하고 있는데 이는 좋은 방증이 된다. 아래는 학습자들이 사용하는 구체적 양상의 예시들이다.

[CCF09-CCF17: 대학 생활]

CCF09: 그런데 이제 나만 얘기하지 말고 너 신발 사는 거 다시 얘기
할래?

CCF17: 됐어. 밥 시간 됐다. 우리 밥 먹으로 가자. 오늘 자장면 있대.

CCF09: **진짜?** 나 자장면 제일 좋아.

CCF17: 그럼 가자.

[CKF17-CKM06: 한국 유학 생활]

CKM06: 여자 친구랑 헤어지 않을 거예요.

CKF17: **정말요?** 근데 내가 생각하는 학생들은 연애를 하면 그
오래 되지 않을 거 같은데 응...일을 할 때 남자 친구나 여
자 친구를 찾으면 음...더 음...좋을 거 같은데.

[CCF03-CCF04: 대학 생활-시험]

CCF03: 다음 주 시험 어떻게, 그 시험이 너무 어려워서.

CCF04: 근데 중간고사 이전에 그 시험 나오니까, 안 나오니까.

CCF03: **그래?**

CCF04: 그거 쉬울 거예요.

CCF03: 너 어떻게 알아? 난 몰라서.

CCF04: 선배한테 들었는데.

이 경우 한중 표현의 차이점은 한국어 높임 체계가 더 복잡하다는
점이다. 즉 한국어는 '그래?'와 '정말?' 이외에도 높임 형식인 '그래

요?', '그러세요?', '정말이요?', '정말입니까?' 등 중국어의 단일한 언어 형식보다 훨씬 다양한 표현 형태들을 가지고 있다. 그런데 학습자들은 초급 단계부터 한국어의 높임법을 배웠기 때문에 이들 담화표지의 높임 형식의 사용에 높은 정확성을 보여 주었다.

[2] 네?, 뭐(요)?[80]

'네?'와 '뭐(요)'는 앞의 담화표지와 같은 기능을 담당하고 있으나 기능 발휘에는 차이를 보인다. '네?'는 가장 고정적인 형태를 갖고 있고, 상대방 발화 내용에 대한 놀람을 비교적 강하게 드러낸다.

[CKF03-CKF04: 한국 유학 생활]

CCF03: 우리 선생님 이번에 00대학교에 가서 세미나를 참석하

실 거예요.

CCF04: 네? 근데 내가 왜 모르지요?

CCF03: 아마 그 00선생님이 얘기 안 해줘서 그랬을 거예요.

---

80 현실 대화에서는 상대방 발화에 대한 놀람을 표시할 때 사용되는 '네'는 종종 사용되지만 대화참여자의 관계, 화자의 말습관 등 요인에 따라 '에'에 자주 발견된다.

[CKF09-KM02: 한국 유학 생활]
KM02: 왜 누나 안 바빠요 근데?
CKF09: 나도 바쁘니까. 얘가 화장품 장사 거래를 하고 있거든요.
KM02: 에?／(놀람 표시) 여기서요?
CKF09: 아니요. 중국, 여기 한국에 있는 유학생 중에서
KM02: 에에
CKF09: 이거 안하는 사람 별로 없어요.
KM02: 에?／(놀람 표시)
CKF09: 거의 다 하고 있어요.
KM02: 아 한국 화장품을 사서 중국으로 보내는 거구나.

이 대화에서 화자가 선생님이 세미나에 참석할 것이라는 소식을 미처 몰라서 상대방의 말을 듣고 '네?'를 오름 어조로 세게 발음함으로써 해당 내용에 대한 놀라움을 표출하고 있는데 이에 해당되는 중국어 표현으로는 "是嗎?(그래요?)", "什么?(뭐?)"(친구 간의 이루어지는 비공식 대화일 경우) 등이 있다. '그래요'는 세게 발음할 때보다 부드럽게 발음되는 경우에 그 놀람의 정도가 비교적 가벼운 편이다.

[CCF03-CCF04: 대학 생활]

CCF03: 누군데?

CCF04: 00이야. 괜찮아.

CCF03: 뭐? 00이 돌아왔어?

여기서 '뭐'는 친구가 귀국했다는 소식에 놀란 화자의 즉각적 태도를 강하게 표현한다. 대화 상황에 맞는 중국어 표현은 "什么?"이다. '뭐'는 전반적으로 '그래요'보다 놀람 표시할 때의 강도가 높다고 할 수 있다. 이에 대해 학습자들은 정확하게 파악해서 사용하는 양상을 보였다.

[3] -단/란/잔/냔 말이다

또한 상대방의 발화에 대한 놀람을 표현할 때 의존적인 담화표지인 '-단/란/잔/냔 말이다'도 사용할 수 있다. 이때 의문문과 감탄문 형식으로 출현할 수 있다.

민정: 어제 남해안에서 대형 유조선이 침몰했대요.

나오코: 어머, 배가 **가라앉았단 말이에요?** 다친 사람은 없대요?

　　天哪, (你是說)船沉啦? 說有人受傷了嗎?

(경희대 중급2, 제6과-듣기 지문)

　　이 경우에는 화자가 상대방 발화 중의 놀라운 내용을 그대로 반복하거나 그 내용과 비슷한 표현을 사용하여 그 뒤에 '-단/란/잔/냔 말이다'의 의문형을 붙임으로써 놀람이나, 감탄, 의외 등의 감정을 강하게 전달한다. 중국어의 경우 번역하지 않거나 아니면 "你是說....(嗎)?"의 형식을 취할 수 있다. 교재에서는 이에 대한 제시가 너무나 부족하다. '~란/잔/냔 말이야?' 등 형태를 문법 부분에 간략하게 설명하고 있으나 대화문에는 단 한 번도 출현되지 않았다.

　　의문형의 담화표지는 실제로 상대방에게 질문을 던지는 것이 아니라 상대방 발화에 대한 단순한 놀람을 표시해 주는 것이다. 대부분 사용자는 앞서 논의한 대표적 표지를 사용하여 가벼운 놀람을 나타내는 경우가 대부분이었다(그림 3-9참고). 또한 보다 강하게 놀람을 표시할 때 악센트와 억양의 변화 등의 수단을 동원하는 경우가 많다. 따라서 상대방에게 계속해서 캐묻는 의향이 두드러지고도 선행 성분과의 통제적 제약이 많은 '-단/란/잔/냔 말이다'를 자주 사용하지 않으려고 한다(학습자의 인터뷰 결과). 이러한 사용상의 복잡성은 다음과 같은 대화 자료를 통해서 확인할 수 있다.

[CKF17-CKM06: 여자 친구]

CKF17: 그냥 일을 하지 않고 그냥 집에서 그.. 놀만 돼?

| 279

> CKM06: 네, 놀만 돼.
>
> CKF17: 그...00씨, 00는 그 혼자서 혼자만 밖에서 그((웃음))돈을
> **버는, 번, 벌다는 말이야?**
>
> CKM06: 음.

위와 같은 대화가 이루어지기 전에 CKM06은 자기가 앞으로 여자 친구와 어떻게 지낼 것인지에 대한 CKF17의 질문을 받고 여자친구는 그냥 집에서 놀기만 하면 된다고 대답하였다. 이러한 대답에 CKF17은 놀라서 위와 같은 내용을 이야기하였다. 우선 담화표지 '-단 말이다' 사용의 정확 여부를 떠나서 많은 학습자들이 놀람을 나타낼 때 '아?', '정말요?' 등을 빈번히 사용하는 것과 다르게 이 학습자는 훨씬 복잡하고 담화 기능이 풍부한 '-단 말이다'를 택하고 있는데 이는 비교적 높은 구어 능력을 나타낸다. '버는, 번, 벌다'라는 발화 순서를 통해 우리는 이 학습자가 '-단 말이다'의 놀람 표시 기능을 제대로 알고 있으나 선행 요소인 '벌다'와의 구체적 결합 형식을 헷갈리는 것을 잘 파악할 수 있다. 또한 '말이다'는 담화표지로서 구어에서 사용되면 '-다는 말이다' 보다는 '-단 말이다'의 축약형 형식이 더 선호된다. 이런 점에서 보면 이 학습자는 '-단 말이다'의 기능을 이해하고 있을 뿐 실제적 사용의 숙련도는 아직까지 낮은 편이다.

[4] 아니

위처럼 상대방의 말이 아주 뜻밖이라 의외나 놀람을 표시할 때 의문형을 취하는 방법이 있는가 하면 평서문 형식도 사용할 수 있다.

이에 해당되는 담화표지는 주로 '아니'가 있다.

> 민정: 여행은커녕 시내 구경도 잘 못했어요.
>
> 나오코: **아니**, 왜요? … 일이 좀 힘든 모양이에요.
>
> 不是, 爲什么啊? (경희대 중급2, 제7과-듣기 지문)

'아니'는 앞서 다루었던 의문형의 담화표지와 비교하면 단독으로 쓰이지 않는다는 점에서 공통되지만 오름조로 발음되지 않고 내림조로 발화해야 한다는 점에서 차별성을 갖는다. 또한 '아니'의 사용은 항상 화자의 인지 상태와 관련되어 있다. 예문을 보면, 나오코는 민정이 이미 여행을 갔다왔다는 정보를 갖고 있다. 하지만 민정이 여행은커녕 시내 구경조차 못 했다는 것이 기존 정보와 상충하기 때문에 화자는 즉각적인 반응으로 부정 의미를 지닌 '아니'를 사용하게 되었다. 중국어의 담화표지 "不是"도 문법화 과정 속에서 이와 비슷한 용법이 생성되어 '아니'와 완벽한 대응을 이루고 있다.

그런데도 불구하고 모어 화자와 학습자들은 감탄을 표시할 때 습관적으로 앞의 [1]과 [2]의 표지들을 애용하고 '아니'를 별로 쓰지 않았다. 또한 '아니'는 다른 것보다 화자 개개인의 발화 습관으로부터 많은 영향을 받고 있어 사용의 일반성이 결여되는 것도 원인 중의 하나이다. 마지막으로 상술한 각 구어 담화표지의 실현 양상 및 빈도를 〈그림 3-9〉와 같이 정리하였다.

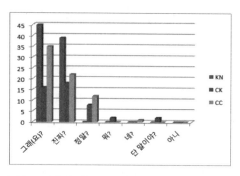

〈그림 3-9〉 놀람 표시하기 기능의 구어 담화표지 실현 양상 대조(단위: 회)

2.1.3. 확인 강조하기

화자는 상대방 발화 중 어떤 부분에 대해 확인하고자 할 때 되묻기를 자주 한다. 이 경우에 흔히 사용되는 담화표지로 '명사+말이야?'가 있다. 북경대 교재에서는 이러한 확인 강조 기능에 대해서 명시적으로 제시하고 있으며 다른 교재에서도 이를 암시적으로 제시하고 있다.

　(1) 제임스: 너 그 소식 들었니?

　　　마리아: 무슨 이야기? 혹시(중략)그 아주머니 이야기 **말이야?**

　　　什么事? <u>你說的</u>是不是那个大媽的故事?

　　　　　　　　　　　　　　　　　　　　(연세한국어3-1, 제5과)

　(2) 선희: 장문 씨, 그 책은 새로 사신 건가요?

　　　장문: 아, 이 **책 말이에요?** 네, 인터넷으로 주문해서 샀습니다.

　　　啊, <u>你是說</u>這本書嗎? 是啊, 剛在网上買的.

　　　　　　　　　　　　　　　　　　　　(북경대 한국어2, 제3과)

확인 강조 기능의 '말이야'는 의문 형식으로 문장의 끝에 출현하는 것이 일반적이다. 이때에는 청자의 대답이 요구되며 중국어도 마찬가지이다. 보통 "你是說…嗎?"로 번역할 수 있다. 학습자들은 대화할 때 이를 한 번도 사용하지 않았으며 일반적으로 상대방에게 '이거요?'를 사용하여 강조하지 않고 단순한 확인을 나타낸다.

[CCF06–CCF30: 한국 어학당 친구]

CCF30:   (중국어)친구한테 보내려고 해.

CCF06:   어디에서 샀어요? 문구점?

CCF30:   **이거요?**

CCF06:   네.

이 대화는 확인 강조형 '이거 말이에요?'를 충분히 사용할 수 있는 맥락인데도 불구하고 학습자는 단지 '이거요?'를 사용하고 있다(이와 같은 경우 총 4회 발견되었음). 학습자들은 반드시 사용해야 하는 경우가 아니라면 확인 강조 기능을 실현시키지 않으려는 경향이 있다.

2.1.4. 관심 표시하기

대화에서 화자가 상대방의 선행 발화 중에 어떤 구체적인 부분에 대한 적극적인 관심을 표시할 때 담화표지 '어디'를 사용할 수 있다. 교재에서 이 기능의 '어디'는 주로 응답 발화로서 '어디+보다'의 형식으로 학습자들에게 노출되고 있다. 중국어는 "讓我看看"이 '어디'

에 완벽하게 대응하고 있다.

또한 화자는 상대방으로부터 질문을 받는 경우에 그 질문의 답을 적극적으로 제공하고자 할 때도 '어디'를 쓸 수도 있다. 이때 시간벌기 기능도 같이 수행되는 경우가 많다.

> 가: 시간이 참 빠르네. 너 한국 온 지 얼마나 됐어?
>
> 나: **어디**~와, 10년 넘었네.
>
> 呃／讓我算算啊／讓我想想啊..

여기서 화자는 구체적인 체류 기간을 바로바로 확실하게 말하지 못해 생각할 시간이 필요하여 '어디'를 사용하게 된다. 앞서 논의했듯이 한국어에서 시간벌기 기능을 하는 담화표지들이 다수 존재하는데 '어디'는 이들에 비해 화자의 적극적인 자세가 더 강하고 협력적으로 상호작용에 참여하는 노력이 더 두드러지게 나타난다. 해당 중국어 표현을 보면, "呃"과 같은 어기사나 맥락에 어울리는 일부 상투 표현 "讓我算算啊", "讓我想想啊" 등이 허용되며 "哪里/哪儿"은 허용이 안 된다.

'어디'는 조사된 자료에는 한 번도 나타나지 않았다. 중국어권 학습자들의 인터뷰 응답을 보면, '어디'의 이러한 쓰임은 교재 내용을 통해 나름대로 추측해서 이해할 수 있지만 주변의 젊은 친구들이 이것을 별로 사용하지 않는 것을 보면 그 범용성이 부족하다고 생각하게 되어 의식적으로 사용하지 않는다고 응답하였다.

2.1.5. 경청 표시하기

경청을 표시하는 기능은 보통 상대방 발화에 대한 적극적인 호응으로 쓰이며 대표적인 담화표지로는 '네, 예, 그래(요)' 등이 있다. '네/예'의 기본적 용법은 원래 상대방이 제기하는 질문에 대한 긍정적인 응답으로 사용되는 것이며 '그래(요)'는 상대방의 제안이나 진술 내용을 동의하거나 수용할 때 주로 사용된다.

(1) 가: 너 정말 공항에서 그 오늘 학교에 갔어요?

　　나: **네/예.**

(2) 가: 우리 내일 경복궁에 가자.

　　나: **그래.**

'네, 예, 그래(요)'는 선행 발화 내용에 대한 단순한 동의를 표시하는 것보다는 청취형의 맞장구로서 상대방의 말을 잘 이해한다거나 그 내용이 진실한 것인지 아닌지를 따지지 않고 귀를 기울여 잘 듣고 있다는 신호를 보내 주는 기능도 담당하고 있다.

[CCF26-KF10: 유학 생활]

CCF26:　지난주 뭐했어요?

KF10:　　아, 지난 주 이화원 가서 친구들이랑 경치를 구경했어요.

CCF26:　어땠어요?

KF10:　　음...어...따른 사람들이 이화원이 되게 이쁘다고 했는데

여름에는 이쁜 것 같고요. 겨울에는 꽃이 없어서 좀 아쉬

웠어요.

CCF26: 네. 누구누구랑 같이 갔어요? 중국 친구 아니면 한국 친

구들?

KF10: 한국 친구랑 갔어요. 중국 친구는 겨울에 한 번 가 봤을 것

같고 그리고 관심이 없을 것 같아서, 안 가 본 친구들이랑

갔어요.

CCF26: 네.

위 대화에서는 학습자 CCF26은 '네'를 두 번 사용하였는데 모두 KF10의 해당 발화 내용에 대한 동의나 긍정적인 판단을 표시하는 것이 아니다. 첫 번째의 '네'가 출현하는 상황을 살펴보면, KF10이 '이화원은 겨울에 꽃이 없어서 아쉽다'는 주관적인 심리를 표시하고 나서 CCF26은 이 말을 잘 들었다는 표시로 '네'를 사용한 것이다. 이때의 '네'는 '잘 알았어요.'와 비슷한 의미를 가지고 있다고 볼 수 있다. 마찬가지로 두 번째의 '네'도 그 선행 발화 내용이 사실상 이미 일어난 일이기 때문에 상대방의 말을 잘 듣고 있다는 상호작용적 신호를 전달하는 기능을 한다. 또한, 상대방이 비교적 길게 발화하는 경우에 화자는 아무런 말도 하지 않고 일방적으로 듣기만 하고 있는 것을 꺼려할 수가 있는데 이때 비언어적 표현(예: 머리 끄덕이기 등)이나 담화표지 '네/예/그래(요)'의 적절하고 빈번한 사용은 상대방과 상호작용하여 대화의 매끄러운 진행에 도움이 된다.

조사된 학습자 대화 자료에서 담화표지 '네/예'는 경청 표시 기능의 실현 빈도는 다른 기능보다 압도한 것으로 나타났으며(CK: 30회; CC: 94회)[81] 반대로 '그래'는 한 번도 사용되지 않았다. '그래'는 윗사람이 아랫사람에게 허락을 표시하거나 맞장구를 칠 때 자주 쓰는 것이며 '네/예'는 아랫사람이 윗사람에게 예의 바르게 공손한 태도를 표현하는 데 쓰인다는 학습자의 응답은 사용 빈도 차이가 발생하는 일부 원인을 제공해 주었다. 인터뷰를 통해 찾아낸 또 다른 원인은 바로 모국어 "嗯"('응' 또는 '음')으로부터 받은 영향이다. 중국어에서 상대방 발화를 경청하는 공손한 태도를 표현할 때 "嗯"을 압도적으로 사용하는데 이러한 사용 습관으로 인하여 학습자들은 '네/예'가 사용되어야 할 대화 맥락에서 '음'이나 '응'을 무의식적으로 사용하는 오류를 빈번히 범하였다. 이외에도 친구 간에 이루어지는 대화에서 사용되는 "嗯"은 한국어의 '응', '음'과 '그래'에 다 해당되는데 학습자들은 역시 모국어의 영향으로 인하여 '그래'보다 '응'과 '음'을 선호하는 경향이 강하게 드러났다. 이로써 '그래'의 드문 사용을 초래하는 또 다른 원인임을 확인하였다.

---

81 임선희·김선회(2014)에서 '네/예'의 기능들 가운데 가장 빈번하게 나타나는 것으로 바로 '청자반응신호 기능(본 연구의 '경청 기능'에 해당)이다. '예'의 경우 47%, '네'의 경우 53.1%, '예'와 '네'를 합친 경우에는 4,045개의 용례들 가운데 2,009개의 49.7%가 청자반응신호 기능을 하고 있음을 보여 주었다.

2.2. 상대방 발화에 대한 비선호적 호응 표지

2.2.1. 발화 내용 부정하기

2.2.1.1. 강하게 부정하기

이 기능은 화자가 상대방에게 강하게 부정의 의사를 표현하는 경우에만 사용되므로 실현 빈도가 상대적으로 높지 않다. 강한 부정을 표시할 때는 화자는 말투나 억양, 강세 등 음성적인 요소와 특정한 문형을 사용할 수 있는가 하면 일부 담화표지를 동원할 수도 있다.

[1] 뭐, 무슨

친밀도가 높은 사적인 대화에서 화자는 상대방 발화 내용에 대한 강력한 부정적 태도를 표현할 때 담화표지 '뭐', '무슨' 등을 사용할 수 있다. 이들은 중국어 해당 표현 "什么"와 완전히 일치하기 때문에 중국어권 학습자들은 그 용법을 잘 파악하고 있어 모어 화자에 못지 않게 자연스럽게 사용하였다(CK: 6회; CC: 3회). 아래의 예시는 몇몇 학습자들의 사용 실례이다.

[CKF06–KF02: 한국 유학 생활]

CKF06: 나 부산 아직 가 본 적이 없어.

KF02:   저도요. 한 번도 없어요.

CKF06: 진짜? 어렸을 때도?

KF02:   응. 너무 멀어.

CKF06: 뭐가 멀어.

[CCF11-CCF14: 대학 생활]

CCF11: 아니에요. 00가 그렇게 생각하지 않아요?

CCF14: 네, 그렇게 생각하지 않아요.

CCF11: 왜 이런 자신이 없어~요? 예. 여기까지.

CCF14: 안녕.

CCF11: 안녕이 뭐야. 안녕히 계세요.

CCF14: 안녕히 계세요.

[CKF08-CKF09: 한국 유학 생활]

CKF08: 학교 오기 전에 이런 정보를 잘 알아야 돼.

CKF09: 왜? 나랑 무슨 상관인데?

CKF08: 뭐, 남자 친구.

CKF09: 무슨 남자친구야. 나 바빠.

CKF08: 그래.

CKF09: 시간도 없어.

[2] 글쎄

이해영(1994)에서는 '글쎄'의 강한 부정 기능을 다루었는데 '글쎄'는 상대방의 행동, 생각, 의견, 미심쩍어하는 태도 등에 대한 단호한 금지나 부정을 통해 자기의 주장을 부각시키는 기능을 하는데 이때

'글쎄요'로 나타나지 않는다. 각각의 구체적인 예문은 다음과 같다.

(1) (엄마가 텔레비전을 보고 있는 아들에게 하는 대화)

가: 엄마가 숙제 먼저 하고 보라고 했지?

나: 아이~엄마아~이것만~

가: **글쎄!**

(2) (초콜릿에 몰래 손을 가져가는 것을 보고)**글쎄!** 먹지 말라고 했지?

(3) 가: 너랑은 더 이상 얘기하고 싶지 않아.

나: **글쎄.** 내 말 좀 들어 봐. 내 얘기는 듣지도 않고 화만 내면 어떻게 해?

(4) 가: 정말 내가 승진자 명단에 있었단 말입니까?

나: **글쎄,** 내가 봤다니까요. 가서 확인해 보시면 알게 아닙니까?

(5) 가: 생각해 볼 것 없이 김민호 씨로 결정합시다. 다른 응시자들보단 그래도 낫지 않습니까?

나: **글쎄,** 더 생각해 보자니까요.

(1)과 (2)에서는 '글쎄'에 강세를 두어 발음함으로써 해당 행동에 대한 강한 금지를 나타낸다. (3)에서도 상대방의 행위에 대한 금지 태도를 보이지만 강한 권고 내지는 부탁의 태도를 보이기 때문에 억양이 (1), (2)와 다르게 나타난다. (4)와 (5)에서는 각각 상대방의 미심쩍어하는 태도와 의견에 대한 단호한 부정을 나타냄으로써 자신의 주장을 강조하고 있다(이해영, 1994:142-143). '글쎄'의 이러한 용

법에 대응되는 중국어 표현은 고정되어 있지 않다. (1)과 (2)에서처럼 아랫사람에게 강력한 금지를 나타내는 경우 "不行!(안 돼!)"를 사용하거나 경고의 의미로 어기사를 사용하여 높고 강하게 발음하는 방법(예: 嗯↗) 등이 있다. 예문 (3)-(5)의 경우에는 굳이 번역하지 않아도 되며 비슷한 말투를 전달하는 상투 표현으로 '글쎄'를 번역해도 된다. 이처럼 한·중 대응 양상이 명확하지 않아 중국어권 학습자들은 '글쎄'의 이러한 용법을 상당히 어려워할 것이라 충분히 짐작하게 된다. 게다가 교재에서 이에 대한 제시가 부재하기 때문에 학습자의 능숙한 사용을 기대하기 어렵다. 이는 학습자의 발화 자료에 이러한 기능을 보이는 '글쎄'가 한 번도 발견되지 않았다는 결과를 통해서도 확인되었다.

[3] 어디

담화표지 '어디'는 상대방의 발화 내용을 비교적 강하게 부정할 때도 자주 등장한다. 이때 주로 가까운 사이의 사람들의 대화에서 응답표지로 쓰이는 데 그 사용 양상은 크게 두 가지로 나뉜다. 하나는 오직 '어디'만을 사용하여 부정하는 것과 '어디'로 부정한 다음 해당 부연 설명을 덧붙이는 방식이다.

가 : 이번 여름 방학에 중국에 좀 갔다왔어?

나 : **어디.**

　哪儿啊/哪儿呀。

위의 예문은 '어디'의 주어진 객관적인 사실에 대한 전형적인 부정 기능을 잘 보여 준다. 중국어의 경우에 "哪里"보다는 "哪儿"이 압도적으로 많이 쓰이며 뒤에 "啊"나 "呀"도 붙는다. 한국어든 중국어든 단순한 부정을 나타내는 표현은 '아니'와 "不是"/"沒有" 등이 있는데 '어디'와 "哪儿啊/哪儿呀"는 이들보다 그 부정의 의미를 훨씬 강력하게 전달하는 어감을 가지고 있다. 부정 기능의 '어디'는 이러한 특수한 용법을 가지고 있음에도 불구하고 세 집단의 대화 자료에서 한 번밖에 사용되지 않았다(CC: 1회). 학습자들을 대상으로 하는 인터뷰는 원인 전체를 피력할 수 없으나 일부분은 밝혀 주었는데 학습자들은 보편적으로 쓰이는 부정 기능의 담화표지(예: 아니야)를 사용하거나 억양 변화를 통해서 강한 부정 태도를 나타내는 경우가 많다는 점이 그것이다.

[CCF03-CCF04: 대학 생활-수업]

CCF03: 그런데 때로는 이런 성격 더 좋을 것 같아. 다 생각하고
　　　　나서 무슨 일을 할 때마다 더 침착할 수 있단 말이야.

CCF04: 음, 그런데 망설일 때는 더 많은 것 같다. 생각이 갈 때 너
　　　　무 많아서.

CCF03: 봐 봐. 또 걱정하고 있네.

CCF04: **어디~** 내 성격이 분석하고 있는 뿐이야.

CCF03: 아, 그래?

2.2.1.2. 완곡하게 부정하기

상대방의 발화를 직접 부정할 때 사람들은 보통 '아니다' 등 부정사를 사용하지만 직접 부정하기가 어색할 때, 또는 상대방의 체면을 손상시키지 않으려고 할 때 완화적 언어 장치를 선호하게 되는데 '글쎄(요)'는 바로 그 중의 하나이다.

[CKM01-CKM02: 유학 생활-여자 친구]

CKM02: 그래서 나 여자 친구 없단 말이야.

CKM01: 그럼 니가 그렇게 생각하면 니가 앞으로 여친도 없을 거야.

CKM02: **글쎄.** 열심히 하면 일 열심히 하고 돈 아마 많이 벌 수 있어.

//CKM01: 벌 수 없거든. 문제지.

이상의 예문에서 '글쎄'는 앞으로도 여자친구가 없을 것이라는 상대방 발화에 대한 부정 태도를 보인다. 이때의 '글쎄(요)'는 완곡한 부정을 나태나는 것으로 2.2.2.1.에서 언급했던 '강하게 부정하기' 기능의 '글쎄'와의 가장 큰 차이점은 화자 태도에 달려 있는 말투와 세기의 차이이다. 또한 2.2.4.에서 다룰 '완곡한 거절' 기능과 다르게 여기서 '글쎄(요)'는 선행 발화가 요청, 제안, 부탁이 아닌 일반적 진술 내용을 담고 있으며 화자가 이에 전적으로 동의하지 않고 이의를 완곡하게 표시할 때 실현된다. 응답 발화를 시작하자마자 '글쎄'를 넣으면 곧 이어져 발화될 내용이 선행 발화와 일치하지 않는 내용임을 상대방에게 예고해 주는 발화 효과를 얻게 된다. 중국어의 해당 표현 형식으로는 어기사나 부드러운 말투, '꼭 그런 것이 아니다' 등의

비슷한 어휘나 문장 등이 있다. 이처럼 한국어와 중국어는 일대다로
대응되고 있고 대부분의 한국어교재에서도 이를 적극적으로 제시
하고 있어서 학습자들은 이 기능의 '글쎄(요)'를 비교적 활발하게 사
용하였다(CK: 10회; CC: 2회).

이어서 화자가 상대방으로부터 칭찬을 받을 때 겸손하게 부정하
는 경우를 보자. 이때 구어 담화표지 '어디'가 주로 사용된다.

> 가: 자네 이번에 큰 일을 했더구먼. 축하하네.
> 나: 어디 제가 잘 해서 됐나요? 운이 좋았어요. (이한규 2008 : 26)
> 哪里／哪里哪里, 我也没有做得很好, 運气好而已。

이 상황은 화자가 청자를 높여 자신을 낮추는 겸손한 자세로 청자
의 칭찬을 완곡하게 부정하는 태도를 보인다. 여기서 '어디'는 부정
의 의사를 다소 강조하고 있으나 그 말투가 부드러워진다는 점이 주
목할 만하다. 이 경우 중국어에서는 "哪儿" 대신 "哪里"를 사용하는
것이 더 적절하다. 그리고 "哪里"는 '어디'와 다르게 문장에 통합되
어 쓰이지 않고 대부분 단독으로 쓰이는데 한 번 나타나거나 중첩형
"哪里哪里"의 형태로 사용된다[82]. 중첩형인 "哪里哪里"는 "哪里"보다
그 겸손한 정도가 더욱 높다. 이 기능의 '어디'는 역시 모든 조사 대

---

[82] 중국어에서는 상대방의 칭찬에 대한 부정 응답으로 "哪儿啊"도 종종 사용되는데
이 표현은 주로 대화참여자가 서로 친숙하고 격식을 차릴 필요가 없을 때 부담 없
이 쓰인다. 하지만 윗사람과 대화할 때 예의 바르게 겸손한 태도를 표출하려면 "哪
儿啊"보다 격식체의 "哪里" 또는 "哪里哪里"를 훨씬 선호한다.

상자에 의해 한 번도 사용되지 않았다. 그 원인은 대화참여자의 관계와 대화 상황이 지니고 있는 제한으로 파악되었다.

2.2.2. 불확실하게 대답하기

응답 시 화자의 불확실한 발화 태도는 주로 상대방으로부터 대답하기 어려운 질문을 받았을 때 회피하지 못하고 꼭 응답해야 하는 경우에 드러난다. 이때 화자는 '글쎄(요)'를 먼저 발화함으로써 듣는 사람에게 확실한 정답이 아니거나 나름대로 자신의 생각을 말할 것임을 보여 준다.

[CKF20-CKF21: 한국 문화-예능 프로그램]

CKF20: 나 네팔을 제일 좋아해. 왜냐면 네팔은 자연 환경도 좋고 오랜 역사도 가지고 진짜. 관심 많단 말이야.

CKF21: 특별한 거 아니면 인상적인 거 있어?

CKF20: **글쎄,** 생각해 보면...

(중략)

CKF21: 프로그램에서 난 lijiang 제일 좋아해.

CKF20: 왜?

CKF21: 풍경도 좋고 역사도 유구하잖아. 그래서 좋아.

CKF20: 아, 그렇지? 아, 우리 졸업 전에 졸업 여행 있잖아. 어디 가면 좋을까?

CKF21: **글쎄.** 그럼 우리 같이 lijiang 갈까?

위의 예시는 화자가 어느 하나의 정답이 정해져 있는 것이 아닌 질문, 즉 사람에 따라 답이 다르게 제공될 수 있는 질문을 받았을 때 구체적인 대답을 말하기 전에 '글쎄(요)'를 도입하는 모습을 보여 주고 있다. 이때 화자는 머릿속에서 보다 적절한 답, 만족할 만한 답을 생각할 시간이 필요한 경우가 대부분이다. 따라서 이 기능을 보이는 '글쎄(요)'는 다른 기능에 비해 발화 속도가 느리며 불확실한 태도 표출 기능과 함께 시간벌기의 기능도 동시에 수행할 수 있다. 중국어로 이를 번역할 때 개인 습관에 따라 시간벌기 기능을 가진 여러 어기사("呃", "嗯" 등)를 선택적으로 사용할 수도 있고 "這個不好說/這個很難說/這個問題很難回答啊(대답하기 어렵네요)" 등의 표현으로 대역할 수도 있다. 완곡한 부정 기능과 비슷하게 중국어권 학습자은 불확실한 태도를 표현하는 '글쎄(요)'를 상대적으로 능숙하게 사용하였다(CK: 6회; CC: 4회).

2.2.3. 응답 회피하기

응답 회피는 상대방의 질문에 대한 답을 잘 모르거나 당장 대답하기 곤란할 때, 또는 상대방이 싫어할 만한 답을 부득이하게 해야 할 경우에 화자가 사용하는 대화 전략이다. 이러한 기능을 행사할 수 있는 담화표지로 '글쎄(요)', '좀' 등이 있다.

[1] 글쎄
구어 대화에서 응답을 회피하는 목적으로 등장하는 '글쎄(요)'는

상대방이 하는 질문에 명확하게 대답하기 어려울 때 사용되는 경우가 흔하다. 이때 '글쎄(요)'는 단독으로 발화될 수 있는가 하면 그 뒤에 '잘 모른다' 등 표현이 후행될 수도 있다[83]. 해당 중국어 표현은 어기사(예: 呃)와 "不知道啊/不清楚啊(잘 모르겠다)" 등이 있다.

[CCF09–CCF17: 대학 생활]

CCF12: 난 너 너무 부러워. 왜 그렇게 많이 먹어도 살이 안 쪄?

CCF15: **글쎄.** 나도 왠지 모르겠어.

[CCF18–CCF19: 대학 생활–토픽]

CCF18: 소위는 한국에서 그 TOPIK 시험 쳐 봤어요?

CCF19: 네. 봤어요.

CCF18: 어때요? 어때요?

CCF19: **글쎄요.** 알려 주고 싶지 않아요.

CCF18: 예, 이렇게 하면 안돼요.

---

83 응답 회피 기능을 보이는 '글쎄(요)'는 '잘 모른다' 등 표현 외에도 다른 문구를 후행시킬 수 있다.

왕동: 한국 사람들이 제일 좋아하는 시인이 누구예요?
준호: **글쎄요.** 한 사람만 꼭 집어서 얘기하기는 좀 그렇군요.
　　　這个不好說/這个很難說.　　　　　　　　　(북경대 한국어3, 제12과)

여기서 화자 준호는 질문의 답을 잘 모르는 것이 아니라 가장 적절한 답을 당장 말하기가 어려운 상황이다. 이때 화자가 '글쎄요'를 먼저 발화함으로써 답을 쉽게 말할 수 없음을 밝히고 나서 그 이유를 보충 설명하고 있다. 이 경우 중국어는 "呃, 不知道啊/不清楚啊"로 번역하면 적당하지 않고 "這个不好說"나 "這个很難說(대답하기 어렵네요.)" 등으로써 화자의 태도를 적절하게 표현해야 한다.

학습자 CCF15는 '글쎄'를 사용함으로써 친구의 질문에 대답할 수 없음을 표시하고 있다. 주목할 만한 것은 학습자 CCF19의 사용이다. 이 학습자는 '글쎄요'를 사용함으로써 시험 결과가 어떻게 나온지를 친구에서 직접 얘기해 주고 싶지 않은 심리를 묘사하고 있다. 또한 후행 발화인 '알려 주고 싶지 않아요.'는 학습자 CCF19의 이러한 의도를 더 명확하게 전달한다. 이를 통해 CCF19는 '글쎄요'의 응답 회피 기능에 대한 고도의 사용 능력을 확인하였다. 학습자 집단 CK와 CC은 '글쎄(요)'를 높은 빈도로 사용하지는 않았으나(각각 4회) 사용의 적절성과 인터뷰 결과를 통해 이것이 어려운 항목이 아님을 파악하였다.

[2] 좀

'좀'은 화자의 질문에 대한 소극적인 응답표지로 사용된다. 화자는 청자의 체면과 대화의 외적 상황을 고려하여 직접 부정적인 답을 하는 것보다 적절히 회피해 버리는 것이 더 낫다고 판단할 때 '좀'을 사용하며 온전한 발화보다는 완결되지 않은 발화 형식을 주로 취한다.

[CKF09-KM02: 한국 유학 생활-언어 공부]

KM02: ((전화 주문))예 왼쪽 들어오면은 입구로 들어오면은 저
　　　희가 바로 있어요. 핫 바비큐피자 하나 가져다 주실래요?
　　　콜라 하나랑요. 사이즈가 뭐뭐 있어요? 아..많이 먹지는
　　　않을 것 같은데. 라지 시켜요. 뭘 시켜요. 아, 미디어엄로
　　　갖다 주세요. 네. 네. ((전화 끊고))

CKF09: 작은 하나만?

KM02: 두 명이라 라지는 **좀**...((웃음))

이 대화에서 KM02가 상대방으로부터 질문을 받고 작은 사이즈를 주문한 것에 대해 설명할 때 직설적으로 대답하는 것을 꺼려해서 담화표지 '좀'을 사용하여 후속 발화를 생략하고 구체적인 대답을 회피하고 있다. 화자는 '좀'을 가볍고 약간 길게 발음함으로써 상대방에게 이러한 심리를 미묘하게 전달하고 있다. 이때 '좀'은 상대방의 기분을 고려하거나 체면을 손상시키지 않기 위한 완화 전략에 해당된다. 중국어에서는 "有点儿", "有些" 등 표현으로 이를 대역할 수 있다.

조사 자료에서는 대화 상황의 다양성 부족으로 인하여 학습자 집단이 이러한 '좀'을 한 번도 사용하지 않은 것으로 나타났다. 사후 인터뷰를 통해 학습자들이 이러한 용법을 전혀 생소하다고 생각하지 않고, 상황이 주어지면 매우 자신 있게 사용할 수 있다는 것을 확인하였다.

2.2.4. 완곡하게 거절하기

[1] 좀

대화에서 화자는 상대방의 어떤 요청이나 제안을 거절할 때 '좀'을 사용하면 완곡한 태도를 보여 보다 완화되는 효과를 거둘 수 있다.

[CKF17-CKM06: 대학 생활-방학]

CKF17: 나도 집에 그, 심심해, 집에서 그 할 일이 없어서. 음, 근데 나는 어, 어, 8월 8월에 음, 그 서안에 가고 싶어, 어, 친구 찾아서 서안에 여행하고 싶어. 같이 갈래?

CKM06: 어디?

(중략)

CKF17: 그럼 시간이 있어? 같이?

CKM06: 음...근데 제가 여자친구 있어서 그...**좀** 어려워요.

이 예문에서 학습자 CKM06은 여자친구 때문에 CKF17과 같이 서안에 못 간다는 의사를 완곡하게 표현하기 위해 '좀'을 사용하고 있다. '좀'을 사용함으로써 친구의 체면을 최대한 손상시키지 않고 거절 의사를 더욱 부드럽게 전달하고 있다. 이때 중국어의 "有点儿", "有些"와 같은 용법을 가지고 있다. 학습자의 사용 빈도를 살펴보면 이러한 용법은 단 한 번밖에 나타나지 않았는데 위의 예문이 바로 그것이다. 이 예문은 남학생이 여학생의 요청을 거절하는 상황이기 때문에 여학생의 체면을 고려하여 화자가 '좀'을 사용한 것이었다. 필자가 인터뷰를 통해 이 기능의 '좀'이 드물게 사용된 원인을 크게 두 가지로 파악하였는데 하나는 대화참여자 간의 친밀도와 관련된다는 점이며 다른 하나는 대화 장면 다양성의 부족이었다. 전자는 친구 사이에 거절을 할 때 완곡하게 할 필요가 없다는 것이고 후자는 자료 중 상대방에게 요청하는 발화 장면이 많지 않은 데다가 요청을 받을 때 그것을 거절하는 경우가 더더욱 소수이었다는 것이다.

[2] 글쎄

'글쎄(요)'도 화자가 상대방의 어떤 요청, 권유, 제안 등에 대해 마음이 내키지 않을 때 완곡한 거절 태도를 표시할 수 있다.

    (1) 가: 언니도 그 책 사세요.

        나: **글쎄다.** 좀 비싼 것 같은데.   呃⋯⋯ 有点儿贵。

                                       (이해영, 1994:144)

    (2) 유민: 와, 그래? 고생 많았겠다. 나한테도 좀 빌려 줄 거지?

        지애: **글쎄,** 맨 입으로 될까?

        那可說不准/那可不一定, 光靠嘴說行嗎? (북경대 한국어4, 제1과)

(1)과 (2)의 경우, 선행 발화 내용 중에 화자를 지향한 희망 사항인 '책을 사는 것', '돈을 빌려 주는 것' 등이 포함되어 있다. 화자가 이를 들어줄 마음이 없으면 '아니요', '안 될 것 같아요' 등 노골적인 부정문을 사용할 수 있지만 여기서는 비교적 간접적 방식으로 거절의 의사를 완곡하게 전달하고 있다. 사실은 '글쎄'만 쓰더라도 온전한 부정의 답이 성립된다. 그러나 그런 식으로 대답하면 다소 무례해 보일 것 같아 화자는 후행 발화에서 거절 이유나 추가 요구사항 등을 밝히고 있다. 이러한 용법은 중국어로 표현하면 어기사 "呃⋯⋯"가 가장 무난할 것이다. 그러나 구체적 상황 및 대화참여자의 친소 관계, 신분관계, 연령 등에 따라 다양한 표현으로 번역 가능하다. 조사된 자료에서 이 기능의 '글쎄(요)'가 한 번도 관찰되지 않았는데 그 원인은 위의 '좀'의 그것과 동일하였다.

2.2.5. 부정적 정서 표출하기

화자는 다양한 담화표지를 통해 상대방 발화에 대한 주관적인 정서를 표명할 수 있다. 이 부분에서는 부정적 태도를 다루는 것이므로 여기서 상대적으로 소극적이거나 부정적 정서 표출 기능을 실현하는 담화표지에 대해서 살펴보고자 한다. 이에 해당되는 것으로 '정말', '진짜', '참', '그냥' 등이 있다.

[1] 정말, 진짜

부정적 정서를 표현하는 '정말'과 '진짜'는 화자가 상대방의 말이나 어떤 행위에 대한 불만을 표현할 때 주로 사용되는데 이 경우 놀라움을 표시하는 '정말?', '진짜?'와 다양한 차이를 보인다. 예를 들어, 뒤에 어미 '-요'를 붙일 수 없고 상승 억양이 아닌 하강조로 불쾌하게 발음하는 경우가 대부분이다. 이때 중국어 "真是(的)"와 서로 대응되므로 중국어권 학습자들은 이를 매우 능숙하게 사용하는 모습을 보였다(CK: 10회; CC: 7회).

[CCF23-CCF24: 대학 생활]

CCF23: 00 왔어? 왜 아직 안 와?

　　　　//CCF24: 00 **정말**, 항상 약속에 늦어.

CCF23: ((웃음))어쩔 수 없어. 기다려야 돼.

[CCF21-CCF28-CCF29-CKF13: 대학 생활]

CCF29: 그럼 너네 먹어. 난 진짜 식욕이 없어. 거기 앞에 빵집 있
　　　　는데 00이 이따가 돌아와서 사 줄래?

CKF13: 아 **진짜**. 난 싫어. 밥을 먹다고 하면 사 줄 건데 빵은 상상
　　　　도 하지 마.

CCF21: 음, 아니면 00아, 나 이따가 친구를 만나러 갈 건데 같이
　　　　갈래? 너도 아는 친구야. 운동도 좀 하면 배가 고프겠지?

위의 대화에서 학습자 CCF24는 친구가 항상 약속 시간에 늦는 것에
불만을 표하고 아래의 대화에서 학습자 CKF13은 친구가 빵을 사 달
라는 부탁을 들어주고 싶지 않은 태도를 '진짜'를 통해 표시하고 있다.
'정말'과 '진짜'는 부정적 정서를 표출할 때 놀람 표시 기능과 다르게
일반적으로 높임 형식(정말요, 진짜요)을 취하지 않는다. 이상의 대화
를 통해 학습자들은 이 점을 잘 인식하고 있음을 알 수 있다.

[2] 참

'참'의 기타 기능은 앞서 소개한 바가 있는데 여기서 부정적 정서
를 표시하는 '참'은 화제 도입이나 주의 집중 기능에 비하면 발음할
때 강세가 놓이지 않으며 어조도 훨씬 낮은 편이다. 또한 화자의 안
좋은 기분이나 부정적인 태도를 보이는 말투로 발음된다. 이러한 기
능을 가지는 '참'은 중국어의 "眞是(的)"와 대응되고 있고 담화 기능
도 동일하기 때문에 학습자들은 이를 빈번히 사용하지 않았으나 별
로 어려움을 겪지 않은 것으로 조사되었다.

[CCF21–CCF28–CCF29–CKF13: 대학 생활]

CKF13: 진짜 부럽다. 나는 이런 결심이 전혀 없는 여자야. 고등학
교 때 60키로 까지 쪘는데 슬프기만 했어, 수백 번이나 살
빼려고 했는데 그냥 생각이만 했네. 그래 가지고 남자친
구는 나를 떠났어. 슬퍼.

CCF29: **참,** 어이없다. 세상에서 이런 남자가 어디서, **참,** 화나. 왜
여자는 꼭 말라야 돼?

[3] 그냥

부정적 정서를 보이는 담화표지 '그냥'은 어원어인 부사 '그냥'과
는 달리 반드시 동사 앞에 써야 한다는 제약을 더 이상 받지 않고 의
미적으로 변화가 생기며 독립적으로 쓰일 수 있게 된다. 이 용법은
교재에서 반복적으로 소개되고 있지 않지만 학습자들에 의해 매우
자연스럽게 사용되었는데 여기에는 모국어가 중요하게 작용하고
있다. 한국어의 '그냥'과 중국어 "就那樣(吧)(그저 그래)"를 비교하
면, 의미적으로 똑같은데다가 화용적으로도 동일한 담화 기능을 가
지고 있어서 완벽한 대응 관계를 이루고 있다. 학습자들은 9회밖에
사용하지 않았지만(CK: 7회; CC: 2회) 모두 적절하였다.

[CCF06–CCF30: 한국 유학 생활]

CCF06: 집 주변에 가 볼만한 곳이 있어요?

CCF30: 경복궁,

CCF06: 가 본 적이 있어요?

CCF30: 세 번.

CCF06: 어때요?

CCF30: **그냥.**

CCF06: 중국의 공원처럼?

CCF30: 비슷해.

CCF06: 생각보다 별로?

CCF30: 그렇지요. 그런 것 같아요.

[CKF04-CKF05: 한국 유학 생활]

CKF04: 00아, 응, 한국 생활 어때?

CKF05: **그냥.**

CKF04: 그냥?

CKF05: 좀 힘들어.

[4] 저런

관형사 '저런'은 후행 성분과 수식-피수식 관계를 이루면서 자주 사용된다. 하지만 통사적인 제약에서 벗어나 단독으로 사용되면 담화표지로서의 기능을 생성하게 된다. 이러한 용법은『표준국어대사전』에도 수록되어 있는데 '뜻밖에 어떤 놀라운 일 또는 누군가의 딱한 사정을 직접 보거나 들었을 때 하는 말'이라고 하여 감탄사로 처리되고 있다. 이때 화자는 그 놀람이나 마음의 아픔을 전달하려고 '저런'을 주로 사용한다.

모어 화자 자료와 학습자의 대화 자료에서는 '저런' 또는 '저런, 저런'이 한 번도 관찰되지 않았다. 이 또한 대화 자료의 규모 부족과 관련된다. 필자가 이에 대해 학습자들에게 저빈도 사용의 이유를 조사하였는데 학습자는 '저런'의 관형사의 용법에 대해 잘 알고 있고, 담화표지로서의 용법은 교재의 제시를 이해하지만 실제 한국어로 되어 있는 방송 매체에서나 주변 한국인 친구와의 대화에서 한 번도 들어본 적이 없어 사용하려고 하지 않는다고 응답하였다.

이상으로 중국어권 학습자들의 구어 담화표지 사용 양상, 특징, 경향 및 문제점 등에 대해 기능별로 분석하였다. 세 집단 간 대비 구어 담화표지 전체의 사용 양상과 빈도를 종합적으로 나타내면 〈표 3-5〉와 같다.

〈표 3-5〉 구어 담화표지 전체의 실현 양상 및 빈도의 집단 간 대조(단위: 회)

기능			KN		CK		CC	
주도적 담화 운용 표지		화제의 도입과 전환	그런데, 근데, 그래, 아니, 그러니까, 그럼	79	그런데, 근데, 그래, 아니, 그니까, 맞다, 그럼, 그러면	60	참, 그런데, 근데, 그래, 맞다, 그럼, 그러면, 그리고	107
	화제의 전개	발화 내용 연결하기	-아/어 가지고(인과), -아/어 가지구(인과), -아/어 가지고(유지), -아/어 가지구(유지),그래 가지고(인과), 그래 가지구(인과), 이래 가지구(인과), 막	137	-아/어 가지구(인과), -아/어 가지구(유지), 그래 가지고(인과)	24	-아/어 가지고(인과)	6

	기능		KN		CK		CC	
주도적 담화 운용 표지	화제의 전개	시간벌기	그, 좀, 뭐, 그 뭐, 그냥 뭐, 그런, 좀 그렇게, 근까, 그니까, 뭐지, 뭐였지, 그 뭐지	192	그, 그런, 좀, 뭐, 뭐지, 그냥, 이제 그, 근데 뭐지, 그 뭐, 그 좀, 무슨, 그 뭐지, 일케, 이렇게, 네	282	뭐, 뭐지, 그냥, 그, 그 뭐지, 이런, 그런, 좀	172
		얼버무리기	그런 거, 좀	6	좀, 그런 거, 뭐 그런 거, 그런, 이런 거, 그런 그, 이렇게	32	그런 거, 이런, 그런 거 좀, 그냥, 그런 뭐	12
		수정하기	아니다, 아니	6	아니, 아니야, 아냐, 아니아니	8	아니요, 아니야, 아니고	6
		부연하기	까, 그니까, 그까, 그러니까	81	그니까, 까, 아니, 아냐	30	그니까, 아니요, 아니야	6
		강조하기	-단 말이다, -란 말이다, 막, 그냥, 뭐	93	-단 말이다, 막, 뭐, 어디	22	-단 말이다, 뭐, 어디	17
		약화하기	좀, 그냥, 걍, 뭐, 그냥 뭐	105	좀, 그냥, 뭐	122	좀, 그냥, 뭐	81
		부정적 태도 표시하기	막, 그냥, 그냥 막, 막 그냥, 진짜	84	그냥	18	그냥	16
		청자 주의 집중시키기	말이다, 있잖아	8	말이다, 자	5	말이다, 저기요, 있잖아	7
		공손 태도 표시하기	좀	6	좀	11	좀	8
	화제의 종료		-	0	예	2	예, 네	2

기능			KN		CK		CC	
호응적 담화 운용 표지	선호적 호응 표지	동조 표시하기	그래(요), 그러니까(요), 그니까(요), 그럼(요)	33	그래(요), 그래그래, 그러니까(요), 그니까(요), 그럼(요), 그러게(요)	48	그래(요), 그래그래, 그러니까(요), 그럼(요), 그러게(요), 그러게 말이다	52
		놀람 표시하기	진짜?, 그래?, 그래요?	84	그래?, 그래요? 진짜?, 정말?, 뭐?	46	그래?, 그래요?, 정말?, 정말요?, 진짜?, 진짜요?	70
		확인 강조하기	-	-	-	-	-	-
		관심 표시하기	-	-	-	-	-	-
		경청 표시하기	예, 네, 그래	15	네, 네네, 예	30	네, 예	94
	비선호적 호응 표지	강하게 부정하기	-	-	뭐야, 뭐가, 무슨	6	뭐야, 어디	4
		완곡하게 부정하기	-	-	글쎄	10	글쎄요	2
		불확실하게 대답하기	글쎄, 글쎄요	21	글쎄, 글쎄요	6	글쎄, 글쎄요	4
		응답 회피하기	글쎄	6	글쎄, 글쎄요	4	글쎄요	4
		완곡하게 거절하기	-	-	좀	1	-	-
		부정적 정서 표출하기	-	-	진짜, 정말, 그냥, 그냥 뭐, 참	20	진짜, 정말, 그냥, 참	11
습관			그	5	그, 그런	390	그	136
합계				961		1,177		817

중국어권 학습자들의 담화표지 사용에 대한 분석 결과는 다음과 같다. 첫째, 학습자 집단의 구어 담화표지 사용 총 빈도는 각각 1,177회와 817회로 나타나 모어 화자 집단의 그것과 비슷하게 나타났지만 개인적 발화 습관으로 인한 '그'의 과다 사용을 제외하면, CK와 CC는 각각 787회와 681회로 보여 모어 화자 집단의 956회보다 훨씬 낮은 빈도로 사용되었다. 또한 '시간벌기' 기능의 경우, 전체 인원수의 차이까지 감안한다면(KN: 23명; CK: 35명; CC: 35명) 학습자들은 모어 화자보다 높은 빈도로 사용되었다고 볼 수 있다. 이는 담화표지 사용에 대한 고도의 능력을 의미하는 것은 아니라 오히려 학습자의 말하기 능력이 매우 저하함을 보여 주었다. 또한, 일부 담화 표지를 경우에 학습자들은 모어 화자보다 더 높은 사용 빈도를 보였으나(예: 경청 표시, 동조 표시 등) 전반적으로 보면 그 다양성이 결여되어 있다. 이는 구어 담화표지 교육이 제대로 실시되지 않고 있어 학습자들은 담화표지 전반에 대한 인식이 부족하여 단지 몇몇 표지에 치중하여 빈번히 사용하는 경향이 강하기 때문인 것으로 해석된다.

둘째, CK집단과 CC집단은 구어 담화표지의 사용에 있어서 예상하는 것처럼 차이가 많이 발생하지 않았지만 전반적으로 살펴보면 CK집단은 CC집단보다 풍부한 사용 양상과 높은 빈도를 보여 주었다. 이는 한국 거주 경험과 일정한 상관관계를 맺고 있음을 인터뷰 결과를 통해 확인할 수 있었다. 이외에 지적해야 할 것은 CK집단보다 CC집단은 '화제의 도입과 전환', '동조 표시', '놀람 표시'와 '경청 표시' 등과 같은 개별적인 기능의 담화표지를 더 빈번하게 사용하였다는 점인데 이러한 현상은 대부분 학습자들이 개개인의 성격과 발화 습관, 그리고 모국어의 영향 등의 요인으로 인하여 몇 개의 담화표지를 밀도 있게 사용한 결과임이 조사되었다. 따라서 이때 사용의 빈도보다 다양성은 보다 큰 의미를 지니게 되는데 CK집단은 CC집단보다 다양하고 풍부한 담화표지를 사용하였기 때문에 상대적으로 높은 사용 능력을 보여 주었다.

셋째, 학습자의 잘못된 사용 양상을 살펴보면 잘못된 높임법 사용이 빈번히 발견되었다. 사적 대화에서는 대화참여자의 나이나 지위가 비슷하고 절친한 관계라면 서로 높이지 않는 것이 자연스럽다. 그러나 중국어권 학습자들은 무의식적으로 '네'나 '예'를 사용하는 경우가 종종 관찰되었다. 예시를 보면 다음과 같다.

[CKF17-CKM06: 한국 유학 생활]

CKF17: 아, 그래? (중략) 친구 찾아서 서안에 여행하고 싶어. 같이 갈래?

CKM06: 어디?

CKF17: 서안.

CKM06: 네? 서안?

CKF17: 네.

CKM06: 서안 어디?

CKF17: 서안은 그, 그 중국 중부 지방 그 도시예요.

CKF17과 CKM06은 같은 대학교를 다니고 있는 친한 친구이기 때문에 반말로 편하게 대화하고 있는데 이때 높임 표현인 '네'는 동등한 지위의 친한 사람들의 대화에 출현하는 것이 적절하지 않다고 본다. 이와 같은 사용은 상당수의 학습자 자료에는 골고루 발견되었다. 이는 목표어에 대한 불완전한 인식에서 비롯된 것이다.

반면에, '네'의 이러한 부적절한 사용과 대조적으로 '네'를 사용해야 할 상황에서 '음'이나 '응'을 무의식적으로 발화함으로써 무례함을 유발시키는 문제도 관찰되었다. 이는 모국어의 발화 습관의 영향으로 인한 것이었다. 이외에도 학습자 집단이 모국어의 영향을 받아 모어 화자와 구별되게 구어 담화표지를 특징적으로 사용한 양상도 다수 나타났는데 시간벌기 기능의 '어떻게 말해?', 화제 전환 기능의 '그리고'와 '그럼/그러면', 동조 표시 기능을 보이는 '당연하지(요)', '맞아' 등이 그 대표적인 예들이다.

마지막으로 언급해야 할 것은 바로 '그'의 사용 편중 현상이다. 이에 대해 구체적으로 살펴본 결과, 첫째 학습자들은 시간벌기 기능을 갖는 다양한 표지 중 '그'를 압도적으로 사용하였다(CK: 150회; CC: 106회). 이는 모국어 "那个"의 영향 때문에 일어난 것으로 해석될 수 있고 일부 학습자의 개인적 말 습관과도 관련이 있는 것으로 조사되었다. 둘째, 개인의 발화 습관으로 인한 '그'의 과다 사용 문제도 관찰되었다. 몇몇 학습자들은 후행 성분을 불문하고 앞에 '그'를 붙여 과도하게 사용하는 경향을 보였다. 이때의 '그'는 후행 성분 간에 휴지를 두지 않으므로 시간벌기 기능의 그것과 구별된다. 물론 이러한 사용 경향은 모국어와 전혀 무관하지 않다고 할 수 없으나 지나친 사용은 모든 학습자에게 발견되는 보편적 현상이 아니기

때문에 개인적 발화 습관과 큰 연관이 있다고 해석하였다(예: 학습
자 CKF02의 경우, 불과 25분의 발화 길이에 '그'의 사용은 무려 86
회에 달하였다.).

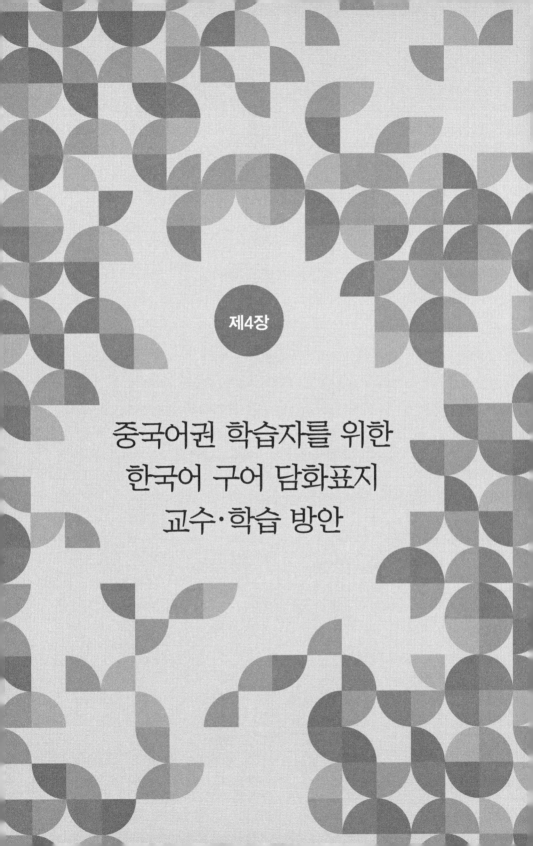

제4장

중국어권 학습자를 위한
한국어 구어 담화표지
교수·학습 방안

중국어권 학습자를 위한
한국어 구어 담화표지 교육 연구

　현재 국내외 학계에서 구어 담화표지에 대한 관심이 점차 높아지고 있다. 서론에서 이미 언급한 것처럼 담화표지는 이제 한국어 의사소통 능력 향상에 기여하는 긍정적인 교수·학습 요소로 널리 인정받고 있다. 하지만 이에 대한 관심이 점점 고조되면서 과연 구어 담화표지에 대한 다각적인 접근이 학습자들에게 얼마나 실제적인 도움이 될 수 있는가에 대한 의문이 생길 수 있다. 현재까지 이루어진 이론적 연구와 교육에의 적용 간의 연계는 상당히 약한 것이 사실이다. 외국어 교육의 최종적인 지향점이 언어의 운용인데 지금 한국어 교육 학계에서는 그동안 축적되어 온 이론적인 연구 성과를 어떻게 교육 현장에 적용시켜야 하는지에 대한 연구가 아직까지 활성화되지 않고 있다. 물론 담화표지는 언어의 주변적 요소로서 구어 담화에서 주로 실현되는 까닭에 여타 필수적인 언어 요소와 동등한 지위에서 다루는 것이 타당하지 않은 측면이 있다. 하지만 이들이 현실 구어에서 차지하고 있는 전략적 기능을 고려하면 교실에서 이에 대한 지도가 매우 유의미하다고 볼 수 있다. 특히 한국어 말하기 수업에서는 이를 각별히 유념하여 가르쳐야 할 필요가 있다.

　그러므로 이 장에서는 구어 담화표지의 교육적 적용을 탐색해 보고자 한다. 먼저 담화표지가 지니고 있는 특수성에 착안하여 교수 시 준수해야 할 세 가지 원리를 제안하고자 한다. 다음으로 중국어권 학습자들을 위한 한국어 구어 담화표지의 교수·학습 모형을 설계하여 이를 실제 한국어교실에 적용시키고 그 효과를 검증할 것이다. 마지막으로 교수 방법과 교육 자료 개선을 위한 제언을 마련할 것이다.

한국어 구어 담화표지 교수·학습의 원리

구어 담화표지는 여타 언어 요소에 비하면 생성 및 사용상 일련의 특수성을 지니고 있기 때문에 학습자들에게 매우 생소하게 느껴질 것이고 이들을 자동적으로 사용할 수 있는 수준에 이르기까지 상대적으로 긴 시간이 요구된다. 또한 구어 담화표지는 한국 특유의 언어·문화 양상을 담고 있는 대표적인 화용적 요소로서 중국어의 그것과 구체적 실현 항목, 기능 등 여러 측면에서 큰 차이를 보인다. 필자는 이러한 것들을 종합적으로 고려하여 중국어권 학습자를 위한 바람직한 담화표지 교육을 실시함에 있어 준수해야 할 세 가지 핵심 원리를 규명하고자 한다. '인지 강화의 원리', '전략 및 기능 의식 상승의 원리'와 '모국어 전이 효과 활용의 원리'가 그것이다.

▌1.1. 인지 강화

외국어 사용의 정확성, 유창성, 그리고 적절성은 근본적으로 학습자의 인지 능력을 기반으로 한다. 특정한 언어 형식을 정확하고 유창하게 사용하는 것은 어느 정도 기계적인 사용이라 할 수 있을지 모르지만 맥락적 요소를 분석하여 가장 적절한 표현을 골라 사용하는 것은 학습자의 인지 능력으로 좌우된다고 해도 과언이 아닐 것이다. 사용의 임의성이 강한 담화표지의 적절한 사용은 해당 표지에 대한 학습자들의 전면적이고도 심층적인 인지를 선결 조건으로 요구한다. 즉, 바람직한 한국어 구어 담화표지 교육이 이루어지려면 학습자들에게 담화표지의 구어성, 문법화, 발화 효과에 관한 인지를 심어 주고 강화하는 것이 최우선적인 작업이라고 볼 수 있을 것이다.

1.1.1. 구어성에 대한 인지 강화

구어 담화표지에 대한 인지적 교육 내용을 구축하려면 그 정의를 되돌아볼 필요가 있다. 담화표지의 정의를 시도하는 연구에서는 모두 이것이 구어 대화에서 많이 실현된다는 특징을 언급하여 담화표지의 강한 구어성을 강조하고 있다. 그러므로 교육 시에는 주로 구어에서 사용된다는 주요 특징을 부각시켜 학습자들에게 인지시켜야 한다[84].

---

84 이 점을 더 확대시켜 보면 한국어 구어와 문어의 구별 능력을 키우는 것과 관련짓

구어에서 나타나는 담화표지는 문어에서 자주 출현되는 요소보다 음성적인 측면에 대한 고려가 필수적이다. 담화표지는 특성상 화자의 다양한 의도와 태도를 표현하기 때문에 그것에 맞는 감정적인 색채를 드러내기 마련이다. 이를 실현하는 주요 기제로 발음 시의 어조나 강세 등이 작동한다. 따라서 학습자의 원활한 담화표지의 사용을 위해 이에 대한 인식을 심어줄 필요가 있다[85].

구어 담화표지 '그냥'을 예로 들어 보자. 문어 담화에서 실현되는 '그냥'은 일반적으로 사전적 의미대로 쓰이는 것이 대부분이다. 『표준국어대사전』중 표제어 '그냥'은 다음과 같이 기술하고 있다.

게 된다. 중국어권 학습자들을 대상으로 인터뷰를 한 결과, 한국에 장기 거주 중인 학습자이든 중국에서 온 교환학생이든 대부분 중·고급 단계에 올라가도 자기의 말하기 능력이 너무 부족해서 말하고자 하는 내용을 제대로 표현하지 못해 답답함을 많이 느끼고 있는 것으로 나타났다. 그들은 자기가 하는 한국어가 딱딱하고 자연스럽지 않은 '교과서식'의 문체 한국어라고 하여 한국인 화자와 거리가 멀다고 하였다. 한 마디로 한국어의 문어 문법과 구어 문법을 확실하게 구분하는 능력이 부족하다는 것이다. 여기서 구어 담화표지도 한 몫을 하고 있다. 또한 학습자들이 구어 담화표지를 배우고자 하는 의욕이 꽤 높은 것으로 조사되었다.

85 국립국어원(2010)의 국제 통용 한국어교육 표준 모형 개발 보고서(1단계)에서 구어 관련 내용 중 '발음'에 대한 내용을 많이 명시하고 있다. 더욱이 시기적으로 봤을 때 다 고급 단계 이상으로 제시하고 있다. 구체적으로 보면 다음과 같다.

〈언어 지식 영역의 '발음' 부분〉	
5급	- 화용적 기능을 수행하는 억양을 듣고 상황맥락을 이해한다. - 원어민과 유사할 정도로 필요한 곳에서 휴지를 두고 발음한다. - 원어민의 현실 발음을 어려움 없이 이해한다.
6급	- 화용적 기능을 억양에 담아 정확하게 표현한다. - 상황에 맞게 어조를 구별하여 정확하게 발음한다.
7급	- 원어민의 구어 습관과 거의 유사하게 발음한다.

그-냥: 부사

(1) 더 이상 변화 없이 그 상태 그대로. ▮설탕을 넣지 않고 그냥 먹다.

(2) 그런 모양으로 줄곧. ▮하루 종일 그냥 울고만 있으면 어떻게
하니?

(3) 아무런 대가나 조건 또는 의미 따위가 없어. ▮그냥 주는 거니?

하지만 현실 언어에서의 '그냥'은 이러한 쓰임에 국한되지 않고 훨씬 넓은 범위에서 활발하게 기능하는 모습을 보인다.

실제 구어에서 '그냥'의 실현 양상[86]

(1) **그냥** 인턴인데 대충하면 돼.

(2) 윤아: 야, 이 옷 어때? 예뻐?

영숙: **그냥**.

(3) 완전 맛있어! 아주 **그냥** 매일 먹고 싶네요.

(4) 태석: 그 여자가 그래? 어우 내가 이걸 **그냥**!

(5) 윤교수: 당신 어디 갔다오는 길이야?

경하: 당신은요?

윤교수: 난… **그냥**.

(6) 할머니: 야 지들은 **걍** 덕분으루다가…

위의 예시에서 사용되는 '그냥'은 더 이상 고유의 부사의 용법을

---

86 예문(4)-(6)은 심란희(2011:72)의 일부 예시를 참고한 것이다.

기술하는 사전적 의미, 어휘적 의미로 설명할 수 없는 것들이다. 의미뿐만 아니라 통사적 규칙도 적용되지 않는다. 부사 '그냥'과 다르게 담화표지로 쓰일 때 뒤에 반드시 동사가 후행해야 하는 것이 아니고 독립적으로도 사용 가능하며, 문장에 융합되어 사용될 때 그 출현 위치도 매우 자유롭다. 아울러 이러한 변화가 일어나는 동시에 '그냥'은 주어진 맥락에 따라 각각 다른 기능을 수행하고 있다. 또 현저한 구어적 특징으로 인해 각 기능은 서로 상이한 말투로 실현되어 화자의 다양한 의도나 태도를 미세하게 나타낸다는 것이다. 교사가 학습자들에게 담화표지의 이러한 구어적 특징을 인지시키는 일은 자연스러운 활용을 위한 필수적 작업이다.

1.1.2. 문법화 과정에 대한 인지 강화

2장에서 밝혔듯이, 어느 특정한 언어 형태가 구어 담화표지로 기능하게 되는 과정에 문법화가 개입되어 있는 경우가 대부분이다. 이때 담화표지로 변화하는 데 두 가지 결정적 조건이 있는데 의미의 변화와 특수한 담화 기능의 생성이 그것이다. 이것도 역시 담화표지가 기타 일반 언어 항목과 근본적인 차별성을 보이는 부분이다. 따라서 학습자들에게 이 두 가지를 효과적으로 인지시키면 담화표지라는 존재에 대해서 깊이 있는 지식을 습득할 수 있다. 일례로 담화표지 '어디'의 문법화 과정을 구체적으로 보자.

김명희(2005:52-53)에서 의문사 '어디'의 문법화 과정(즉 내용의 문문의 의문사〉간접의문문의 의문사〉부정사〉담화표지)은 다음과 같은 문헌 자료를 통해 확인되었다.

(1) 제주는 어드메 잇ᄂ니오.(의문사)   〈두시언해, 1481년〉

(2) 스스아가 그 죵젹이 어디 잇는지 아지 못ᄒ다 ᄒ엿시니.

    (간접의문문)   〈셩경직해광익, 1790-1800〉

(3) 문호는 어대서 돈 오원을 구하여 가지고...(부정사)

                              〈소년의 비애, 1917년〉

(4) 그게 어디 아버지 잘못입니까?(담화표지) 〈유정/꿈, 1933년〉

우선 '어디'가 기본적인 의미에서 벗어나 구어 담화표지로 전성되는 사회문화적 전제를 보자. '어디'가 담화표지로의 변화 과정을 겪었다는 것은 그만큼 많이 사용되었다는 것인데 이는 한국 문화에서 장소의 중요성이 그만큼 크다는 것을 보여 준다. 실제로 한국인들은 집단주의 문화를 형성하면서 집단을 형성하는 중요한 매체로서 장소를 이용해 왔는데 이러한 장소의 중요성은 한국인의 의식 저변에 뿌리 내리고 있어 개인의 존재보다 집단이나 소속된 장소를 언급하는 데서 나타난다. 한국인들의 의식 속에 장소가 매우 중요한 개념으로 차지하고 있어 '어디'는 점차 어휘적, 문법적 속성을 잃어버린 채 화자의 의도나 태도 등을 나타내고 다른 언어에서는 찾아볼 수 없는 다양한 쓰임을 가지게 되면서 문법화 요소로 발달하게 되었다(이한규, 2008:5에서 발췌). 해당된 중국어 단어 "哪里, 哪儿"의 문법화 정도는 '어디'보다 훨씬 낮은 편이다. 이는 중국어권 학습자들이 '어디'의 다양한 쓰임을 인지하는 데 장애가 되는 문화적 원인이 된다. 동시에 이는 학습의 어려움을 초래하는 원인이 되기도 한다. 교사가 학습자들에게 '어디'의 구체적 담화표지 용법을 소개하기 전에 '어디'에 내포되어 있는 이러한 사회문화적 내용을 언급하면 인지적 부담을 부분적으로 덜어줄 수 있으리라 판단된다.

'어디'의 문법화를 유력하게 입증해 주는 의미의 변화를 보자. 담화에서 실현되는 담화표지는 그 어형이 가지고 있는 어원적인 의미가 심층에 어떤 형태로든지 내재되어 있다(임규홍, 1998:166). 이한규(1996, 1997, 1999)도 담화표지를 다룬 일련의 연구에서는 각 표지는 아무리 많은 구체적인 의미를 가진다 할지라도 하나의 기본 의미를 가지고 있으며 구체적인 의미들은 이 기본 의미로부터 담화적으로 추론된 함축이라는 일관적인 입장을 누차 표명하였다. 본 연구도 이러한 논의에 전적으로 동의한다. 교사는 학습자들에게 '어디'의 복잡하고 미세한 의미나 기능을 가르치기 전에 '어디'의 어원적 의미를 충분히 인식시켜야 한다. 학습자들이 이를 제대로 파악하면 '어디'가 담화표지로 기능할 때 담화상의 의미를 이해하는 데 큰 도움이 된다고 판단된다.

담화표지는 구체적 문법화의 정도에 따라 의미, 기능의 단계적 확장 과정을 규명할 수 있다. 하지만 현재 학계에서 모든 담화표지의 문법화 과정을 역사적 문헌 자료를 분석하여 일일이 명확하게 규명하는 연구가 아직 충분히 이루어지지 않았다. 이런 상황 속에서 각각의 담화표지가 과연 어떤 문법화 과정을 겪었는지, 얼마나 많은 담화표지들이 '원시적 의미/기능⇒준 담화표지의 의미/기능⇒담화표지의 의미/기능'의 절차를 밟았는지 모호한 측면이 아직까지 많이 남아 있다. 필자도 이에 대한 연구의 한계를 인정하되 현재 거의 이의 없이 규명된 담화표지의 문법화 과정을 소개하면서 세부적 원리를 제시할 것이다. '말이다'의 다음 사례를 보자.

(1) 3번 이상 결석하면 F 준다고? 이게 누가 한 말이야?

(2) 난 그 남자가 싫단 말이야.

(3) 그 옷 말이야, 도대체 얼마 주고 사 온 거야?

위 예시에서 사용되는 '말이야'는 전형적인 문법화 과정인 '원시적 의미 ⇒ 준-담화표지의 의미(기능) ⇒ 담화표지의 의미(기능)의 순으로 발달되었다. 문법화가 점차 진행되면서는 본래의 의미가 상실되어 어원어와의 관련성이 낮아지며 추상적 의미도 동시에 강화된다. 이는 학습자의 어려움이 문법화 발달 정도에 따라 점진적으로 증가될 것이라는 예상을 가능하게 한다. 따라서 구어 담화표지 '말이다'의 담화 기능을 학습자들에게 노출시킬 때 과학적이고 체계적인 인지 단계를 확보하고 이러한 발달 과정에 맞추어 교육적 순서를 정해야 하는 것을 원칙으로 삼아야 할 것이다.

1.1.3. 발화 효과 차이에 대한 인지 강화

구어 담화표지가 사용될 경우 대화에 가져오는 특수한 발화 효과에 대한 인지도 관건이다. 이때 사용할 수 있는 방법은 해당 담화표지가 실현되는 경우와 그것이 실현되지 않은 경우의 비교이다. 이러한 인지 단계를 거치면 구어 담화표지의 유용성에 대한 학습자들의 인식이 훨씬 심화될 수 있다. 화자가 대화 상황에서 담화표지를 전략적으로 잘 사용하면 자신의 의도나 태도를 매우 미세하고 적절하게 나타낼 수 있다.

(1) 그냥 인턴인데 대충하면 돼.
(1)' ∅ 인턴인데 대충하면 돼.
(2) 그런데 말이야, 이 부분을 좀 더 수정해야 돼.
(2)' 그런데 ∅ 이 부분을 좀 더 수정해야 돼.

화자는 '그냥'을 쓰든 안 쓰든 문법적 관계나 의미적 전달에 아무런 영향을 미치지 않지만 양태적 의미 전달에 있어서 유의미한 차이를 나타내게 된다. '그냥'을 사용하면 정규직보다 '인턴'을 별로 중요하게 여기지 않는다는 내재적 심리가 더 강하게 표출된다. '그런데' 뒤에 쓰이는 '말이야'는 구상적 의미가 없으나 화자가 청자의 주의를 언어적 장치로써 집중시키려는 의도를 가시적으로 분명하게 전달하는 특수한 발화 효과를 제공한다. 이처럼 구어 담화표지가 문장 안에 출현하면 출현하지 않은 경우에 비해 발화의 생동감, 입체감, 그리고 화·청자 간의 역동성이 한층 강하게 부각된다. 교사는 학습자들에게 이러한 담화표지의 사용은 딱딱한 문어체, '교과서적'인 발화의 과도한 사용을 줄이는 효과적인 방법임을 소개하고, 담화표지 고유의 기능, 특히 화자 발화 시의 태도를 나타내는 양태적 의미의 부각 기능을 주목하게 하여 충분히 인식시키면 담화표지를 학습할 의욕을 이끌어낼 수 있으리라 본다.

또한 구어 담화표지의 사용은 발화의 다양성을 촉진시킬 수도 있다. 특히 청자 발화에 대한 반응을 나타낼 때 학습자들은 집중적으로 몇 개의 담화표지만 사용하는 경향이 강하다. 예를 들어, 상대방의 말에 대한 놀람을 표시할 때 상당수의 사람들은 '아'를 비롯한 일련의 감탄사를 사용한다. 물론 여러 억양을 통해 조금씩 다르게 표현할 수 있으나 '그래(요)?, 네?, 뭐?, -단/란/잔 말이야?, 아니' 등 표지를 사용하면 훨씬 더 풍부하고 미세한 놀람의 심리를 표출할 수 있다. 특히 외국어 학습자의 경우, 구어 담화표지는 모어 화자에 못지않은 고도의 표현력을 보장할 수 있는 매우 유용한 요소이다. 따라서 학습자들에게 다양한 담화표지를 사용할 때의 발화 효과와 사용하지 않을 때의 효과를 비교하게 하면 학습자의 인지를 심화시킬 수 있을 것이라 예측된다.

▌1.2. 전략 및 기능 의식 상승

구어 담화표지에 대한 인지가 충분히 제공된 후에는 교사는 학습자들이 담화표지 지식을 충분히 활용할 수 있도록 격려해 줘야 한다. 즉 담화표지에 대한 교육이 이해하는 차원에만 머무르지 않고 표현 차원에서도 적극적으로 이루어져야 한다는 것이다. 구어 담화표지에 대한 이해는 단지 실제 대화 중 화자의 의도나 태도를 파악하기 위한 도구적인 기능을 갖고 있으므로 이해를 잘 한다고 해서 적절하고 자동적으로 사용할 수 있음을 의미하지 않는다. 왜냐하면 학습자들은 모든 담화표지의 기본 정보(음성, 형태, 의미/기능 등)를 잘 이해하였다 하더라도 실제 대화에서 거의 사용하지 않거나 모국어와 대응되는 매우 한정적인 몇 개의 담화표지만 사용할 수 있기 때문이다. 외국어 교육의 최종적인 목표는 이해만 지향하는 '벙어리'식 언어가 아니라 담화 맥락에 따라 적절하게 선택·사용하여 원활하게 의사소통할 수 있는 데 있다. 그러므로 학습자들로 하여금 담화표지를 자연스럽고 적절하게 사용할 수 있도록 하는 것이 담화표지 교육 시 교사가 주의를 기울여야 할 부분이다.

문장 구성에 있어서 필수적으로 취해야 할 요소나 지켜야 할 규칙을 학습할 때, 학습자는 그것의 기본적 의미, 제약 등을 잘 익히는 것이 주된 임무이며 그것을 사용하는 것이 더 타당한지, 혹은 생략하는 것이 더 좋을지에 대한 염려는 안 해도 될 것이다. 하지만 구어 담화표지 학습에 있어서 학습자들이 직면하는 문제는 담화표지에 대한 기본적 형태·통사적 정보, 의미적 정보를 익히는 것뿐만이 아니다. 학습자들은 담화표지 사용의 적절한 시기와 타당성 등에 대해서도 고려해야 한다. 다시 말하면, 구어 담화표지에 대한 기본적 인지를 초월하는 메타-담화적 차원에서의 인지 내용도 동시에 습득해야 할 부담이 있다. '메타(meta)인지'라고도 부르는 이러한 지식에는 담화표지의 전략적 사용 지식이 대량 포함되어 있다. 3장에서 제시한 학습자의 담화표지 사용 문제 중에서 사용 빈도의 저하와 다양성 결여의 문제는 담화표지에 대한 인지 부족과 이에 대한 학습자의 전략적 지식 부재 두 측면에서 그 원인을 규명할 수 있으며, 몇몇 담화표지의 편향적 사용 문제는 기존 모국어 인지에 대한 높은 의존도와 한국어 담화표지 고유의 전략적 사용에 대한 메타인지적 지식의 부족으로 해석될 수 있다. 간단하게 정리하자면, 중국어권 학습자의 담화표지 사용 능력을 결정할 수 있는 3대 요인으로는 기본적 인지 부족, 모국어 영향, 전략적 사용 기술에 관한 메타인지적 지식의 부족 등을 들 수 있다. 이 절에서 필자가 중점적으로 제시하고자 하는 원리도 이 세 가지 요인의 반영을 고려한 결과물이다.

   일찍이 브라운(Brown, 1999)에서 말하기 수업을 설계하는 원리를 제시하였는데 그 중 교사가 학습자들에게 말하기 책략을 개발해야 함을 지적하면서 수업 시간을 통해 이러한 책략들을 학습자들로 하여금 인식하고 연습할 기회를 갖도록 하는 것을 제안한 바가 있다. 이 중 담화표지와 관련된 부분을 제시하면 다음과 같다.

   - 생각할 시간을 벌기 위해 '채움말' 사용하기(Uh, I mean, Well)
   - 대화 유지를 위한 표현 활용하기(Uh huh, Right, Yeah, Okay, Hm)
   - 청자의 주의를 요구하기(Hey, Say, So)

   물론 브라운이 명시적으로 제시하는 책략이 모든 구어 담화표지의 전략적 사용 양상을 전부 포착한다고 할 수는 없으나 이 책에서는 이러한 견해와 맥을 같이 하여 말하기 전략으로서 담화표지의 교육적 가치를 충분히 인정하여 학습자들에게 이러한 전략적 의식을 심어주어야 한다고 주장한다. 담화표지에 대한 기본적 인지가 확보되어 있는 상태에서 이러한 메타인지적 전략 의식까지 강화되면 중국어권 학습자들이 담화표지를 사용할 때 모국어 인지에 대한 의존도가 크게 떨어져 모국어 전이로 인한 사용 오류가 크게 줄어들 것으로 예상된다.

대개 말하기 능력의 발달에서 교사의 역할만큼 혹은 그보다 더 중요하게 작용하는 요인이 학습자이다. 특히 구어 담화표지 사용의 성공과 실패는 학습자가 그것에 관한 종합적인 지식을 어떻게 내면화하고 전략적 사용 기법에서 메타인지적 지식을 얼마나 잘 적용하는지가 관건이 된다. 따라서 담화표지 사용을 지향하는 수업에서 교사 유도의 출발점은 구어 담화표지가 지니고 있는 언어 전략적 성격에 두어야 한다고 본다.

교사가 학습자들에게 담화표지의 올바른 전략적 사용을 유도하려면 불가피하게 담화표지의 기능에 대한 교수가 선행되어야 할 것이다. 구체적 기능에 대한 학습은 전략 구성에 기본적 선결 조건으로 그 역할이 결정적이라고 할 수 있기 때문이다. 앞선 논의를 통해 담화표지는 담화에서 화자의 발화 의도와 심적 태도를 미묘하게 표현하는 매우 다양한 기능을 갖는다는 사실을 알 수 있었다. 이러한 기능은 담화표지의 표면적 형태만 보고, 대화를 구성하는 요소(대화 화제, 화자, 청자 등)를 떠나면 무의미해지며 반드시 일정한 대화 맥락과 연관시켜야만 두드러지게 드러난다. 따라서 교사는 동일한 형태의 담화표지가 갖고 있는 기능을 유의적 대화 맥락을 활용하여 명료하게 교수하는 것이 원칙이다.

그럼에도 불구하고 교재에서 이에 대한 안내가 상당히 불충분하여 교사가 이들 기능을 비교적 전면적으로 가르치려면 주교재 이외에 실제 대화가 활용되는 말하기 부교재나 기타 영상 자료를 활용하는 것이 바람직하다. 담화표지가 실제로 사용되는 맥락에 대한 정보는 시각적, 청각적인 자극을 통해 제공되며 이러한 자극은 담화표지의 기능에 대한 교사의 설명을 훨씬 용이하게 만들어 줄 수 있을 뿐만 아니라 이에 대한 학습자의 장기 기억에도 도움이 된다.

여기서 특별히 주의해야 할 것은 담화표지의 전략적, 기능적 사용에 대한 격려는 모든 담화표지에 똑같이 적용되는 것은 아니라는 점다. 대체로 대화의 자연스러운 흐름에 지장을 주지 않는 이상 담화표지의 사용을 권장하고, 시간벌기, 얼버무리기 등 기능의 경우 교육적으로 그 가치가 낮게 평가되어 있으며, 학습자들은 이러한 기능의 담화표지들을 심각하게 남용하는 경향이 있으므로 이들을 가르칠 때 교사들의 각별한 주의를 요하게 된다. 그 기능에 대해서 언급하는 정도면 충분하다고 본다. 또한 담화표지의 지나친 사용을 지양해야 한다는 점에 대해서도 신경을 쓸 필요가 있다.

▌1.3. 모국어 전이 효과 활용

사람들이 모국어를 제외한 어떤 새로운 언어를 배우는 과정에서 모국어 경험이 상당한 영향을 미치는 것이 주지의 사실이다. 모국어가 외국어 또는 제2언어 학습에 미치는 영향은 크게 긍정적 전이(또는 촉진)와 부정적 전이(또는 간섭)로 나뉘어진다. 일반적으로 학습자 오류에 대한 요인을 분석할 때 모국어의 간섭 효과가 좀 더 현저하게 드러난다. 하지만 오류에만 주목하지 않고 학습자들에 의해 정확하고 적절하게 사용되는 목표어의 양상에도 주의해야 한다. 왜냐하면 거기에는 모국어의 촉진 효과가 내재되어 있기 때문이다.

일반적인 어휘나 문법 등 언어 형태는 기계적, 반복적 연습을 통해 습득할 수 있으나 대부분의 구어 담화표지는 자동적이며 원활한 사용에 이르기까지 상당히 의식적인 노력이 필요하다. 이는 담화표지가 기타 언어 요소보다 광범위한 인지를 요구하기 때문이다. 담화표지에 관한 기본적 인지적 내용 중의 순수한 언어 지식을 살펴보면, 한·중 담화표지는 형태적, 통사적인 차원에서 상당히 다른데 이는 양 언어가 유형적으로 매우 다르다는 데서 기인한다. 한국어는 교착어로서 아래와 같이 일정한 문법형태소를 빼거나 붙이면 형태적인 변화가 일어난다.

글쎄, 글쎄다, 글쎄요
말이야, 말이에요, 말입니다/말입니까?
있잖아, 있잖아요, 있지
그래, 그래요

하지만 중국어는 고립어의 특성으로 인하여 이러한 변화가 일반적으로 어휘 요소의 첨삭을 통해 실현된다.

這不, 這不嘛
你說, 那你說

別說, 還別說, 你還別說

　중국어 구어 담화표지 형태에 대한 구체적인 첨삭이 가능한 것으로 연사(連詞), 어기사 이외에도 인칭대명사의 사용을 들 수 있다. 한국어는 일상대화에서 가급적 인칭대명사를 생략한 채 발화하는 경우가 많으며 반드시 상대방을 지칭해야 할 때는 이름이나 직함을 사용하는 방법을 취한다. 이 점은 사회문화적인 측면에서 인칭대명사를 고빈도로 사용하는 중국어와 현저한 차이를 보인다. 중국어 담화표지의 경우에는 1인칭 대명사와 2인칭 대명사를 활용하는 형태가 많지만 이때 한국어에서는 처소를 가리키는 '저기'나 '있잖아' 등 상호작용성이 높은 담화표지를 통해 화·청자의 상호 관계를 표시하는 방식이 선호된다. 다시 말하면, 중국어는 대화 쌍방의 관계를 매우 가시적으로, 직설적으로 표시하는 경향이 강하고 한국어는 이를 훨씬 함축적으로, 완곡하게 나타내는 특징을 보인다는 것이다. 한국어를 배운 경험이 있는 중국어권 학습자라면 예외 없이 한국어의 완곡화법이 매우 특별하다고 생각할 것이다. 이처럼 문화적으로 굳어져 있는 기저 인지적 경험은 새로운 언어를 학습할 때 상당한 무의식적인 영향을 미친다.

　중국어권 학습자들은 모국어에 없는 구어 담화표지를 학습할 때 목표 표지가 형태적·화용적으로 아무리 쉬워도 언어 간의 중첩되는 인지 영역이 좁아서 어려움을 느끼게 된다. 반대로, 모국어와 대응되는 담화표지의 경우, 모국어의 촉진 효과 덕분에 인지적인 부담이 크지 않아 화용적 용법이 아무리 복잡해도 학습자들은 그것을 크게 어려워하지 않는다. 예를 들어, 담화표지 '좀'은 한국어에서 상당히 활발하게 사용되며 담화에서 '약화하기', '강조하기', '공손 태도 표시', '완곡하게 거절하기', '응답 회피하기' 등 다양한 기능을 보일 뿐만 아니라 각 기능을 수행할 때 서로 다른 어조, 세기, 길이로 발음해야 한다. '글쎄'의 경우도 마찬가지이다. 하지만 중국어권 학습자들은 이 두 개의 표지를 이해·사용할 때 많은 차이를 보이는데 이러한 차이는 모국어가 갖고 있는 지대한 영향 관계로 해석할 수 있다. '좀'은 중국어의 해당 표현 "有点儿, (一)点儿"과 문법화의 경로가 비슷하며 맥락에 따라 생성되는 기능도 거의 똑같고 발음상의 특징도 별다를 바 없기 때문에 학습자들에게 매우 익숙한 항목이 된다. 반면에 '글쎄'는 중국어에 일대일 관계를 맺고 있는 표현이 없어서 상황에 따라 각 기능을 이해하려면 서로 다른 중국어 번역 방법을 찾아 대응시켜야 하기 때문에 인지상의 부담이 훨씬 큰 편이다. 따라서 학습자들은 '글쎄'의 고빈도 용법(예: 불확실하게 대답하기, 응답 회피하기), 일반적으로 가장 대표적인 용법을 일종의 굳어진 사용 패턴으로 인식하고 다른 기능에 대한 인지가 매우 파편적이며 정형화되어 있지 않으므로 '글쎄'를 '좀'만큼 여유 있게 사용하지 못하는 결과를 가져온다.

　한국어 담화표지의 적절한 이해와 자동적 사용에 있어서 중국어권 학습자의 모어 인지가 상당히 중요한 역할을 하고 있는 것은 사실이다. 하지만 한국 내 대부분의 교재가 범용성을 추구하고 있어서 학습자 모국어의 언어문화와 비교하는 방식으로 담화표지를 설명하고 있지 않으며 중국 내 교재는 한·중 양 언어의 공통점과 차이점을 기술하면서 목표 항목을 제시하고 있으나 구어 담화표지에 대한 기술에 있어 비교언어·문화적 차이를 다루지는 않고 있다. 이런 점을 보면 학습자 모국어와 한국어의 차이점, 특히 언어·문화적 특징을 화용론적 관점에서 대조·분석하고 그 결과를 담화표지의 교육에 반영시키려는 노력이 필요하다. 결론적으로, 담화표지 교육 시 모국어의 영향을 간과해서는 안 되며 오히려 이를 적재적소에 교수 기법으로 적극적으로 활용하면 큰 효과를 볼 수 있다고 판단된다.

모국어의 긍정적 촉진 효과는 교사의 메타적 설명에서도 두드러지게 나타날 수 있다. 중국어권 학습자들에게 구어 담화표지와 같은 높은 인지적 지식을 필요로 하는 항목을 가르칠 때 순수하게 한국어로 설명하는 경우, 그 내용이 과연 어느 정도 학습자들에게 수용 (intake)되는지 염려된다. 만약 교사가 그들의 모국어인 중국어로 메타적으로 설명하면 훨씬 경제적이며 무엇보다 교육적 효율성이 뚜렷하게 드러날 수 있을 것으로 보인다.

한국어 구어 담화표지 교수·학습의 실제

이 부분에서는 구어 담화표지 교수·학습의 실제를 다루기에 앞서 어떠한 방법으로 교수·학습하는지부터 먼저 살필 필요가 있다. 교육 현장에서 구어 담화표지에 대한 교육 방법은 일반 문법 항목, 어휘, 문형 등의 그것과 마찬가지로 크게 명시적인 것과 암시적인 것으로 분류할 수 있다. 필자는 암시적인 방법보다는 명시적인 방법이 훨씬 효과적이라는 것을 전제로 하므로 수업 실제를 보여 주기 전에 우선 명시적 방법의 타당성을 검토해야 할 것이다.

학습자들을 대상으로 한 설문 결과를 보면, 한국어교실에서 구어 담화표지에 대한 설명은 교사에 따라 매우 상이한데 어떤 교사는 아예 가르치지 않으며 어떤 교사는 간략하게만 소개하는 것으로 조사되었다. 또한 극소수의 교사는 학습자들에게 담화표지에 대한 지식과 그 용법을 적극적으로 안내해 준다. 종합해 보면 현재 구어 담화표지에 대한 메타언어적 설명이 교사의 개인적 판단에 달려 있으므로 자의성이 높고 대체적으로 교사의 적극적인 태도도 결여되어 있음을 알 수 있다. 따라서 현장에서 담화표지에 대한 명시적인 교육이 체계적으로 이루어지고 있다고 보기는 어렵다. 한편, 교재 내에서의 제시가 어떤 방식으로 이루어지고 있는지를 보려면 앞서 교재 분석 결과를 참조할 수 있다. 기타 화용적 자질에 비해서 구어 담화표지는 그 제시 분량이 많은 편이다[87]. 표준적인 교육과정이 수립되지 않은 상황 속에서 이렇게 적극적으로 학습자들에게 입력을 제공하려는 시도는 다행스러운 현상이다. 현행 교재는 일관성이 없는 이론 연구 결과의 반영물로서 일정한 선정, 배열 기준 없이 각자 나름대로 대화문과 듣기 지문을 통해 몇몇의 담화표지를 비체계적으로 제시하고 있다는 문제들을 안고 있다. 그리고 일반 문법이나 표현으로 취급되는 '-아/어 가지고'와 '(-단/란/잔/냔)말이다'를 제외한 나머지 담화표지는 모두 간단한 의미만 제시하고 있고 이와 관련된 추가적인 설명이나 연습 문제는 드물다. 이처럼 학습자의 주목을 충분히 끌 수 없고, 이를 이해하고 활용하는 데 유의미한 명시적 설명, 대표적인 활동 과제가 없는 제시 방법은 일종의 암시적인 교육 방법으로 볼 수밖에 없다.

---

[87] 교육 현장에 작용할 수 있는 화용적 특성은 간접화행, 담화표지, 담화의 개시, 유지, 화제 전환, 순서 교대, 청자반응신호로 응대하기 등의 의사소통행위의 사용전략, 화용적 상투어의 사용 등 매우 다양함에도 불구하고 화행이라는 한정적인 주제에 대해서만 화용 교육 연구가 이루어지고 있다. 그러나 한국어 교재를 보면 이들 학습 항목은 골고루 다루어지고 있지 않았으며, 주로 화용적 상투어, 간접 화행이나 화용적 담화표지의 몇몇이 대화문에 제시되는 경우가 주를 이루고 있다(이해영, 2015:257).

이처럼 그동안 이루어져 왔던 구어 담화표지 교육은 전반적으로 암시적이다. 3장에서는 학습자의 담화표지 사용 능력의 미약함을 통해 그동안 실시되었던 암시적인 방법이 큰 효과를 거두지 못하였다는 사실을 확인하였다. 현재 이에 대한 교육적 관심이 고조되는 상황 속에서 우리는 더 이상 암시적인 교수법에만 의지하면 안 된다는 인식을 가지고 명시적인 교수법의 활용을 기대하게 된다.

그렇다면 명시적인 교수 방식이 과연 바람직한 효과를 볼 수 있는가? 한국어교육 관련 연구 중 담화표지를 명시적으로 가르치고 질적인 방법으로 그것의 효과를 지속적으로 관찰하는 검증 연구가 이제 진행되기 시작하고 있는 시점이기 때문에 참고할 만한 객관적·이론적 연구 결과가 거의 없다. 하지만 담화표지를 포함한 기타 화용 교육 실험 연구의 결과를 참조하면 이 문제를 부분적으로 조명할 수 있다고 본다. 하우스(House, 1996)의 연구에서는 교사로부터 사회화용적 조건에 대한 명시적인 정보를 제공받은 학습자 그룹과 암시적 수업을 받은 학습자들의 그룹을 나누고 14주의 교육 과정을 제공하였다. 그리고 교육을 마친 후 명시적 교육을 받은 그룹이 암시적인 교육을 받은 그룹보다 화용적으로 더 자연스러운 담화를 만들어냈다는 사실을 알아냈다. 더욱이 타카하시(Takahashi, 2001)는 여러 가지 명시적 교육의 방법 중 교사에게 메타화용적 정보를 명시적으로 제공받은 집단이 다른 집단보다 훨씬 나은 결과가 나왔다는 것을 실험을 통해 보여 주었다(이해영, 2015:252). 학습자의 인터뷰 결과를 통해 충분히 가늠할 수 있듯이, 이러한 결론은 구어 담화표지의 명시적 교육에서도 비슷하게 도출되었다. 다수의 학습자들은 교재에서 담화표지를 주변적인 요소로 처리하고 있어 체계적인 용법을 알 수 없고, 교재에서 사용 관련 규칙을 더 명시적으로 제시하거나 교사가 섬세한 보충 설명을 해 주면 이해 및 사용 시 훨씬 자신 있게, 적절하게 사용할 수 있다고 응답하였다. 따라서 바람직한 교육적 효과를 내기 위해 명시적 교육이 기대되는 바이며, 상향식 교수법이든 하향식 교수법이든 학습자들에게 온전한 담화표지의 사용 양상을 알려 주고 관련 화용 지식에 명시적으로 접근하도록 한다면 보다 나은 효과를 거둘 수 있을 것이다.

▌2.1. 한국어 구어 담화표지 교수·학습 모형

현재 한국어교육 학계에서 구어 담화표지의 교수·학습에 대한 탐색은 막 시작되는 단계라고 할 수 있다. 지금까지 몇몇 연구자에 의해 이에 대한 시도가 진행되어 왔는데 그 중 정선혜(2006)에서는 학습자들을 능동적인 학습 주체로 보아 스스로 관찰하고 인지할 수 있도록 유도하는 교수 모형을 제시하였는데 구체적으로 인지 단계-분석 단계-확인 단계-적용 단계로 그 교수 절차를 구안하였다. 문수지(2013)에서는 매카시와 카터(McCarthy M. & Carter R, 1995)에서 제시한 I(illustration: 제시) - I(interaction: 상호작용) - I(induction: 귀납적 유도)모형을 그대로 적용하여 담화표지의 수업 모형을 제시한 바가 있다. 이들 모형은 특정 언어권의 학습자를 대상으로 한 맞춤형의 모형이 아니라는 점에서 공통된다. 어떻게 보면 이러한 공통점은 한계점으로도 지적할 수 있다. 왜냐하면 구어 담화표지의 자동적 사용은 관련 인지를 기초로 하고 있으므로 이러한 인지의 중요성에 비해 해당된 메타적 교수 유도가 많이 결여되어 있으며, 학습자의 기저 지식과 수준에 대한 고려도 부족하기 때문이다. 따라서 이러한 모형은 과연 어느 정도 효과를 얻을 수 있는지 의문이 들 수 있다. 본 연구는 대부분의 기존 연구와 다르게, 연구 대상을 단일 언어권인 중국어권, 그리고 중·고급 학습자들로 한정시켜 그들을 위한 교수·학습 방안을 마련하는 것이 주된 목적이다. 이를 위해 3장에서 학습자들이 산출하는 중간언어 자료에 담화표지의 사용 양상이 어떤지, 각 사용 양상 뒤에 숨어 있는 근본적인 원인이 무엇인지 등을 질적으로 살펴보았는데 이로부터 얻어진 정보들을 효과적인 교수·학습 모형을 설계하는 데에 적극적으로 반영해야 한다.

구어 담화표지가 (구어)담화 문법 차원에서 다루어야 하는 학습 항목으로서 교수 모형을 개발할 때 문법 교육, 특히 구어 문법 교육에서 널리 알려진 연구물들을 참고할 수 있다. 기존의 문법 교수 모형을 참조하되 일반 문법 항목과 구별되는 담화표지라는 학습 항목의 특성, 사용 지향이라는 교육 목적, 중국어권 학습자의 특징(성인 학습자, 모국어 인지 배경 지식, 한국어 수준 등) 등 제반 요소를 골고루 고려하면서 적절하게 변형시킬 것이다.

현재 널리 인정받고 있는 유의미한 교수 모형은 크게 두 가지로 양분되는데 하나는 상향식이고 다른 하나는 하향식이다. 상향식 교수 모형은 여러 학자에 따라 다양하게 개발되고 있는데, 대표적인 것으로 우르(Ur, 1988)는 비교적 이른 시기에 제시(presentation) -

분리 & 설명(Isolation & Explanation) - 연습(Practice) - 평가(Test)의 4단계 모형을 구안하였으며 라슨 프리먼(Larsen-Freeman, 1991)은 제시(presentation) - 연습(practice) - 의사소통(communication) 3단계의 교수·학습 모형을 설정한 바가 있다. 쏜버리(Thornbury, 1999)에서는 '제시(presentation) - 연습(practice) - 생산(production)'의 제시 훈련(PPP) 모형을 제시하였다. 이 모형은 바른 언어 사례를 제시하고 반복 연습하여 바른 언어 자료를 자율적으로 생성할 수 있도록 하는 지도 모형이다(민현식, 2008:309). 한국어 문법 교육에서도 PPP모형이 가장 널리 사용된다. 그 이유로는 여러 가지가 있겠지만 구조적 교수요목을 활용하던 한국어교육에는 문법을 분리하여 제시하는 상향식 모형이 잘 부합되었다는 것이 중요한 이유이다. 또한 문법 교육을 말하기 등의 기능 교육과 연계·통합하는 현재의 교과과정에서는 상향식 모형의 활용 가능성이 높다는 것, 청각구두식 교수법에 의사소통 교수법을 접목하는 과정에서 문형 반복 연습과 유의미적인 의사소통 활동을 연계하기에도 이 모형은 적절한 방법이라는 것도 이유가 된다(이미혜, 2007:295).

하향식 교수 모형은 상향식 모형과 달리 특정 목표 항목을 제시, 설명부터 하는 것이 아니라 담화 전체를 보여 주고 일정한 과제를 수행하게 하는 방식을 취한다. T(Task1: 과제1) - T(Teach: 교수 활동) - T(Task2: 과제2)로 이루어지는 과제 훈련(TTT)모형이 대표적이다. 이 때 과제 1은 '의사소통형 과제(communication task)'이며 과제 2는 '과제 1의 반복 또는 유사 과제'이다. 이 모형은 의사소통 능력 함양을 목표로 과제를 제시하여 과제해결형 언어 습득을 하도록 지도한다(민현식, 2008:309). 이 과정에서 교사는 학습자들이 과제를 수행하는 과정에서 특정 목표 문법을 지도하고, 오류를 수정해 주며 피드백을 제공하는 역할이 더 강하게 드러난다. 그리고 일정한 언어 수준을 갖고 있는 학습자들에게 특수 목적의 연습을 시킬 때 유용하게 활용할 수 있는 교수 모형이다.

실제로 특정 목표 문법 항목을 가르칠 때 상향식 모형을 택할지 하향식 모형을 사용할지의 문제가 가장 먼저 제기된다. 적합한 교수 모형을 선정하는 데 여러 가지 요소를 종합적으로 고려해야 하는데 목표 항목의 특성, 교육의 목적, 학습자의 요소, 교육과정, 교육 환경 등이 있다. 이미혜(2007:299)에서는 아래와 같이 몇 가지 선택 기준을 제시한 바가 있다.

〈표 4-1〉 교수·학습 모형의 선택 기준

선택 기준	상향식 모형	하향식 모형
문법 항목의 특성	필수적인 문법 표현 문법 형태가 복잡한 문법	수의적인 문법 이해 문법 형태가 간단한 문법
문법 지도 방법	문법 항목의 개별 지도 문법 내용 중심의 지도 초급에서 지도	문법 항목의 통합 지도 언어 활동 중심의 지도 중급, 고급에서 지도
기타	성인 분석적 성향의 학습자 대규모 수업	어린이 통합적 성향의 학습자 소규모 수업

본 연구가 설정한 교육 대상은 중국 내 4년제 정규 대학교에서 한국어를 전공하고 있는 중·고급 학습자들이다. 학제에 의하면 그들은

보통 17-19세 사이에 학부 과정에 들어가 4년 간의 학업을 마친 후에는 21-23세가 된다. 즉 연구 대상자는 성인 학습자들이다. 연령과 급수 이 둘의 요인만 보더라도 그들을 대상으로 하는 적합한 담화표지의 교수·학습이 상향식이 좋을지, 하향식이 좋을지는 분간하기 어렵다. 이외에도 담화표지가 수의적인 표현 문법 항목으로서 일반적으로 대규모 수업에서 교수되는 것도 판단의 혼란을 증가시킨다. 만약 상향식으로 진행한다면, 담화표지에 대한 인지를 확고히 심어줄 수 있다는 점에서는 유리하다. 왜냐하면 교사는 담화표지의 특수성을 염두에 두고 어원어와의 연계와 구별, 맥락에서의 효용성, 모국어인 중국어의 해당 표현과의 대조, 사용 시의 주의 사항 등에 대한 담화표지의 정보를 구조화시키면서 명시적으로 제시할 수 있기 때문이다. 하지만 이렇게 하면 교사 위주의 수업이 되기 쉽고 학습자들이 수동적인 존재가 되어 학습 내용에 대한 장기 기억을 활성화시키지 못할 가능성이 크다. 또한 교사가 제공하는 연역적 설명은 인지적 능력이 발달되어 있는 학습자, 특히 분석적인 학습자들이 선호할 수 있겠으나 최종적 학습 효과는 아마 대부분 목표 문법을 적법성의 차원에서 잘 이해하는 것에 그치고 실제적 사용 측면을 소홀히 할 수 있다. 한편, 담화표지의 인지적 학습 내용은 하향식 모형을 통해서도 교수될 수 있다는 반론이 제기될 수 있다. 또한 하향식 모형은 구체적 과제에 기반하고 있어 수업이 학습자 중심으로 이루어지는 것이기 때문에 내적 동기유발은 물론 귀납적인 방법의 활용은 학습자의 인지를 향상시킴과 동시에 반복된 유의미한 연습을 통해 사용 능력의 신장도 확보된다는 장점이 있다. 하지만 여기서의 '인지'

는 상당 부분 학습자의 개인적 추론에 의한 것이다. 다시 말하면 그 것이 대량의 언어 입력물로부터 일정한 규칙을 귀납적으로 발견하 는 것으로 어느 정도 불완전하거나 심지어 잘못된 추론으로 인한 부 정확한 인지가 형성될 수도 있는데 이는 향후 담화표지 사용 패턴 형성에 지속적으로 악영향을 미칠 위험이 존재한다. 특히 담화표지 는 형태와 기능 대응의 복잡성과 맥락 의존도가 상당히 높은 항목이 라 교사가 초기부터 학습자들에게 해당 지식을 명확하게 정리해 주 는 것은 필수적이어야 한다.

따라서 필자는 구어 담화표지의 교수 방법을 다루는 데 있어 상술 한 방법 중 어느 하나에 치우치지 않고 각각의 장점을 살리며 절충 적으로 설계하고자 하였다. 학습자들의 흥미를 충분히 유발시켜 지 루함을 주는 것을 방지하고 연습에 주력한다는 하향식 방법의 장점 과 담화표지의 올바른 이해를 확보해 준다는 상향식의 장점을 동시 에 취하고자 하는 것이다.

이러한 절충적 교수 방법은 한국어 문법 교육의 연구자들에 의해 빈번히 제시된 바가 있다. 강현화(2005)에서는 문법 교수의 단계별 절차를 아래 그림과 같이 제안하였고 관련 연습 활동도 상세히 제시 하였다.

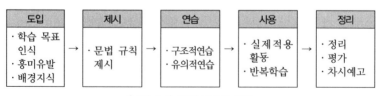

〈그림 4-1〉 문법 교수의 단계

이외에 밴 라이어(van Lier, 2004)는 문법에서 규칙이 나온다기보다는 문법이 소통의 산물로 침전되어 떠오르는 물질과 같은 것으로 보아 '출현 문법(Emergent Grammar)'의 개념을 제시하였으며 문법 교육의 방법을 '귀납', '연역', '유도' 등 세 가지로 개발하였다. '귀납'과 '연역'은 각각 상향식과 하향식 방법에 대략 대응되므로 새롭게 제안된 '유도법'을 보면 다음과 같은 절차로 이루어진다(민현식, 2008:310-311).

행동 - 인지 - 주목 - 성찰 - 귀납 - 연역

유도법은 경험 중심 접근법인데 학습할 목표 특성이 충분히 반영되어 있는 실제 언어 자료를 활용함으로써 학습자들이 이를 인지할수 있도록 유도하고 또 이러한 특성에 주목시키기 위해 일련의 유의미한 인지적 경험을 축적하는 기회도 많이 제공해 주는 것이다. 이방법은 특히 구어 담화 문법 교육에서 적용할 만하다. 필자는 한국어 구어 담화표지에 대한 인지적 교육을 우선시해야 한다는 주장을 견지한다. 따라서 밴 라이어가 제안한 '인지'와 '주목' 단계를 중점적으로 반영하고자 하였다. 또한 담화표지의 특성(예를 들어, 형성 과정, 학습자 모국어의 해당 표현, 사용 여부에 따른 발화 효과 등)과 중국어권 학습자의 특성을 최대한 반영하여 기존 절충식 모형을 세밀하게 변형시켜 학습자들의 전면적 이해를 확보하고자 한다.

의사소통 능력 신장을 지향하는 현 한국어교육에서는 구어 담화표지와 같은 한국어 화용 요소를 교수할 때 정확한 이해를 추구하는 것이 최종적인 목적은 아니다. 이해를 바탕으로 내재적인 화용적 지식으로 발전시켜 실제 발화 상황에서 무의식적으로 작동하여 적절하게 발화할 수 있도록 유도하는 데 주안점을 두어야 한다. 인지 확보 단계에서 교사가 학습자들에게 제공하는 정보는 해당 학습 내용에 대한 명시적인 분석적 정보들이다. 비알리스토크(Bialystok, 1982)에 의하면, 분석 요인과 자동 요인이 언어 학습의 변수로 작용한다고 한다. 제2언어 교실 내에서 학습자들은 학습을 통해 '미분석/비자동화 → 분석/비자동화 → 분석/자동화' 상태로 나아간다. 그 중 비자동화 지식을 자동화 지식으로 전환하려면 일련의 연습 활동이 필요하다(이미혜, 2007:289). 필자도 이에 공감하면서 구어 담화표지의 최종적인 적절한 사용을 위해서 학습자들에게 유의미한 활동을 제공해야 함을 강조하고자 한다. 이러한 활동은 단순히 기계적인 반복 연습이 아니라 주어진 대화 맥락을 충분히 이해하여 알맞게 담화표지를 사용할 수 있도록 유도하는 활동을 말한다. 이는 학습자들이 이미 학습한 지식이 실제 사용 상황에서 작동이 되어 자동화단계로 전환할 수 있도록 준비하는 과정에 해당한다. 이처럼 비자동화 단계에서 자동화로 넘어가는 과도기적 단계에서 교사는 해당 담화표지가 실현하는 기능에 맞게 적합하고 전형적인 연습 과제를 미리 엄선하면 바람직한 경제적인 효과를 거둘 수 있다. 또한 연습 활동을 단계별로 고안하여 문장(비자동적)–짧은 담화(반자동적)–더 긴 담화(자동적)로 점차 확장시켜 나갈 것이다.

상술한 논의를 종합하여 필자는 인지와 사용에 중점을 두는 한국어 구어 담화표지의 교수·학습 모형을 다음 표와 같이 제시한다.

〈표 4-2〉 구어 담화표지의 교수·학습 모형

비자동화	도입 단계	동기 유발, 개념 소개	- 중국어 담화표지에 대한 간략한 설명 - 모어 화자의 실제 구어 자료를 통해 목표 항목의 구체적 사용 예시 제시
	식별 단계	목표 담화표지에 주목하기, 화용적 의식 심어주기	- 선행학습한 언어 형식 상기시키기 - 어원어와의 연계 설명 - 담화표지 실현 여부의 예문 비교
	제시 단계	담화표지 이해하기	- 문법화 정도에 따른 순서 배열 - 전형적 예문을 통해 각 기능의 핵심 정보를 명시적으로 제시 - 중국어 번역 방법의 설명
반자동화	연습 단계	유의미한 연습 과제	- 주어진 대화 맥락에서 사용하기
자동화	활용 단계	맥락 속의 대화 과제	- 짝활동을 활용한 짧은 대화하기 - 역할 수행을 통한 긴 대화하기
	피드백 및 정리 단계	과제 평가, 내용 정리, 사용 격려	- 교사의 피드백 제공 - 상용 기능 정리, 유의 사항 강조

우선 **도입 단계**를 살펴보자. 학습자들은 중급 단계에 올라가면서 한국어에 접하는 기회가 증가함에 따라 개인의 스타일이 드러나는 말하기의 기법, 그리고 대화 상황에 알맞은 생동감이 있는 태도나 의도를 표현하려고 한다. 이를 위해 다양한 언어 장치를 동원하게 되는데 구어 담화표지는 바로 그 중의 하나이다. 교사는 도입 단계에서 구어 담화표지가 실제 의사소통 상황에서 사용되는 모습을 보여 주고, 선행 학습한 문법적, 어휘적 지식을 상기시키면서 이것이 담화표지로서의 용법과 차이를 보인다는 사실에 주목하게 하여 구체적인 담화 의미/기능이 무엇인지를 알고 싶어 하도록 학습자의 흥미를 유발시키는 것이 주된 임무이다. 이때 중국어의 몇몇 고빈도의

담화표지를 예로 들어 담화표지의 개념을 도입하는 것이 가장 효과적인 유도 방법이 될 수 있다. 또한 학습자의 부담을 조금이나마 줄이고 생소한 구어 담화표지의 개념을 도입할 때 그들의 모국어를 활용하여 메타적으로 설명하는 것도 괜찮다.

도입 단계를 거치고 나면 구어 담화표지에 대한 학습자의 학습 의욕이 높아질 것이다. 중·고급 교실 내에서 학습자들은 일정한 한국어 지식을 갖추고 있기 때문에 담화표지의 담화 기능에 대한 인식을 고양시키기 위해 발화 안에 출현하는 담화표지를 스스로 식별하게 하는 것이 효과적인 방법이 될 것이다. 담화표지는 일반적으로 이미 알고 있던 언어 형태를 띠고 있어 식별하는 것 자체가 크게 부담이 되지 않는다. 담화표지를 찾아내게 하고 나서 선수 학습한 지식을 상기시켜 해당 표지가 어원어와 용법상 어떤 차이점이 있는지, 또한 그것이 실현되는 예시와 실현되지 않는 예시를 학습자들에게 보여 주고 차이점이 무엇인지 사고의 기회를 제공해 주는 것도 매우 유익한 방법이다. 이때 중국어 사용은 수업의 효과를 대폭 향상시킬 수 있다. 이러한 과정을 통해 학습자들을 담화표지의 다양한 용법에 주목시켜 화용적 현상에 대한 관심을 모을 수 있다. 이러한 **식별 단계**는 구어 담화표지의 화용적 지식을 고양시키는 중요한 단계이다.

다음 단계는 바로 교사가 메타화용적으로 담화표지를 둘러싼 기본 정보를 제시·설명하는 단계이다. **제시 단계**는 목표 학습 항목을 학습자들에게 보여 주고 설명해 줌으로써 그들을 이해하도록 하는 것이 목적이다. 일반적인 언어 항목이라면 전통적인 단계대로 제시해 주면 되지만 구어 담화표지의 경우에는 달리해야 한다. 왜냐하면 담화표지는 발화의 명제적인 의미를 전달하는 기능을 하지 않으므로 꼭 실현시켜야 하는 요소가 아니라 화자에 의해 선택적으로 사용되는 언어 요소이기 때문이다. 이러한 사용의 특징을 학습자들에게 제대로 인지시키면서 의사소통 시 일종의 언어 전략으로서 사용의 필요성을 느끼게 하는 것이 우선적인 작업이 된다. 이어서 각 기능이 실현되는 전형적인 사례를 보여 주어 각각의 기능에 해당되는 음성적 정보, 형태·통사적 정보, 의미적 정보, 화용적 정보를 명쾌하게 제시하여 학습자들의 심층적인 이해를 확인시킨다. 이렇게 함으로써 식별 단계에서 형성되었던 학습자의 초보적인 인식을 더 체계적으로 정립하고 심화시킬 수 있다.

연습 단계는 비자동적 단계에서 자동적 사용 단계로 전환하는 과도기적인 단계이다. 이 단계에서 목표 표지의 정확성을 확보하기 위한 빈칸 채우기 활동과 담화에서의 적절한 사용을 위한 기본적인 활동을 구성할 수 있다. 중·고급 학습자들을 위한 구어 담화표지 연습 활동이라면 전통적인 문장 차원에서의 교체 연습 등이 적합하지 않을 것이고 담화 맥락을 포함하는 유의미한 연습이 적절하다. 따라서 빈칸 채우기 활동도 최소의 대화 맥락 속에서 설계하는 것이 원칙이다. 초보적인 담화 활동에서는 예시를 제시해 주어 해당 기능을 알 수 있도록 한다. 또한 목표 담화표지를 적당한 위치에 삽입하여 활용 연습할 수 있도록 하는 과제를 마련해야 한다. 이 활동은 학습자들이 사용 여부를 따로 판단할 필요 없이 해당 표지를 경험할 수 있는 기회를 마련해 준다.

활용 단계는 연습 단계보다 학습자의 능동적인 사용을 촉진시키는 단계이다. 구안할 수 있는 과제 활동으로는 짧은 담화 구성하기와 긴 담화 구성하기 등이 있다. 또한 이러한 활동은 교사가 일방적으로 지정하는 것보다 학습자들이 직접 구성하는 것이 바람직하다. 또한 보다 친근하고 자연스러운 대화가 되기 위해 학습자들이 주변에서 직접 경험하고 있는 실제적인 구두 의사소통 상황을 이용하는 것이 좋다.

마지막으로 **피드백 및 정리 단계**를 설정한다. 교사는 학습자들이 활동을 수행하는 과정에서 발생하는 부적절하거나 부정확한 사용 양상을 지적하고 수정하며 이에 관한 유용한 피드백을 제공한다. 또한 구어 담화표지를 과도하게 사용하면 역효과를 가져올 수 있다는 유의 사항도 안내해 주어야 할 필요가 있다. 이어서 수업의 핵심 내용, 목표 표지의 상용 기능 및 관습적 사용 모습 등을 재차 강조하면서 학습자들의 능동적 사용을 격려한다.

▌2.2. 한국어 구어 담화표지 수업 운영의 실제

교육 현장에서 구어 담화표지 교육의 필요성이 널리 지지를 받고 있는데도 불구하고 교사들은 구체적으로 어떻게 교육해야 되는지에 대한 의견이 분분한 것도 사실이다. 현재 대부분의 교육기관에서 통합 교재를 사용하며 학습자의 듣기, 말하기, 읽기, 쓰기의 네 기능을 골고루 발달시키는 것을 공통적인 목표로 설정하고 있다. 그러나 현실적인 문제점 중의 하나는 수업 시간이 제한되어 있어 기본적 언어 요소를 가르치는 데 시간이 항상 부족하게 느껴지는 상황에서 담화표지에 대한 교육적 역량이 더욱 축소된다는 것이다. 구어 담화표지는 주로 말하기와 듣기 영역에서 관여되는 요소로서 전통적인 통합 교육을 지향하는 교실에서 체계적으로 다루어지지 않는 것이 자명한 사실이다. 2장의 교사 설문을 통해 우리는 이와 같은 문제점을 일찍이 의식한 바가 있었다. 따라서 구어 담화표지의 체계적인 교육은 단순한 구어 능력을 신장시키는 말하기 수업, 혹은 시청각 수업에서 이루어지는 것을 자연스럽게 기대하게 되며, 이외에도 '구어 담화표지 특강'과 같은 독립적인 교육과정을 통해 가르치는 것도 추천할 만한 방법이라고 생각된다. 이 절에서 필자는 통합적인 한국어교실이 아닌, 말하기 기능을 중점적으로 지향하는 수업 또는 특강에서 구어 담화표지의 교육 실제를 구안해 보고자 한다.

2.2.1. 한국어 구어 담화표지 수업의 구성

이 부분에서는 앞서 제안한 절충식 교수·학습 모형을 직접 적용하고자 한다. 여기서 예시로 선정한 구어 담화표지는 '(-단/란/잔/난) 말이다'이다. 이 담화표지는 상대적으로 복잡한 형태를 가지고 있고 기능도 다양하며, 중국어권 학습자들은 이를 이해하는 데 적지 않은 어려움을 겪을 뿐만 아니라 한국어 모어 화자에 비해 훨씬 저빈도로 사용하기 때문이다.

※ 학습 환경: 중국 내 한국어교실

※ 학습 목표: 구어 담화표지 '(-단/란/잔/난)말이다'를 잘 이해하여 상황에 맞게 적절하고 다양하게 사용한다.

※ 교사: 중국인 강사

※ 학습자: 중·고급 수준의 중국어권 성인 학습자

1) 도입 단계

구어 담화표지는 비교적 특수한 언어 기능적 요소로 학습자들에게 다소 생소한 학습 내용이 된다. 따라서 한국어 구어 담화표지를 본격적으로 다루기 전에 교사는 학습자들에게 모국어에 있는 담화표지를 예시를 통해 보여 주고 그 윤곽을 그려주면 목표 항목에 대한 학습자의 심리적 부담을 대폭 줄일 수 있다. 교사는 아래와 같은 발화를 통해 수업 내용을 도입한다.

中文里有一种被称爲"話語標記語"的語言要素，它們經常用于口語對話, 來表達說話人丰富的心理和態度, 比如說 "這不", "不是", "對了", "(還)別說", "回頭", "完了", "我說"等等. 它們在句中幷不是非用不可, 而是根据說話人的習慣而有選擇地使用的[88].

---

88 역문: 중국어에는 '구어 담화표지'라고 불리는 언어 요소가 있다. 이들은 주로 구어에 쓰여 화자의 풍부한 심리 태도나 의도를 전달한다. 예를 들면, "這不", "不是", "對了", "(還)別說", "回頭", "完了", "我說" 등이 있다. 이들은 발화에 반드시 실현해야 하는 것이 아니라 화자의 말습관에 따라 선택적으로 사용된다.

예시:

(1) 王長貴: 可惜我沒赶上夸我.

　　謝广坤: 是.那也沒辦法啊.

　　王長貴: 你咋不叫我呢?

　　謝广坤: 不是, 我正跟他嘮嗑呢,我剛要叫你去吧, 完了鎭長突然就
　　　　　　來个電話,我就听好像鎭里頭有有有急事.

(2) 你說我最近怎么這么不順啊? 這几天工作上一直出麻煩不說, 這不,
　　今天通知說去美國的簽証也沒辦下來.

(3) 對了, 上次你說買化妝品的事,你先別去專柜買了, 太貴. 最近我老
　　公回國出差, 回頭讓他在免稅店帮你買吧.

중국어의 담화표지에 대한 내용을 도입함으로써 학습자들의 흥미를 유발시킬 수 있다. 이어서 한국어에도 비슷한 언어 현상이 있음을 소개하면서 학습 내용을 교묘하게 이끌어낸다.

韓語中也有類似的表達方式, 一般被称爲구어 담화표지. 구어 담화
표지的熟練且恰当的使用會在一定程度上反應出較高的韓語口語水
平, 尤其是中高級學生很有必要學習其用法, 相信大家也會很想學習
這方面的知識. 今天我們首先來學習一下구어 담화표지 '(-단/란/잔
/난)말이다'[89]. 大家一定從韓國人的對話中多次接触到 '(-단/란/잔/

---

89 역문: 한국어에도 이와 비슷한 언어 표현이 있는데 보통 '구어 담화표지'라고 한
다. 이를 적적하고 능숙하게 사용하는 것이 높은 구어 능력을 어느 정도 반영할 수
있다. 특히 중·고급의 학생들은 이들의 용법을 배울 필요가 있다. 여러분들도 이

냔)말이다' 了吧? 下面我們來擧几个例子看一下.

이어서 한국인들의 대화에서 담화표지 '(-단/란/잔/냔)말이다'가 실제로 사용되는 모습을 영상 자료를 통해 보여 주는 것이 효과적인 방법이 될 것이다. 특히 학습자들이 즐겨보는 인기 드라마, 영화 등 시각적인 영상 자료를 활용하면 학습 내용에 대한 흥미를 유발시킬 수도 있고 담화표지의 음성적인 양상도 생생하게 보여줄 수 있기 때문에 바람직한 효과를 얻을 것이다.

도입 단계에서 교사는 학습자들에게 담화표지가 구어의 특수한 현상임을 강조한다. 또한 학습자들에게 다음과 같은 일련의 질문을 통해 학습의 동기를 부여해 준다.

- 평소에 '(-단/란/잔/냔)말이다'의 이러한 용법들을 주의한 적이 있

  는가?

- 전에 학습한 '말'과 '이다'의 결합이라는 문법적 지식으로 이를

  설명할 수 있는가?

- 한국어로 대화할 때 이러한 '(-단/란/잔/냔)말이다'를 사용한 적

  이 있는가?

- 한국인처럼 이렇게 자연스럽고 다양하게 '(-단/란/잔/냔)말이

  다'를 사용하고 싶은가?

러한 담화표지들을 배우는 것을 원한다고 믿는다. 오늘 우리는 구어 담화표지 '(-단/란/잔/냔)말이다'를 함께 살펴보겠다. 여러분은 아마 한국인이 하는 대화에서 이에 대한 용법을 많이 접했을 것이다. 우선 몇 개의 예시를 통해 그 용법을 살펴보자.

2) 식별 단계

식별 단계의 목적은 학습자들로 하여금 구어 담화표지인 것과 담화표지가 아닌 것을 분간함으로써 구어 담화표지라는 존재에 주목시키는 데 있다. 더 나아가 의사소통 시 사용의 필요성을 다룰 때 도입 단계에서의 단순한 선언적 설명과 달리 예문 비교를 통해 직관적으로 보여 준다. 구체적인 절차는 다음과 같다.

우선 아래의 예문들을 학습자들에게 보여 준다. 그리고 그들에게 시각적인 자극을 주기 위해 '(-단/란/잔/난)말이다'가 실현될 때마다 굵게 표시함으로써 해당 언어 형식에 주목시킨다.

〈표 4-3〉 식별 단계에서 사용되는 구어 담화표지 '(-단/란/잔/난)말이다'의 예문

---

1) '고생 끝에 낙이 온다'는 오래 전부터 전해 오던 **말이다**.
2) 가: 3번 이상 결석하면 F 준다고? 이게 누가 한 **말이야**?
   나: 내가 한 **말이다**. 왜?
3) 가: 우리 이따 피자 먹고 영활 보러 가자. 응?
   나: 싫어.
   가: 같이 가자. 영화 보는 게 얼마 만인데.
   나: 싫**단 말이야**!
4) 가: 얘기 들었어? 왕호 씨가 이번에 1등을 했어.
   나: 뭐? 왕호 씨가 1등 했**단 말이야**?
5) 가: 저 책 좀 줘 봐.
   나: 이 책 **말이에요**?
   가: 응.
6) 가: 선배, 내일 발표해야 되는데 발표문을 좀 봐 줄 수 있어요?
   나: 그래. 좀 보자. (보고 나서) 잘 썼어.
   가: 정말? 뭐 틀린 데가 있어요?
   나: 없는 것 같아. 그런데 **말이야**, 워드로 하지 말고 한글 파일로 작성하면 보기가 더 좋을 거야.
7) 지난번에 우리가 길거리에서 만났던 그 친구 **말이야**, 다음 달에 결혼한대.

이어서 교사는 학습자들에게 선수 학습한 명사 '말'(話)과 서술격 조사 '이다'(是)에 관한 기존 지식을 상기시킨다. 이러한 선수 지식의 용법, 즉 어휘적 의미를 그대로 사용하는 '말이다'를 고르게 한다. 이때 교사는 보조적인 수단으로 중국어로 번역하게 할 수도 있다. 다시 말하면 중국어 "是……的話" 그대로 대응할 수 있는 '말이다'를 고를 수 있도록 안내해 준다.

〈표 4-4〉 구어 담화표지 '(-단/란/잔/난)말이다'의 예문(1)과 예문(2): 한중대조

---

1) '고생 끝에 낙이 온다'는 오래 전부터 전해 오던 **말이다**.
   "苦盡甘來"是從很早之前一直流傳下來的話.
2) 가: 3번 이상 결석하면 F 준다고? 이게 누가 **한 말이야**?
   缺課三次就給F? 是誰說的(話)?
   나: 내가 **한 말이다**. 왜?
   我說的(話), 怎么了?

이때 일부 학생들은 예시 (3)-(5)의 '말이다'도 중국어로 대응시킬 수 있는지의 질문을 제기할 것이다. 교사는 아래와 같이 이 세 문장의 해당 중국어 번역을 뒤에다 판서하면서 (1)과 (2)의 번역 방식과 비교한다.

〈표 4-5〉 구어 담화표지 '(-단/란/잔/난)말이다'의 예문(3)-예문(5): 한중대조

---

3) 가: 우리 이따 피자 먹고 영활 보러 가자. 응?
   나: 싫어.
   가: 같이 가자. 영화 보는 거 얼마 만인데.
   나: **싫단 말이야**!
   (我說)不去!

---

4) 가: 얘기 들었어? 왕호 씨가 이번에 1등을 했어.
　　나: 뭐? 왕호 씨가 1등 **했단 말이야?** 말도 안 돼.
　　　　什么? (你是說)王浩得了第一?
5) 가: 저 책 좀 줘 봐.
　　나: 이 책 **말이에요?**
　　　　(你是說)這本書嗎?
　　가: 응.

　번역 방법을 비교한 결과, (1)과 (2)와 다르게 이때의 '말이다'는 더 이상 "是……的話"로 번역할 수 없고 명사 '말' 대신 동사 '말하다'로 번역하는 것이 자연스럽다. 그리고 "我說, 你是說" 등 중국어 표현으로 대역하지 않고 오히려 실현시키지 않는 경우가 대부분이라는 점도 알려 준다. 이를 통해 '말이다'는 원래의 의미대로 쓰이지 않음을 명시해 주고 구어 담화표지로 진화하는 첫 단계를 잘 보여 준다. 번역 방법의 상이함을 통해 '(-단/란/잔/냔)말이다'의 의미적 변화에 주목시킨다. 이러한 의미적 측면뿐만 아니라 (1)과 (2)에서 전혀 찾아볼 수 없는 담화 기능(강조, 놀람, 확인 등)이 무엇인지를 인식하게 한다.

　이 두 경우와 다르게, (6)과 (7)의 '말이다'는 문장과 통사적으로 분리되어 더 독립적인 모습으로 드러난다. 또한 "是……的話"이든 "我說, 你是說"이든 어떠한 중국어 표현으로도 대응할 수 없게 된다. 교사는 '말이다'의 이러한 담화표지 용법이 기존 지식의 '말'과 '이다'에서 파생된 것이지만 완전히 다른 담화 기능을 담당하고 있음을 간략하게 언급한다. 또한 독립적으로 쓰이는 담화표지 '말이다'가 과연 대화에서 어떤 역할을 하는지 등에 대해 질문을 던짐으로써 학

습자들의 관심을 갖도록 유도한다. 판서로 간단히 정리하면 다음과
같다.

〈표 4-6〉 문법화에 따른 구어 담화표지 '(-단/란/잔/냔)말이다'의 의미 변화

(1), (2)	→	(3), (4), (5)	→	(6), (7)
본래의 의미		확장된 화용적 의미		더 확장된 화용적 의미
是......的话		我说, 你是说		∅

식별 단계의 마지막 절차로 구어 담화표지 '(-단/란/잔/냔)말이다'
의 실현 여부를 통한 예문 비교이다. '(-단/란/잔/냔)말이다'가 실현
되는 문장들만 골라내어 실현되지 않는 예문들과 쌍을 이루어 일목
요연하게 제시해 준다.

〈표 4-7〉 구어 담화표지 '(-단/란/잔/냔)말이다' 실현 여부에 따른 예문 비교

3) 싫**단 말이야**!
3)' 싫다고!

4) 왕호 씨가 1등 **했단 말이야**?
4)' 왕호 씨가 1등 했다고?

5) 이 책 **말이에요**?
5)' 이 책이에요?

6) 그런데 **말이야**, 워드로 하지 말고 한글 파일로 작성하면 보기가 더 좋은 거야.
6)' 그런데, 워드로 하지 말고 한글 파일로 작성하면 보기가 더 좋은 거야.

7) 지난번에 우리가 길거리에서 만났던 그 친구 **말이야**, 다음 달에 결혼한대.
7)' 지난번에 우리가 길거리에서 만났던 그 친구, 다음 달에 결혼한대.

교사는 이상의 대립적인 예문들을 학습자들에게 보여 준다. 이와 동시에 일련의 의식 고양을 유도하기 위한 질문을 한다. 그리고 구어 담화표지 '(-단/란/잔/냔)말이다'가 실현되는 (3)-(7)과 실현되지 않는 (3)'-(7)'을 비교하게 하여 의미적, 기능적 등 측면에서 차이 발생 여부를 확인하게 한다.

이렇게 해서 학습자들은 담화표지로서의 '(-단/란/잔/냔)말이다'와 어원어로서의 '말'과 '이다'가 가지고 있는 차이를 알게 되고 '(-단/란/잔/냔)말이다'의 사용 여부로 인한 화용적 차이점에 관심이 생겨 담화표지 '(-단/란/잔/냔)말이다'의 특수 기능을 배우고 싶어 하게 될 것이다. 이때부터 교사의 본격적인 제시가 시작된다.

3) 제시 단계

제시 단계에서 교사의 임무는 구어 담화표지 '(-단/란/잔/냔)말이다'에 관한 상세한 정보를 알려 주고 그것을 이해시키는 것이다. 2장에서 논의했듯이 교육 시 학습자들에게 해당 담화표지에 대한 음운적 정보, 형태·통사적 정보, 의미적 정보 및 화용적 정보를 골고루 제공해 주어야 한다. 이때 이 네 측면의 정보를 그냥 순서대로 따로따로 제시하면 바람직한 교육적 효과를 얻지 못할 뿐만 아니라 학습자들에게 엄청난 학습 부담과 혼란을 줄 우려도 있다. 과학적으로 이러한 풍부한 정보를 제공하려면 '(-단/란/잔/냔)말이다'의 문법화 정도에 따른 의미와 기능을 일차적으로 고려해야 한다. 그 다음으로 각 의미와 기능별로 해당 음운적 정보와 형태·통사적 정보를 적절하게 알리는 것이 가장 바람직하다.

우선 의존적 담화표지 '-단/란/잔/냔 말이다'를 제시한다. 비의존적 담화표지인 '말이다'보다 의존적인 용법을 보이는 '말이다'는 어원어의 관계가 멀어지기 막 시작한 형태로서 원래의 어휘적 의미와의 관련성이 어느 정도 유보되어 있기 때문이다. 의존형인 '-단/란/잔/냔 말이다'는 담화에서 화자가 자기가 발화한 내용에 대한 '강조하기', 응답 발화로서 상대방 발화에 대한 '놀람 표시' 기능과 '확인 강조' 기능이 있다.

〈표 4-8〉 구어 담화표지 '-단/란/잔/냔 말이다'의 기능 제시: 자기 발화 내용 강조하기

예시	가: 얘기 들었어? 경애 걔, 삼성에 붙었대. 나: 와, 진짜? 대단하다. 가: 그렇지? 그렇게 큰 그룹에서 일한다고 생각하면 정말 부럽**단 말이야**.
發音 (음운적 정보)	* 평서문의 문미에서 내림조의 억양으로 실현된다.
形態及句法 (형태·통사적 정보)	* 기본형: -단/란/잔/냔 말이다 * 높임말에서 주로 '말입니다', '말이에요' 등 형태를 취할 수 있다. * 반말에서 주로 '말이야'로 끝난다. 실제로 축약형 '말야'로도 발음한다. * 평서문의 문미에 출현한다. × 평서문의 문두, 문중에 나타나지 않는다. × 부정형 '-단/란/잔/냔 말이 아니다'를 사용하지 않는다. × '말'은 '말씀'으로 대체할 수 없다.
意義 (의미적 정보)	'말'+'이다'의 원래 의미로 해석할 수 없다. 중국어로 번역할 때 해당 문자 표지로 실현하지 않는 경우가 많다. 일반적으로 악센트나 억양을 통해 강조의 의사를 표현한다.

活用 (화용적 정보)	說話人對自己的說話內容進行强調/화자가 자신의 선행 발화 내용에 대한 강조를 나타낸다. * 사용하지 않으면 의사 전달에 영향을 미치지 않으나 강조의 정도가 약화된다. * 주로 친숙한 사람들의 사적인 대화에 사용된다.

〈표 4-9〉 구어 담화표지 '-단/란/잔/난 말이다'의 기능 제시: 놀람 표시하기

예시	가: 어제 남해안에서 대형 유조선이 침몰했대요. 나: 어머, 배가 가라앉았**단 말이에요?** 다친 사람은 없대요?
發音 (음운적 정보)	* 의문문과 감탄문의 문미에서 오름조의 억양으로 실현된다.
形態及句法 (형태·통사적 정보)	* 기본형: -단/란/잔/난 말이다 * 높임말에서 '말입니까?', '말이에요?', '말인가요?', '말이군요!' 등 형태를 취할 수 있다. '말'은 '말씀'으로 대체할 수 있다. * 반말에서 '말이야?', '말인가?', '말이냐?', '말이니?', '말이구나!' 등 형식을 취한다. '말이야'의 경우 실제로 축약형 '말야'로도 발음한다. * 의문문이나 감탄문의 문미에 출현한다. × 의문문과 감탄문의 문두, 문중에 나타나지 않는다. × 부정형 '-단/란/잔/난 말이 아니다'를 사용하지 않는다.
意義 (의미적 정보)	'말'+'이다'의 원래 의미로 해석할 수 없다. 중국어의 경우, 화자는 일반적으로 말투와 높은 어조를 통해 놀람을 전달한다. 때로는 "你是說…(嗎)?' 그대로 대응시킬 수도 있다.
活用 (화용적 정보)	對對方的說話內容表示惊訝/상대방의 발화에 대한 놀람을 표시한다. * 사용하지 않으면 의사 전달에 영향을 미치지 않으나 강조의 정도가 약화된다. * 주로 친숙한 사람들의 사적인 대화에 사용된다.

이상의 두 가지 기능의 경우 '-단/란/잔/난 말이다'는 모두 선행 요소에 의존하여 실현된다. 이어서 상대방에 대한 응답 발화로서 쓰이지만 보다 독립적으로 사용되는 모습을 보여 준다.

〈표 4-10〉 구어 담화표지 '말이다'의 기능 제시: 확인 강조하기

예시	가: 이번 주 토요일에 나은이 결혼식이 있어요. 모두 가서 축하해 줘요. 나: 나은이 **말입니까**? 눈이 높아서 시집을 못 갈 줄 알았는데요.
發音 (음운적 정보)	* 의문문의 문미에서 오름조의 억양으로 실현된다.
形態及句法 (형태·통사적 정보)	* 기본형: 확인할 내용+말이다 * 높임말에서 '말입니까?', '말이에요?', '말인가요?' 등 형태를 취할 수 있다. '말'은 '말씀'으로 대체할 수 있다. * 반말에서 '말이야?', '말인가?', '말이냐?', '말이니?' 등으로 나타난다. '말이야?'는 실제로 축약형 '말야?'로도 발음한다. * 의문문의 문미에 출현한다. × 의문문의 문두, 문중에 나타나지 않는다. × 부정형 '확인할 내용+말이 아니다'를 사용하지 않는다.
意義 (의미적 정보)	'말'+'이다'의 원래 의미로 해석할 수 없다. 중국어의 경우, 화자는 일반적으로 의문의 말투를 통해 확인하는 의사를 전달한다. 강조하려고 할 때 "你是說…(嗎)?' 그대로 번역하기도 한다.
活用 (화용적 정보)	**對對方的說話內容進行確認強調/상대방의 발화에 대한 확인 강조** * 사용하지 않으면 의사 전달에 영향을 미치지 않으나 강조의 정도가 약화된다. * 주로 친숙한 사람들의 사적인 대화에 사용된다.

다음으로 교사는 한층 더 문법화된 담화표지 '말이다'의 의미와 기능을 소개한다. 우선 강조 기능을 보자. '말이다'는 화자가 자기 발화 전체나 일부분을 강조할 때 상술한 의존형인 '-단/란/잔/냔 말이다' 이외에도 단지 '말이다'와 같은 비의존적인 형식을 사용하더라도 발화 내용에 대한 강조를 실현할 수 있다.

〈표 4-11〉 구어 담화표지 '말이다'의 기능 제시: 자기 발화 내용 강조하기

예시	1) 기억에 남는 속담 있으세요? 이해가 안 되었다거나, 뜻밖의 의미여서 놀랐다거나 하는 **속담 말이에요**. 2) 가: 난 네가 참 부럽다. 　나: 왜? 　가: 아직 혼자 몸이고 또 하고 싶은 공부를 하고 **있으니 말이야**. 3) 가: 오늘도 일찍 나오느라 집에서 아침도 못 먹었어요. 　나: 빵 한 조각이라도 먹어야지. 아침 거르는 게 제일 안 좋아. 식사를 제대로 해야 건강도 잃지 않을 **텐데 말이야**.
發音 (음운적 정보)	* 평서문의 문미에서 내림조의 억양으로 실현된다.
形態及句法 (형태·통사적 정보)	* 기본형: 강조할 내용+말이다 * 높임말에서 주로 '말입니다', '말이에요', '말이지요' 등 형태를 취할 수 있다. * 반말에서 주로 '말이야'로 끝난다. 실제로 축약형 '말야'로도 발음한다. * 평서문의 문미에 출현한다. * 주요 선행 요소로는 명사 또는 명사구, 어미 등이 있다. × 평서문의 문두, 문중에 나타나지 않는다. × 부정형 '말이 아니다'를 사용하지 않는다. × '말'은 '말씀'으로 대체할 수 없다.
意義 (의미적 정보)	'말'+'이다'의 원래 의미로 해석할 수 없고 정해져 있는 중국어 번역도 없다. 명사나 명사구 뒤에 쓰여 강조할 때 "就是", "我是說" 등으로 번역할 수 있으나 어미 뒤에 나타나면 적절한 중국어 번역 표현을 찾기 어려우며 일반적으로 악센트나 억양을 통해 강조의 의사를 표현한다.
活用 (화용적 정보)	說話人對自己的說話內容進行強調/선행 발화 내용에 대한 강조를 나타낸다. * 사용하지 않으면 의사 전달에 영향을 미치지 않으나 강조의 정도가 약화된다. * 주로 친숙한 사람들의 사적인 대화에 사용된다.

　선행 발화 내용에 대한 단순한 강조 기능 이외에 '말이다'는 문중에도 쓰여 선행 성분을 강조하는 동시에 청자로 하여금 후속 발화에

대한 관심을 갖도록 유도하는 기능도 수행할 수 있다.

〈표 4-12〉 구어 담화표지 '말이다'의 기능 제시: 강조하기와 주의집중

예시	1) 철수 **말이야**, 올해 베이징으로 이사 간대. 2) 너 그거 알아? 그날 음악회에서 피아노를 연주했던 그 친구, 졸업하자마자 애플 회사에 들어갔대. 대박이지? 그보다 더 대단한 건 **말야**, 내가 듣기론 그 친구 28살에 박사 졸업했대.
發音 (음운적 정보)	* 평서문 문중에서 내림조의 억양으로 실현된다.
形態及句法 (형태·통사적 정보)	* 기본형: 주제어+말이다 * 높임말에서 주로 '말입니다', '말이에요' 등 형태를 취할 수 있다. * 반말에서 주로 '말이야'로 나타난다. 실제로 축약형 '말야'로도 발음한다. * 평서문의 문중에 출현한다. * 주요 선행 요소는 명사 또는 명사구 등처럼 주제를 나타내는 성분이다. × 평서문의 문두, 문미에 나타나지 않는다. × 결속 관계가 강한 언어 성분 사이에 들어가지 못한다. 　예: 나는 그(*말이야) 사람이 진짜(*말이야) 싫다. × 부정형 '말이 아니다'를 사용하지 않는다. × '말'은 '말씀'으로 대체할 수 없다.
意義 (의미적 정보)	'말'+'이다'의 원래 의미로 해석할 수 없다. 정해져 있는 중국어 번역도 없다. 일반적으로 악센트, 억양, 휴지 등을 통해 강조의 의사와 주의집중의 기능을 실현한다. 때로는 문자적 표현을 사용하여 보다 강하게 표현하고자 할 때 "你知道嗎", "那个" 등을 사용하기도 한다.
活用 (화용적 정보)	對說話主題進行强調，同時吸引對方的注意/주제에 대한 강조와 주제 관련 후행 발화에 대한 주의 집중 * 사용하지 않으면 의사 전달에 아무런 영향을 미치지 않으나 강조의 정도가 약화되며 주의 집중의 기능도 두드러지게 나타나지 않는다. * 주로 친숙한 사람들의 사적인 대화에 사용된다.

또한, '말이다'는 접속부사 뒤에 사용되어 청자의 주의를 후속 발화에 집중시키는 기능을 하기도 한다.

〈표 4-13〉 구어 담화표지 '말이다'의 기능 제시: 주의집중

예시	1) 교수: 오랜만이네, 어서 오게, 그래 무슨 일로 날 보자 했나? 　　학생: 저...다름이 아니라 선생님께 장학금 추천서를 좀 부탁 　　　드리려고 왔습니다. 　　교수: 그래, 내가 써 주지. **그런데 말이야**, 자네를 볼 때마다 　　　느끼는 건데 어떻게 그렇게 한국말을 잘 하나? 2) 철호가 대학원 다닐 때 진짜 열심히 했어. **그래서 말이야**, 졸업하자마자 바로 큰 회사에 취직하게 됐어. 3) 철수가 그때 사업을 한다고 주변 친구들에게 돈을 많이 빌렸어. 나중에 망했어. **그리고 말이야**, 빌린 돈을 다 갚지 못해 어디론가 도망갔어. 그 친구들이랑 연락 다 끊고...
發音 (음운적 정보)	* 평서문 문중에서 내림조의 억양으로 실현된다.
形態及句法 (형태·통사적 정보)	* 기본형: 접속부사+'말이다' * 높임말에서 주로 '말입니다', '말이에요' 등 형태를 취할 수 있다. * 반말에서 주로 '말이야'로 나타난다. 실제로 축약형 '말야'로도 발음한다. * 평서문의 문중에 출현한다. * 주로 '그런데', '그래서', '그리고' 등 접속부사 뒤에 후행한다. × '그러나', '그렇지만', '그러므로' 등 접속부사 뒤에는 잘 쓰지 않는다. × 평서문의 문두, 문미에 나타나지 않는다. × 부정형 '말이 아니다'를 사용하지 않는다. × '말'은 '말씀'으로 대체할 수 없다.
意義 (의미적 정보)	'말'+'이다'의 원래 의미로 해석할 수 없다. 적절한 중국어 번역을 찾기가 어렵다. 일반적으로 일부 어기사나 짧은 휴지를 통해 상대방의 주의를 환기한다.
活用 (화용적 정보)	**吸引對方的注意/상대방으로 하여금 후행 성분에 주의하게 한다.** * 사용하지 않으면 의사 전달에 아무런 영향을 미치지 않으나 주의집중의 효과가 대폭 약화된다. * 주로 친숙한 사람들의 사적인 대화에 사용된다.

그밖에도 '말이다'는 상대방 발화에 대한 강한 동의나 공감을 표현할 수 있다.

<표 4-14> 구어 담화표지 '말이다'의 기능 제시: 동조 표시

예시	1) 가: 요즘 맞벌이 부부에게 육아 문제가 가장 머리 아플 거예요. 　　나: 맞아요. 아이를 안심하고 맡길 만한 곳이 회사 안에 있으면 좋을 텐데. 　　가: **글쎄 말이에요.** 육아 문제 때문에 직장 여성들이 사회생활하기가 힘들다고 하잖아요. 2) 가: 취업 준비는 잘 되고 있어? 　　나: 아니, 아직. 너는? 　　가: 나도. 요즘 일자리 구하기가 너무 어려운거 같아. 　　나: **그러게 말이야.** 　　가: 앞으로 잘 되겠지, 우리 힘내자.
發音 (음운적 정보)	* 평서문 문미에서 내림조의 억양으로 실현된다.
形態及句法 (형태·통사적 정보)	* 기본형: 글쎄/그러게+'말이다' * 높임말에서 주로 '말입니다', '말이에요' 등 형태를 취할 수 있다. * 반말에서 주로 '말이야'로 나타난다. 실제로 축약형 '말야'로도 발음한다. × 부정형 '말이 아니다'를 사용하지 않는다. × '말'은 '말씀'으로 대체할 수 없다.
意義 (의미적 정보)	'말'+'이다'의 원래 의미로 해석할 수 없다. 적절한 중국어 번역을 찾기가 어렵다.
活用 (화용적 정보)	**對對方說話內容表示强烈的肯定或同感/상대방 발화에 대한 강한 동의나 공감을 나타낸다.** * 사용하지 않으면 의사 전달에 영향을 미치지 않으나 강조의 정도가 약화된다. * 주로 친숙한 사람들의 사적인 대화에 사용된다.

4) 연습 단계

연습 단계는 주로 구어 담화표지 '(-단/란/잔/냔)말이다' 사용의 정확성을 제고하기 위한 연습과 담화 차원에서의 입문 연습 두 가지로 구성된다. 전자는 주로 선행 용언과 결합하는 '(-단/란/잔/냔)말이다'의 통사적 연습이며 후자는 구체적 대화 상황 속에서 일정한 기능을 나타내기 위한 '(-단/란/잔/냔)말이다'의 사용 훈련이다.

※ 활동 1단계

〈보기〉

가: 저는 세 살 때 영어를 배웠어요.

나: 그렇게 일찍 영어를 배웠단 말이에요?

〈보기〉와 같이 아래 문장의 빈칸을 채우십시오.

(1) 가: 어디야? 나 이미 공항에 도착했어.

　　나: 4시 비행기인데 벌써 ＿＿＿＿＿＿?(도착했어?)

(2) 가: 모르는 것이 있으면 직접 팀장한테 물어보면 되잖아요.

　　나: 그런데 우리 팀장은 뭘 물어보면 별로 ＿＿＿＿＿＿.(좋아

　　하지 않아.)

(3) 가: 아, 회사에서 일하는 게 참 힘들다. 일찍 출근하고 늦게 퇴근하고, 회식도 안 갈 수 없고 주말에도 가끔 회사 나가야 되고. 학창 시절이 그리워져.

나: 이제 우리 더 이상 학생이 아니잖아. 마음을 편하게 _____ (가지라고). 곧 적응할 거야.

(4) 가: 내일 저녁에 나랑 같이 콘서트에 가자.

나: 야, 우리 다음 주 발표가 있는데 발표문을 아직 못 만들었잖아. 그래도 콘서트에 _____ (가자고?)

이상의 연습을 통해 학습자들이 '(-단/란/잔/냔)말이다'의 구문 형식을 익히게 된다. 이때 교사는 선행 성분과 결합할 때 정확한 형식을 사용하였는지, 높임법을 제대로 사용하였는지, 억양이 자연스러운지를 확인하며 필요에 따라 적절한 피드백을 제공한다.

※ 활동 2단계

■ 아래 대화 중 '현아'의 불만을 더 강하게 표현하면 '-단/란/잔/냔 말이다'를 사용할 수 있습니다. 구체적으로 어떻게 붙여서 말할 것인지 쓰십시오.

(준호와 현아는 친한 친구인데, 현아가 퇴근하고 준호를 만나 식사하고 있다.)

준호: 아니, 너 왜 회사를 그만둔다는 거야?

현아: 우리 새로 온 상사가 정말 까다로운 여자야. 매일 얼굴을 보는 게 너무 싫어.

준호: 그래도 참아야지. 어렵게 들어간 회사잖아.

현아: 몰라. <u>이런 상사 밑에서 일해야 되는 거 더 이상 싫어.</u>

현아: ＿＿＿＿＿＿＿＿＿＿＿＿＿＿＿＿＿＿

＿＿＿＿＿＿＿＿＿＿＿＿＿＿＿＿＿＿

■ 아래 대화의 밑줄 친 부분에 '미숙'의 놀람을 더 강하게 표현하면 '-단/란/잔/난 말이다'를 사용할 수 있습니다. 구체적으로 어떻게 붙여서 말할 것인지 쓰십시오.

미숙:　야, 어제 너한테 몇 번이나 전화했는데 왜 안 받아? 얼마나 걱정한 줄 알아?

여동생: 어제 저녁에 친구랑 술을 마시다가 취해가지고 핸드폰 못 받았어.

미숙:　뭐? <u>어제 술 마셨어?</u> 여자애가 왜 술을 마셔?

미숙:　＿＿＿＿＿＿＿＿＿＿＿＿＿＿＿＿＿.

■ 요구에 따라 밑줄 친 문장 A, B를 '말이다'를 사용하여 고쳐 쓰십시오.

광희: 철수 씨 그 뉴스 봤어요?

철수: 무슨 뉴스요? 아, **A** <u>혹시 그 할머니 이야기요?</u>

광호: 네. 맞아요. 그 할머니 이야기 참 감동적이에요. 그렇게 많은 돈을 다 자선단체에 기부하셔서. 대단하신 분이지요. 그 할머니께서는 많은 고생을 겪은 끝에 그런 돈을 모으셨다고 하더군요.

철수: **B** <u>그러게요.</u>

(1) 철수의 확인 강조 의도를 나타내려면 어떻게 고쳐 씁니까?

　　A 혹시 그 할머니 이야기요? ⇒ ＿＿＿＿＿＿＿＿＿＿＿＿.

(2) 철수의 동의 의사를 보다 강하게 표현하려면 어떻게 고쳐 씁니까?

　　B 그러게요. ⇒ ＿＿＿＿＿＿＿＿＿＿＿＿.

■ 아래 대화의 밑줄 친 부분에 '의사'의 강조 의도를 보다 강하게 표현하면 '말이다'를 사용할 수 있습니다. 구체적으로 어떻게 붙여서 말할 것인지 쓰십시오.

　　환자: 선생님, 너무 감사합니다. 앞으로 술, 담배 다 끊고 운동을 열심히 할게요.

의사: 그렇게 하면 건강에 좋지요. 그리고 앞으로 어딘가 조금이라도 아프면 꼭 내원해서 치료를 받으세요. <u>이번에 좀 더 일찍 치료를 했더라면 수술을 하지 않아도 됐을 텐데요.</u>

의사: _____

_____

■ 아래 대화의 밑줄 친 부분에 주제어에 대한 강조를 나타내거나 후행 발화 내용에 대한 청자의 주의를 집중시키려면 '말이다'를 사용할 수 있습니다. 구체적으로 어떻게 붙여서 말할 것인지 쓰십시오.

드라마 '별에서 온 그대' 제7회 43:23
(도민준이 경찰에게서 테러범이 잡혔다는 전화를 받고 나서)
천송이: 누구? 날 테러한 놈? 헬멧 썼다 그랬지? (후략)
도민준: 그래도 잡혔으니까 다행이잖아.
천송이: 나쁜 새끼, 합의는 없다 그래. (도민준이 뒤돌아서 가려고 하는 것을 보고) <u>근데, 아까 사고 났을 때,</u> 나 분명 도매니저가 차 안에 있는 거 봤거든. 근데 어떻게 날 구한 거야? 1초도 안 되는 시간에.
도민준: 잘못 본 거야.

천송이: _____.

위의 과제 수행 과정에서 교사는 학습자들로 하여금 '(-단/란/잔/냔)말이다'의 실현 여부에 따른 표현의 차이점을 인식하게 하고 이것에 대해 토론하게 한다. 이러한 과정에서 교사는 학습자들의 모국어 사용을 막지 말고 오히려 '(-단/란/잔/냔)말이다'의 대한 인지를 심어주는 데 있어서 모국어가 갖고 있는 경제성과 효용성을 충분히 인정해야 한다.

5) 활용 단계

활용 단계에서는 진정한 구두 의사소통 상황에서 담화표지 '(-단/란/잔/냔)말이다'를 적절하게 사용하여 화자의 의도나 심적 태도를 표시하도록 대화 과제를 수행하게 된다. 연습 단계의 활동들이 '(-단/란/잔/냔)말이다'가 실현 가능한 문장과 구체적인 상황 맥락을 명시적으로 제공해 주어 수동적으로 사용하게 하는 것에 주력하는 것이라면 활용 단계는 학습자들로 하여금 능동적으로 사용 가능한 맥락을 스스로 판단하여 대화에서 적절하게 사용하도록 하는 것이 핵심이다. 즉 반자동적인 사용을 자동적인 사용으로 전이하게 하는 것이다. 이 단계에서 활용될 만한 활동으로는 짝활동과 역할극을 들 수 있다. 전자의 경우, 학습자들이 짝을 이루어 구체적인 대화 상황을 상정하여 '(-단/란/잔/냔)말이다'의 어느 특정한 하나의 기능을 표현한다. 따라서 짝활동은 비교적 짧은 담화에서 하는 연습에 해당된다. 역할극은 그들로 하여금 보다 긴 담화를 구성하게 하여 그 중 '(-단/란/잔/냔)말이다'의 다양한 몇 가지의 기능(최소 두 가지)을 나타내도록 구성하는 활동인데 대화참여자를 2-3명으로 한정시키는 것이 좋다. 학습자들이 구체적 대화 상황을 선택하기 어려워하면 교사는 먼저 특정한 상황, 대화에 나타나는 인물, 대화의 핵심 내용 등을 정해 주는 것도 괜찮다. 활용 단계에서 교사는 주로 안내자와 관찰자의 역할을 담당하며 학습자들 대화에 나타나는 '(-단/란/잔/냔)말이다'의 사용 사례를 판서한다.

※ 활동 3단계: 짧은 담화의 예시

대화참여자: 한국에서 유학 중인 학부생 2명, 친한 친구
대화 주제: 유학 생활 - 발표
목표 구어 담화표지: (-단/란/잔/냔)말이다
목표 기능: 강조하기

A와 B는 같은 대학교의 3학년 친구이다. 이번 학기에 두 사람이 같은 전공과목을 수강하고 있는데 맡고 있는 발표 내용이 어려워서 발표를 어떻게 준비해야 할지에 대해 의논하고 있다.

예문: 책에 나와 있는 내용이 도대체 무엇인지 정말 모르겠단 말이야.
예전에 다 한국인과 같이 발표했는데 이번에 혼자 해야 한단 말이야.
도와줄 사람이 있으면 더 수월하게 할 수 있을 텐데 말이지.

---

6) 피드백 및 정리 단계

이 단계에서 교사는 먼저 학습자들이 앞선 활동을 수행하는 과정에서 '(-단/란/잔/난)말이다'를 사용한 양상을 구체적으로 평가한다. 적절한 사용을 장려하고 부적절한 사용의 경우 학습자들에게 그 원인을 메타언어적으로 설명해 준다. 물론 이때 학습자의 모국어를 사용하여 피드백을 제공해 주면 그 내용이 학습자들에게 확실하게 와 닿아서 효과적일 것이다. 전반적으로 보면, 구어 담화표지 사용에 대한 교사의 피드백은 그 역할이 매우 중요하다. 성공적인 피드백은 학습자들의 사용 의욕 저하의 문제, 사용의 부적절 문제 등을 방지할 수 있어야 하며 동시에 목표 담화표지의 지나친 사용을 예방하는 효과도 얻을 수 있어야 한다. 마지막으로 '(-단/란/잔/난)말이다'의 상용 기능을 재차 강조하며 실제 대화에서 적재적소에 사용하도록 격려해 주도록 한다.

2.2.2. 한국어 구어 담화표지 수업의 효과

이 부분에서는 앞서 구안한 중국어권 중·고급 학습자를 위한 구어 담화표지 수업 구성안에 대해서 실제로 학습자들이 만족하고 있는지, 어떤 효과가 있는지를 설문과 테스트를 통해 확인하고자 한다.

수업 효과 검증을 위해 필자는 한국의 I 대학교에서 재학 중인 중·고급 학습자 67명 중에서 학교의 시험 성적과 수업 담당 교사의 숙달도 판정에 의거하여 한국어 평균 수준이 비슷한 57명의 대상자를 선정하고 나서 그들을 통제집단(27명)과 실험집단(30명)으로 나누

었다. 구어 담화표지 '(-단/란/잔/냔)말이다'는 초급 단계부터 배우
는 문법이라 통제집단은 실험 수업에 참여하지 않고 '(-단/란/잔/냔)
말이다'의 사용하여 평가용 테스트를 수행하게 하였다. 실험집단은
2016년 4월과 6월에 앞서 설계한 수업 절차대로 실험 수업을 실시
하였는데 수업 후 수업 평가용 설문을 실시하였고 테스트를 진행하
였다.

2.2.2.1. 학습자 응답 분석

중국어권 학습자를 위한 체계적인 구어 담화표지 교육은 아직까
지 이루어지지 않고 있는 실정이다. 필자는 특강의 형식으로 '(-단/
란/잔/냔)말이다'를 사례로 선정하여 실제 수업 구성을 설계하고 실
제적으로 적용해 보았는데 이는 새로운 교육적 시도라고 할 수 있다.
따라서 학습자들이 수업을 들은 후 '(-단/란/잔/냔)말이다'의 이해
및 사용 능력이 얼마나 신장되었는지를 살펴보기에 앞서 수업 전반
에 대한 학습자의 반응을 파악하는 것 역시 중요하고 유의미한 일로
보인다. 수업평가에 대한 설문 문항은 수업 전반(흥미도, 만족도, 난
이도 등)에 대한 평가, 수업의 효과(이해와 사용의 촉진 효과), 메타
언어에 대한 선호도, 교수 방법 및 연습 활동에 대한 평가 등을 묻는
내용으로 구성하였고 리커트 5점 척도 형식의 문항으로 제공하였다.
또한 학습자 개개인의 의견을 좀 더 자세히 파악하기 위해 두 개의
주관식 설문 문항을 추가하였다.

〈표 4-15〉 학생 반응 조사 결과: 문항 (1)-(3)

	매우 그렇다	그렇다	그렇지 않다	전혀 그렇지 않다	잘 모르겠다
(1) 흥미도	20명(66.7%)	9명(30.0%)	1명(3.3%)	0	0
(2) 만족도	17명(56.7%)	12명(40.0%)	1명(3.3%)	0	0
(3) 난이도	3명(10.0%)	4명(13.3%)	20명(66.7%)	3명(10.0%)	0

〈표 4-15〉의 수치를 보면, 대다수의 학습자(29명으로 96.7%차지)는 이러한 구어 담화표지 수업에 대하여 높은 흥미를 보여 주었다. 또한 전반적인 수업에 대한 만족도도 흥미도와 같은 96.7%('매우 그렇다'와 '그렇다'의 합산)로 상당히 높은 것으로 나타났다. 또한 수업 내용이 어려운지(설문 문항3)에 대하여 총 76.7%의 학생이 '그렇지 않다' 혹은 '전혀 그렇지 않다'라고 응답하였다. 본 실험에 참여한 학습자들은 한국어 수준 4급, 5급의 소지자에 집중되어 있으며 담화표지에 대한 선행 학습 경험이 거의 없다는 점을 고려해 보면 수업 내용의 난이도가 적절하였다고 판단된다.

몇몇 학습자들은 주관식 문항에서 그동안 구어 담화표지를 단지 모호하게만 알고 있고, 교재에서 참고할 수 있는 내용도 별로 없어서 고민이 많았는데 앞으로 이렇게 자세하고 종합적인 담화표지 지식을 지속적으로 배울 기회가 있었으면 좋겠다고 응답하였다.

〈표 4-16〉 학생 반응 조사 결과: 문항 (4)-(7)

	매우 그렇다	그렇다	그렇지 않다	전혀 그렇지 않다	잘 모르겠다
(4) 개념 이해도	11명(36.7%)	19명(63.3%)	0	0	0
(5) 기능 이해도	13명(43.3%)	16명(53.3%)	1명(3.3%)[90]	0	0
(6) 사용 자신감	12명(40.0%)	14명(46.7%)	3명(10.0%)	1명(3.3%)	0
(7) 사용 의욕 상승	17명(56.7%)	10명(33.3%)	2명(6.7%)	1명(3.3%)	0

　설문 문항 (4)번의 결과를 보면, 수업을 듣기 전에 구어 담화표지의 개념에 대해 잘 몰랐던 학생들은 수업 직후 한 명도 예외 없이 개념을 이해하였다고 응답하였다. 또한 목표 담화표지 '(-단/란/잔/난) 말이다'의 대한 다양한 기능에 대해서 96.6%('매우 그렇다'와 '그렇다'의 합산)의 학생이 수업을 통해 알게 되었다고 하면서 매우 긍정적인 반응을 보여 주었다. 구어 담화표지 사용 시의 자신감 증가와 사용 의욕의 상승은 밀접한 관계를 맺고 있는 설문 문항으로 각각 86.7%와 90.0%의 학습자가 '매우 그렇다' 혹은 '그렇다'라고 응답하였다. 수업의 최종적 목표가 학습자의 자발적이고 적절한 사용에 놓여 있다고 볼 때 학습자의 이러한 반응은 교육 방안의 효용성을 증명할 수 있는 가장 유력한 근거라고 할 수 있다.

90　설문 문항 (5)의 경우, 전체 응답 비율의 총합이 99.9%이다. 이는 소수점 둘째자리에서 반올림을 한 결과임을 밝혀 둔다. 설문 문항(8), (10), (11), (14), (16)도 마찬가지이다.

〈표 4-17〉 학생 반응 조사 결과: 문항 (8)

	매우 그렇다	그렇다	그렇지 않다	전혀 그렇지 않다	잘 모르겠다
(8) 모국어 설명의 선호도	16(53.3%)	13(43.3%)	1(3.3%)	0	0

문항 (8)번은 담화표지 수업 내용 설명 언어(즉 메타언어)의 종류에 대한 선호도를 조사한 것이다. 보통 구어 담화표지와 같이 고도의 인지 능력을 요구하는 추상적이고 어려운 교육 내용을 다룰 때 가장 이상적인 효과를 내려면 학습자에게 친근하게 느껴지는 모국어를 사용하는 것이 바람직하다. 학습자의 응답 결과('매우 그렇다'와 '그렇다'의 합산 빈도: 96.6%)를 통해서도 모국어로 진행되는 담화표지 설명을 상당히 선호하고 있음을 알 수 있다. 주관식 문항에 대한 몇몇 학습자의 선택 이유는 다음과 같다.

> 학습자2: (중국어로 설명하는 것이) 진짜 중요하다고 생각합니다. (한국어에)많은 어미, 용법이 있으니까 한국말로 배울 수 없습니다.
> 학습자3: 중국어가 저의 모국어라서 한중 번역 하면서 수업 들으면 더욱 쉽게 이해할 수 있습니다.
> 학습자4, 10, 16, 19, 22, 23, 26, 29: 수업은 중국어로 설명하면 더 쉽게 이해할 수 있어요. 그리고 재미있어요.

〈표 4-18〉 학생 반응 조사 결과: 문항 (9)-(14)

	매우 그렇다	그렇다	그렇지 않다	전혀 그렇지 않다	잘 모르겠다
(9) 발견 학습의 유용성	12(40.0%)	17(56.7%)	1(3.3%)	0	0
(10) 중국어 표현 대조의 유용성	16(53.3%)	12(40.0%)	1(3.3%)	0	1(3.3%)
(11) 실현 여부 비교의 유용성	16(53.3%)	13(43.3%)	1(3.3%)	0	0
(12) 어원어와 비교의 유용성	17(56.7%)	11(36.7%)	2(6.7%)[91]	0	0
(13) 문법화 단계에 따른 교육 순서의 타당성	16(53.3%)	11(36.7%)	3(10.0%)	0	0
(14) 다양한 기능에 대한 명시적 설명의 유용성	16(53.3%)	13(43.3%)	1(3.3%)	0	0

　설문 문항(9)-(14)는 '식별 단계'와 '제시 단계'에 사용되는 여러 교수 방법과 전략의 유용성 및 타당성을 조사하기 위한 것인데 구체적 응답 분포 양상을 보면 거의 '매우 그렇다'와 '그렇다'에 치우쳐 있다. 이는 학습자들이 교사의 본격적인 유도와 제시에 대해 상당히 긍정적으로 생각하고 있음을 시사해 주고 있으며 교육 방안의 타당성과 효용성을 동시에 입증하고 있는 부분이기도 하다.

91　설문 문항 (12)의 경우, 전체 응답 비율의 총합이 100.1%이다. 이는 소수점 둘째자리에서 반올림을 한 결과임을 밝혀 둔다.

〈표 4-19〉 학생 반응 조사 결과: 문항 (15)–(16)

	매우 그렇다	그렇다	그렇지 않다	전혀 그렇지 않다	잘 모르겠다
(15) 연습 활동의 흥미도	17명(56.7%)	13명(43.3%)	0	0	0
(16) 연습 활동의 난이도	4명(13.3%)	6명(20.0%)	15명(50.0%)	4명(13.3%)	1명(3.3%)

　　연습 활동에 대해서도 실험집단은 높은 흥미를 보여 주었다. 난이도의 측면을 보면, 63.3%('그렇지 않다'와 '전혀 그렇지 않다' 빈도의 합산)의 수치도 필자가 구안한 담화표지 관련 연습 활동이 학습자의 수준을 충분히 고려한 것을 보여 주고 있고 무리한 학습 부담이 성공적으로 배제되고 있음을 알 수 있다.

2.2.2.2. 테스트 결과 분석

　　테스트는 목표 담화표지 '(-단/란/잔/냔)말이다'가 사용 가능한 상황을 설정하고 주어진 대화 맥락에 맞게 빈칸을 채우게 하는 과제로 구성되었고 통제집단과 실험집단 모두를 대상으로 하여 진행되었다. 필자는 담화표지가 문장 구성의 필수적 문법 항목과 다르게, 문장 속에 실현되지 않아도 되는 항목이라는 점을 충분히 고려하여 가장 자연스러운 학습자 사용 실태를 파악하는 데 주안점을 두었다. 따라서 양 집단의 학습자 모두에게 '(-단/란/잔/냔)말이다'의 의식적인 사용을 방지하기 위해 그 사용을 권장하는 예고를 명시적으로 제시하지 않았다. 즉 테스트 요구 사항에서 '(-단/란/잔/냔)말이다'를 사용하여 빈칸을 채우십시오.'와 같은 안내를 제공하지 않았다.

필자는 통제집단과 실험집단이 대화에서 구어 담화표지 '(-단/란/잔/냔)말이다'를 사용하는 실태를 일목요연하게 알아보기 위해 그 사용 빈도를 측정하였다.

〈표 4-20〉 양 집단의 사용 빈도 비교

번호	기능	통제집단	실험집단
1	화자의 자기 발화에 대한 강조: (문미)'-단/란/잔/냔+ 말이다'	4회	30회
2	화자의 자기 발화에 대한 강조: 명사/연결어미+말이다	1회	28회
3	상대방의 발화에 대한 놀람 표시: (문미)'-단/란/잔/냔 말이야?'	1회	28회
4	상대방의 발화에 대한 확인 강조: (문미)확인할 대상+말이야?	6회	30회
5	주제에 대한 강조와 주제 관련 후행 발화에 대한 주의집중: 주제어+말이다	8회	27회
6	후행 발화에 대한 주의집중: 접속부사+말이다	9회	26회
7	상대방 발화에 대한 동조 표시: (문미)그러게/글쎄+말이다	8회	28회
계		37회	196회

먼저 양 집단의 전체적인 사용 빈도를 비교해 보면, 실험집단은 '(-단/란/잔/냔)말이다'를 사용한 횟수가 총 37회로, 통제집단은 총 196회로 나타나 극명한 차이를 보여 주었다. 수업 효과의 검증이 단기간에 이루어진 탓에 실험집단의 높은 사용 빈도는 의식적인 사용을 완전히 배제할 수 없으나 적어도 학습자들이 '(-단/란/잔/냔)말이다'를 사용하고자 하는 의식이 상승되고 사용 가능한 상황에 대한

판단 능력이 향상되었음을 확인할 수 있다.

주목할 만한 것은 통제집단의 경우 '(-단/란/잔/냔)말이다'의 전체적인 사용 비중이 매우 낮았으나 다른 문항보다 (4)-(7)번의 사용이 상대적으로 높은 편이라는 점이다. 필자는 그 원인을 부분적으로나마 파악하기 위해 통제집단 중 4명의 학생을 대상으로 사후 인터뷰를 진행하였다.

> 사후 인터뷰 대상자 1: 한국 드라마를 볼 때 한국인들이 그렇게 쓰는 것을 많이 들어봤어요. 특히 주변의 한국 친구들도 자주 사용하더라고요.
>
> 사후 인터뷰 대상자 2, 3: 문장의 끝에 '-단 말입니다' 이렇게 쓰는 것은 책에서 좀 배운 적 있는데 사용할 때 형태가 복잡해서 자주 쓰지 않아요. 그냥 '말이야'를 사용하면 거의 틀리지 않아요. 특히 '그런데 말이야'는 드라마에서 많이 들은 적이 있어요.

실험집단은 통제집단에 비해 목표 담화표지 '(-단/란/잔/냔)말이다'를 어떤 경우에 쓸 수 있을지, 어떤 형태로 써야 하는지, 쓰게 되면 어떤 기능을 할 수 있는지 등에 대한 이해도가 전반적으로 높아졌다. 이를 바탕으로 목표 표지를 상황에 맞게 사용하려는 적극적인 자세도 보여 주었다. 이렇듯 꾸준하고 반복적인 연습이 이루어진다면 '(-단/란/잔/냔)말이다'를 자신 있게 활용할 수 있는 학습자들의 모습을 기대해 볼 만하다.

2.2.2.3. 대화 자료 중 '(-단/란/잔/난)말이다'의 사용 분석

사후 테스트를 통한 수업 검증은 주로 DCT의 방법으로 비교적 단기
간에 이루어져서 학습자들의 의식적인 사용을 피하게 하지 못한다는
한계점이 있다. 구어 담화표지는 담화의 전략으로 교실 밖에서 오히려
더 많이 사용되는 구어적 표현이므로 지면으로 되어 있는 테스트보다
는 실험수업 전후 그들이 한국어로 대화할 때 '(-단/란/잔/난)말이다'
의 사용 빈도와 기능 양상의 차이를 비교하는 방법이 수업 지도 효과
를 보다 객관적이고 질적으로 증명할 수 있다고 생각된다. 따라서 이
부분에서는 이러한 질적인 방법을 사용하는 검증도 함께 진행하였다.

필자는 한국 내 중국어권 고급 학습자 7명을 대상으로 선정하여 1
차 녹음을 먼저 진행하였다. 이어서 앞서 제시한 수업 절차로 실험수
업을 실시하고 10일 후 2차 녹음 자료를 채록하였다. 모든 녹음의 길
이는 약 30분으로 제한하였으며 동일한 조건 하에서 녹음을 진행하
였다. 대화 중 '(-단/란/잔/난)말이다'의 출현 횟수는 다음과 같다.

〈표 4-21〉 대화 중 '(-단/란/잔/난)말이다'의 사용 빈도 전후 비교

피험자 번호	1차(단위: 회)	2차 (단위: 회)
1	0	8
2	0	4
3	0	6
4	0	6
5	0	2
6	0	5
7	1	4
합계	1	35

　이와 같이 실험수업을 진행한 후 7명의 피험자는 모두 구어 담화
표지 '(-단/란/잔/냔)말이다'를 의식적으로 사용하여 횟수가 눈에 띄
게 증가하였다. 필자는 이러한 변화의 객관성을 확보하기 위해 피험
자들에게 '(-단/란/잔/냔)말이다'를 완전히 자연스럽게 발화했는지,
억지로 사용하는 것이 아닌지를 확인하였다. 그들은 모두 자연스러
운 상태에서 '(-단/란/잔/냔)말이다'를 사용하였으며 의도적으로 사
용하지는 않았다고 응답하였다.

　이어서 2차 대화 자료 중 '(-단/란/잔/냔)말이다'의 기능별 사용 양
상을 살펴보도록 하겠다. 이는 피험자들이 제한적으로 몇 가지 기능
에만 능숙한지, 아니면 비교적 전면적으로 활용할 수 있는지를 고찰
하기 위함이다.

〈표 4-22〉 대화 중 '(-단/란/잔/냔)말이다'의 사용 양상 전후 비교

번호		수업 전 (단위:회)	수업 후 (단위:회)
1	화자의 자기 발화에 대한 강조: (문미)'-단/란/잔/냔+말이다'	0	17
2	화자의 자기 발화에 대한 강조: 명사/연결어미+말이다	0	0
3	상대방의 발화에 대한 놀람 표시: (문미)'-단/란/잔/냔 말이야?'	0	0
4	상대방의 발화에 대한 확인 강조: (문미)확인할 대상+말이야?	0	1
5	주제에 대한 강조와 주제 관련 후행 발화에 대한 주의집중: 주제어+말이다	1	7
6	후행 발화에 대한 주의집중: 접속부사+말이다	0	6
7	상대방 발화에 대한 동조 표시: 그러게+말이야	0	4
합계		1	35

〈표 4-22〉를 보면, 학습자들은 자기 발화에 대한 강조 기능을 총 17회로 가장 빈번하게 사용하였다. 주의집중 기능(주제어 강조 기능도 포함)은 그 뒤를 이었다. '그러게 말이야'는 형태상 용이하기 때문에 4회 사용되었다. 2번과 3번의 기능 사용은 한 번도 나타나지 않았다. 피험자는 3번 기능의 경우 놀람을 표시하는 다른 표현이 다양하며 습관적으로 그런 표현을 사용하고 '(-단/란/잔/냔)말이야?'를 사용하는 것이 불편하다고 응답하였다. 또한 2번의 기능은 이해하는 것에 문제는 없으나 그 용법을 선행 학습한 적이 없거나 사용이 매우 어렵다는 등의 이유로 인해 정확하게 쓸 자신이 없다고 답하였다. 수업 후의 '(-단/란/잔/냔)말이다' 기능 사용 양상은 수업 전의 그것보다 훨씬 다양해져서 전반적으로 수업의 효과가 긍정적임을 증명해 주었다.

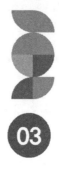

교수 방법과 교육 자료 개선을 위한 제언

▍ 3.1. 교수 방법을 위한 제언

2절에서는 구어 담화표지의 교수·학습 모형을 구축한 다음 '(-단/란/잔/냔)말이다'를 예시로 구체적 수업 운영 실제를 다루었다. '(-단/란/잔/냔)말이다'는 구절 형태로 출현하는 대표적인 담화표지인데 다른 표지보다 형태적, 통사적 복잡성이 높고 기능도 다양하므로 연역적인 제시 방법에 치우친 측면이 많다. 하지만 다른 어휘 형태로 되어 있는 담화표지들은 형태적으로 용이하다면 기능 교수에 할애해야 한다. 이때 교사는 학습자들에게 풍부한 입력을 제공해 주어 그 중에 목표 표지의 특정 기능을 유추하게 하는 식의 귀납적인 탐구 방법도 효과적이다. 어휘 교육 분야에서 대표적인 탐구적 교수 모형으로는 OHE (observation-hypothesis-experiment) 모형이 있다. 또한 요즘 문법

교육에서 탐구 학습을 강조하는 NDAE(noticing-discovering rules-accommodation and restructuring-experimentation) 모형도 도입되어 학습자의 메타적 인지 강화와 수업의 능동적인 참여를 유도하는 데 사용되고 있다(구본관, 2012:270 내용 참조). 앞서 언급했듯이 귀납적 방법은 소규모의 수업, 그리고 중·고급 학습자들에게 유효한 방법이 될 수 있다. 이 책에서도 담화표지 교육 실시에 있어서 담화표지에 대한 인지적 능력 배양을 지향하므로 2절에 제시한 절충식 모형 이외에도 특정한 어휘형 담화표지를 교육시킬 때 이러한 모형들도 활용할 수 있음을 밝힌다. 또한 훌륭한 탐구 수업을 진행하기 위해 교사는 미리 충분한 관찰용 자료를 준비해야 한다. 이때 목표 담화표지의 어느 특정한 기능이 출현하는 맥락적 정보를 담고 있는 매체 자료(예: 드라마, 영화, TV 프로그램 등)를 활용하는 것도 권장할 만하다. 이들 자료는 시청각 자극이 직관적일 뿐만 아니라 젊은 학습자들의 흥미를 유발시킬 수 있는 장점을 갖고 있기 때문이다.

구어 담화표지의 교수·학습은 교실이라는 장에서 이루어지는 것만으로는 바람직한 효과를 거두지 못할 것이다. 학습자들은 교실에서 배우는 것을 내재화시켜 실생활에서 적극적으로 사용하여야만 점차 자연스럽게 활용할 수 있기 때문이다. 다행히 오늘날과 같은 디지털 시대는 디지털 의사소통을 가능하게 만든다. 웹 기반 언어교육(CALL), 스마트폰·아이패드 활용 교육, 페이스북·트위터 등을 이용한 언어학습자 관리 교육, 거꾸로 교육(Flipped Learning) 등의 다양한 방식이 외국어 교육에 활용되고 있다(지현숙, 2015:406). 이러한 매체들은 교실 내에서 교사들에 의해 적극적으로 활용된다면 담화표지의 실현 환경을 다양하게 보여 줄 수 있으며 교실 밖에서도 교사를 떠나는 학습자들에게 담화표지의 운용·심화 연습을 위한 새로운 장(場)을 만들어 줄 수 있을 것이다. 그러므로 구어성이 강한 담화표지 습득을 위해 매체를 널리 활용할 수 있어야 할 것이다.

▌3.2. 교육 자료 개선을 위한 제언

2장 3절에서는 현행 범용 교재의 기술 내용이 구어 담화표지에 대한 온전한 습득을 확보할 수 없으며, 대표적인 교사용 지도서와 교육학 사전에서의 기술도 담화표지의 속성을 밝히지 못하거나 기능을 모두 포착하지 못함을 지적한 바 있다. 이는 담화표지에 대한 체계적인 교육 생태가 아직 형성되지 않은 현 상황에서 과도기적이며 필연적인 결과라고 본다. 이 부분에서는 이러한 문제점에 맞추어서 중국어권 학습자들을 위한 교육 자료와 관련된 몇 가지 개선점을 제시하고자 한다.

우선 교재에서는 구어 담화표지를 종래의 어휘 범주나 문법 범주에서 탈피시키고 독립적인 기능 범주로 설정하여 중급 교재부터 학습자들에게 그 기본적인 개념을 소개해 주어야 할 필요가 있다. 처음에 소개할 때 중국어에 있는 대표적인 담화표지와 해당 예문을 먼저 제시하는 것도 추천할 만하다. 이어서 담화표지의 핵심적인 속성을 밝히는 식으로 개념을 가급적 간단명료하게 제시하여 사용 빈도가 높은 몇 가지 대표적 예를 열거한다. 예를 들면 다음과 같다.

중국어에는 '구어 담화표지'라고 불리는 언어 요소가 있다. 이들은 주로 구어에 쓰여 화자의 풍부한 심적 태도나 의도를 전달한다. 예를 들면, "這不", "不是", "對了", "(還)別說", "回頭", "完了", "我說" 등이 있다.

예:

(1) 你說我最近怎么這么不順啊?　這几天工作上一直出麻煩不說,　這不, 今天通知說去美國的簽証也沒辦下來.

(2) 對了, 上次你說買化妝品的事,你先別去專柜買了, 太貴. 最近我老公回國出差, 回頭讓他在免稅店帮你買吧.

한국어에도 이와 같은 언어 요소가 있다. 명칭 그대로 이들은 실제 구어에서 빈번히 사용되며 주로 어휘나 구의 형태로 나타나 대화에서 원래의 의미보다 풍부한 담화 의미나 기능을 가지게 된다. 이때 이들은 발화 내용을 구성하는 필수적인 요소가 아니라 화자의 의도나 태도를 표현하기 위해 전략적으로 사용된다. 발화 시 일정한 억양을 드러내는 경우가 많다. 대표적인 것으로 '뭐, 저, 저기, 있잖아(요), 아니, 글쎄 네, 그래, 그래 가지고, 말이다' 등이 있다.

　개념을 본격적으로 소개한 후 교육용 담화표지 하나하나를 일정한 순서대로 대화문에 출현시켜야 한다. 교재 제시용 대화문을 실제성이 있는 것으로 선정해야 하는 것도 물론이다. 특히 말하기 교재는 더욱 그러하다. 또한 나선형의 제시 기술도 요구된다. 해당 과의 학습 목표가 되는 담화표지는 교재 대화문에 제시하며 본문 뒤에 '해석' 부분 또는 '활용' 부분에 이 표지의 확장된 의미와 담화 기능을 설명하는 것도 필수적이다. 여기서 주의해야 할 점이 세 가지가 있다. 첫째, 해당 언어 요소는 담화표지의 용법이 소개되기 이전에 학습자들에게 이미 선행 학습된 항목들이므로 새로운 의미나 기능을 설명할 때 그들이 이미 알고 있는 어휘적 지식이나 문법적 지식을 상기시키면서 용법상의 차이에 초점을 맞추는 것이 좋다. 둘째, 목표 담화표지의 새로운 기능은 기타 일반적 표현을 통해서 실현될 수도 있을 때 양자의 발화 효과를 대조하여 설명하는 것이 바람직하다. 셋째, 목표 담화표지에 해당된 중국어 표현이 있을 때 중국어와 대조될 만한 내용을 보충하는 것도 유익한 방법이 된다. 구어 담화표지 '어디'의 예시를 보자.

(대화문: 친구들의 일상대화)
A: 여름 방학에 집에 갔다왔어?　　(暑假回家了嗎？)
B: **어디**, 그럴 시간이 없었어.　　(哪儿啊, 根本沒時間回。)
B': 아니야, 그럴 시간이 없었어.　　(沒有, 根本沒時間回。)

'어디'는 한국어의 전형적인 의문사이다. 보통 장소나 목적지를 묻는 의문문에서 사용된다. 하지만 예문 B에서 '어디'는 더 이상 의문사가 아니라 평서문에서 쓰여 상대방 발화 내용에 대한 부정을 나타내며 독립적으로 하나의 문장을 구성하여 사용된다. 이때 중국어의 "哪儿啊/哪儿呀"로 번역할 수 있다. 물론 우리도 B'에서 처럼 '아니야'를 사용할 수 있다. '아니야'는 단순히 부정 기능을 표시하는 대답이다. '어디'를 사용하면 반어적인 의미가 부각되어 보다 강한 부정 효과를 얻을 수 있다(이때 중국어의 "没有"와 "哪儿啊/哪儿呀"의 표현 차이를 참고하면 된다.).

아래는 해당 중국어 표현이 대역되지 않을 때 설명 방법의 예시이다. 중국어와의 차이가 커지므로 위와 같은 용법을 학습한 후 일정한 기간을 두고 교재에 출현시키는 것이 바람직하다.

(대화문: 친구들의 일상대화)
유민: 인턴 사원을 모집한다고 해서 이력서를 한번 내 보려고.
지애: 그렇구나, **어디** 보자. 와, 대단한걸. 한 군데도 틀린 곳이 없어.

'어디'는 한국어의 전형적인 의문사이지만 여기서 평서문에 쓰여 의문의 기능을 하지 않는다. 그리고 '어디'를 사용해도 되고 사용하지 않아도 된다. 하지만 사용되면 상대방 발화 내용에 대한 적극적인 관심을 표시할 수 있다. 이때 사용되는 '어디'는 중국어의 "哪里/哪儿"로 번역할 수 없다. 대신 "讓我(帮你)看看"로 번역하여 비슷한 발화 효과를 나타내도록 한다.

또한 구어 담화표지의 내재화를 위해 연습 활동은 담화 층위에서 구성되어야 한다는 것을 강조하고자 한다. 특히 담화표지는 실용적인 측면이 강하므로 이를 담화에서 적절하게 사용하는 것이야말로 본 연구가 최종적으로 지향하는 바이다. 실생활에서 쉽게 접할 수 있는 대중 매체를 교수용 매체로 활용하여 유의미한 말하기 활동을 구안하는 것을 원칙으로 삼을 만하다.

　마지막으로 교육 사전에서의 제시 방안을 살펴보자.『한국어교육학 사전』에서 구어 담화표지에 대한 기술은 매우 포괄적으로 이루어지고 있다. 이미 지적했듯이 구어 담화표지라는 개념의 외연이 넓어 화자 태도 표시와 담화 구조 표시 기능을 하는 모든 언어 요소를 다 담화표지로 간주하는 견해가 많다. 이는 필자가 규정하는 협의적인 개념과 불일치를 보이는 부분이 있음이 분명하다. 이외에도 기능의 분류 기준에 있어서『한국어교육학 사전』에서 제시하는 화제 관련, 태도 표시 관련, 담화 구조 표시 관련, 내용 강조 관련 등처럼 그 층위가 맞지 않다고 본다. 필자는 여기서 2장에서 제시한 구어 담화표지의 개념과 기능 분석 틀에 의거하여 미흡하게나마 아래와 같은 제시 내용을 구성해 보았다. 그 중 개념 부분은 교재용보다 전문적인 용어가 더 빈번히 사용되었다.

　　구어 담화표지는 전통적인 문법 범주가 아니라 일종의 기능 범주를 이룬다. 명칭 그대로 이들은 실제 구어에서 빈번히 사용되며 주로 어휘나 구절 형태로 나타난다. 대체로 원래의 어휘적 의미가 약화되거나 상실되며, 대화에서 풍부한 담화 의미나 기능을 가진다. 이때 구어 담화표지는 발화의 명제적 내용 전달에 기여하지 않아 통사적으로 필수적인 요소가 아니지만(일부 응답 표지 제외) 화자의 의도나 태도를 표현하기 위해 전략적으로 사용되며 발화 시 일정한 억양을 수반하는 경우가 많다.

구어 담화표지의 분류 방법은 다양하다. 우선 담화표지의 의미가 앞뒤 발화와의 논리적 관계에 따라 앞을 지향한 것(retrospective)과 뒤를 지향하는 것(prospective)으로 양분하는 시도가 있었다. 또한 이 두 가지를 묶어서 단방향적(uni-directional) 담화표지라고 명명하고 앞뒤의 내용과 모두 관계가 있을 때 양방향적(dual-directional)이라는 분류 체계가 제안되었다. 그리고 '본디 담화표지'와 '전성 담화표지'로 나눈 것이 있는가 하면 '어휘적 담화표지'와 '비어휘적 담화표지'로 유형화한 것도 있고. 이외에 사용 시의 자립성 여부에 따라 '비의존적'인 담화표지와 '의존적'인 담화표지로 나누어 모색한 것도 있었으며 어원어의 품사에 따른 분류도 매우 일반적이다. 무엇보다 기능에 따른 분류 방법이 선호되고 있는데 화자, 청자, 화제의 상호 관계에 주목한 삼차원적 체계도 있고 발화의 주도권이 화자에게 있는지 없는지에 따른 분류법도 있다. 여기서 외국인 학습자를 위한 한국어교육의 실용성 측면에 두어 의사소통 활동에서 화자가 그때그때 맡는 주 역할에 따라 '주도적 담화 운용 표지'와 '호응적 담화 운용 표지'로 나누고자 한다. 각각의 하위분류는 다음 표[92]와 같이 제시한다.

---

92 이 표는 〈표 2-22〉를 그대로 가져온 것이다.

기능				대표적인 예
주도적 담화 운용 표지 (화자 역할)	화제의 도입과 전환			참, 그런데, 그래, 아니, 글쎄
	화제의 전개	발화 내용 연결하기		-아/어 가지고, 그래/이래 가지고, 막
		망설임 표시하기	시간벌기	이, 그, 저, 좀, 말이다, 글쎄, 무슨, 이제, 뭐지
			얼버무리기	이런/그런, 이렇게/그렇게, 그냥
		발화 명확성 확보하기	수정하기	아니
			부연하기	그러니까
		자기 발화 내용에 대한 태도 표시하기	강조하기	말이다, 막, 그냥, 뭐, 어디
			약화하기	좀, 그냥, 뭐
			부정적 태도 표출하기	그냥, 막, 진짜
		청자 주의 집중시키기		말이다, 자, 여기요, 저기요, 있잖아
		공손 태도 표시하기	부담 줄이기	좀, 저, 저기
			부정 진술 약화하기	좀
	화제의 종료			네, 예, 그래
호응적 담화 운용 표지 (청자 역할)	상대방 발화에 대한 선호적 호응 표지	동조 표시하기		그래(요), 그러니까(요), 그럼(요), 그러게, 그러게 말이다
		놀람 표시하기		진짜(요)?, 정말(요)?, 그래(요)?, 네?, 뭐?, -단/란/잔/난 말이야? 아니
		확인 강조하기		말이야?
		관심 표시하기		어디
		경청 표시하기		네, 예, 그래(요)
	상대방 발화에 대한 비선호적 호응 표지	발화 내용 부정하기		뭐, 무슨, 글쎄(요), 어디
		불확실하게 대답하기		글쎄(요)
		응답 회피하기		글쎄(요), 좀
		완곡하게 거절하기		글쎄(요), 좀
		부정적 정서 표출하기		진짜, 정말, 참, 그냥, 저런

제5장

결론

중국어권 학습자를 위한
한국어 구어 담화표지 교육 연구

이 책은 중국어권 학습자가 다양한 의사소통 상황에서 한국어 구어 담화표지를 사용함으로써 자신의 의도나 태도를 적절하고 풍부하게 표현할 수 있도록 하는 교수·학습 방안을 마련하는 데 목적을 두고 있다.

이를 위해 필자는 2장 1절에서 우선 담화표지 분야의 용어 사용 혼란의 문제에 주목하여 이론적 검토를 거친 후 담화표지라는 용어를 선정하였다. 이어서 국내외에서 이 분야의 관련 연구 경향을 협의적인 관점과 광의적인 관점으로 나누어 살펴봄으로써 2절에서는 이 책의 연구 대상인 구어 담화표지의 개념 범주를 정립하고 특징을 사용 환경, 운율적, 형태적, 통사적, 의미적, 담화적 등의 측면에서 면밀하게 제시하였다. 3절에서는 구어 담화표지의 교육 실태를 파악하기 위해 현행 4종의 범용 교재에서의 기술 양상, 교사용 지도서의 기술 내용과 교실에서의 교수 현황을 고찰하였다. 분석 결과 대부분의 교재에서는 구어 담화표지를 단지 일반적인 어휘나 문법으로 취급하여 임의적으로 제시하고 있으며 지도서에서는 담화표지를 광의적으로 기술하여 심도가 부족하고 기능 체계 설정에서도 부족한 면이 많다. 일부 교사는 교실에서 보완·설명하는 방식을 취하고 있지만 학습자들에게 전반적인 내용을 노출시키지는 못하고 있다. 종합적으로 살펴보면, 교육 현장에서 구어 담화표지에 대한 체계적인 교육이 아직은 미흡한 실정이다. 4절에서는 한국어교육을 위한 구어 담화표지의 교육 목록과 내용을 선정하였다. 표준화된 교육과정이 아직 마련되어 있지 않은 현 시점에서 필자는 객관적 방법, 주관적 방법 등을 활용하여 한국어교육의 실제성을 염두에 두면서 교육용 담화표지 목록을 추출하였다. 또한 대화 맥락에서 화자가 맡는 주역할에 따라 선정된 구어 담화표지들을 '주도적 담화 운용 표지'와 '호응적 담화 운용 표지'로 양분한 후 각각의 하위 기능을 세밀하게 분류하였다. 마지막으로 구어 담화표지 사용상의 특수성을 고려하여 음운적 정보, 형태·통사적 정보, 의미적 정보, 화용적 정보의 4차원적 교육 내용 범주를 마련하였다.

3장에서는 중·고급 중국어권 학습자들이 산출한 일상대화 자료를 바탕으로 한국어 구어 담화표지의 사용 양상을 본격적으로 고찰하였다. 또한 학습자들의 대화 전사 자료에 드러난 담화표지 사용의 특징과 경향, 문제점 및 원인을 질적으로 파악하기 위해 한·중 양국의 언어·문화적 차이에 입각한 대조분석과 심층 인터뷰를 실시하였으며, 학습자의 양 집단 비교와 한국어 모어 화자 집단 간의 담화표지 사용 양상의 차이를 분석하였다. 분석 결과를 구체적으로 기술하면 다음과 같다.

1절에서는 주도적 담화 운용 표지에 대한 학습자의 사용 양상을 살펴보았다. 화제의 도입과 전환 기능을 살펴보면, 대표적인 구어 담화표지로 '참, 그런데, 자, 그래, 아니, 그러니까, 글쎄, 어디' 등을 들 수 있는데 학습자 집단은 모어 화자에 못지않게 '그런데/근데', '그래'를 사용하였고, '참'을 더 빈번히 사용하였으나 '아니'를 많이 사용하지 않았다. '글쎄'와 '어디'의 경우는 모든 집단에게 한 번도 관찰되지 않았다. 또한 모어 화자 집단에 비하면 학습자 집단은 '그럼/그러면', '그리고'를 더 빈번하게 사용하였다. 이는 모국어 습관의 전이 결과라고 볼 수 있다.

화제의 전개 기능은 여러 하위 유형으로 분류되어 있다. 우선 발화 내용 연결 기능은 주로 '-아/어 가지고', '그래 가지고/이래 가지고'와 '막'을 통해 실현되는데 이는 어떤 동작이나 상태의 유지 기능에 비하여 인과 관계를 표시할 때는 해당 중국어 표현과 대응관계를 잘 이루고 있기 때문에 학습자들은 인과 관계 표지로서의 '-아/어 가지고'에 편향해서 사용하는 경향을 보였다. '그래 가지고/이래 가지고'도 비슷한 경향을 나타냈다. '막'은 모어 화자의 대화에서 빈번하게 관찰되었으나 중국어권 학습자들은 '막'을 이해하고 사용하는 데 어려움을 겪는 것으로 나타났다. 이어서 망설임 표시 기능이다. 우선 시간벌기의 용도로 사용되는 담화표지들은 학습자들이 실제 대화 상황에서 나름대로 다양하게 사용하였는데 한국어 지식의 부족으로 인한 사용이 압도적으로 많았다. 또한 얼버무리기 기능의 '뭐, 그냥 뭐, 그런 거' 등도 빈번히 관찰되었다. 발화 명확성 확보하기의 수정하기 기능을 보이는 대표적인 담화표지 '아니'는 중국어의 "不是"와 대역되므로 학습자들이 큰 어려움이 없이 사용하고 있는 것으로 나타났다. 하지만 앞선 발화를 보완하거나 더 명료화시키려고 할 때 모어 화자들은 '그러니까'를 많이 사용하지만 중국어권 학습자들은 능숙하게 사용하지 못하였다. 강조하기 기능의 경우, '(-단/란/잔/냔)말이다'는 해당 중국어 표현과 뜻이 비슷하나 모어 화자 집단에 비해 학습자는 실제로 단일하게 '-단 말이다'의 형태를 사용하였고 '뭐'도 상대적으로 빈번히 활용하였다. '막'과 '그냥'은 모어 화자만큼 자연스럽게 쓰지 못하였다. 약화하기 기능을 보이는 '좀'과 '그냥'은 중국어와 대역되므로 학습자들은 이들을 활발하고 적절하게 사

용한 것으로 조사되었다. '뭐'의 능숙한 사용도 모국어의 영향으로
해석될 수 있다. 이외에도 부정적 태도를 표시하는 담화표지 '참',
'막', '진짜', '정말' 등에 대한 학습자의 사용 양상도 고찰하였는데
학습자들은 모어 화자의 발화에 빈번히 목격되는 '막'을 잘 쓰지 못
하였으며 '그냥'만을 사용한 것으로 나타났다. '말이다', '자', '저기
요', '여기요', '있잖아' 등 주의 집중 표지들은 사용될 만한 대화 상
황이 충분히 제공되지 않아 자료에는 그 출현이 드물었다. 이와 비
슷하게 공손 태도 표시 기능을 보이는 '좀', '저', '저기' 등도 비교적
낮은 빈도로 사용되었으나 사용의 숙련도는 매우 높았다. 화제의 종
료 기능은 '네/예', '그래(요)' 등을 통해 실현될 수 있는데 분석 결과
학습자들은 '그래(요)'보다 '예/네'를 더 선호하여 총 4회를 사용하
였다.

　화자의 호응적 담화 운용 표지 중 상대방 발화에 대한 선호적 호
응 표지는 다섯 가지로 분류되었는데 '놀람 표시' 기능은 가장 높은
빈도를 보였으며 '동조 표시'는 그 뒤를 이었다. 학습자들은 공감이
나 동조를 표시할 때 '그래(요)'〉'그러니까(요)'〉'그럼(요)'〉'그러게
(요)'의 순으로 사용하였고 '글쎄'와 '글쎄 말이야'는 한 번도 사용하
지 않았다. 놀람 표시하기를 수행하는 담화표지로 '그래(요)?', '진짜
(요)?'와 '정말(요)?'는 가장 빈번히 사용되었는데 그 중 '그래(요)?'
는 가장 높은 사용 빈도를 기록하였다. 확인 강조하기 기능을 실현
하는 '말이다'는 주로 'N+말이야?'의 의문 형식으로 문장의 끝에 출
현하는 것이 일반적이며 중국어 대응 표현도 있지만 학습자들은 대
화할 때 확인 의사를 강하게 표현하려고 하지 않아 한 번도 사용하

지 않았다. 관심 표시 기능을 보이는 '어디'의 경우 학습자들이 모국
어로 습관상 사용하는 말과 많은 차이를 보이고 있어 한 번도 사용
하지 않았다. 경청 표시하기의 경우, '네/예'는 '그래(요)'보다 훨씬
높은 빈도로 나타났는데 이는 대화 상황의 요인과 모국어 요인이 같
이 작용한 결과라고 해석하였다.

　마지막으로는 상대방 발화에 대한 비선호적 호응 표지이다. 이 유
형은 선호적인 그것보다 사용 빈도가 현저히 낮았다. 상대방 발화에
대한 부정을 강하게 표시할 때 '뭐', '무슨', '어디', '글쎄' 등, 완곡하
게 표시할 때 '글쎄', '어디' 등을 사용할 수 있다. '뭐'와 '무슨'의 경
우, 학습자들은 모국어의 배경 인지 지식을 활용하여 이를 상당히
능숙하게 사용하는 모습을 드러냈으며 '글쎄'의 경우 인지상의 용이
성과 교재 제시 내용으로 인하여 이에 대한 학습자의 사용도 활발한
편이었다. 이와 비슷한 이유로 학습자들은 '글쎄'의 '불확실한 대답'
과 '응답 회피하기'의 기능도 잘 이해하고 사용한 것으로 나타났다.
'완곡한 거절' 기능을 보이는 '좀'은 화자의 질문, 요청 및 제안에 대
한 소극적인 응답표지로 사용되는데 이때 온전한 발화보다는 완결
되지 않은 발화 형식을 많이 취한다. 이때 '좀'은 해당 중국어 표현과
대응되므로 대화 자료에서의 출현이 드물었지만 이에 대한 학습자
들의 이해와 사용은 별로 어려움이 없다고 조사되었다. 마지막으로,
화자가 상대방의 말이나 어떤 행위에 대한 부정적 정서를 표현하는
담화표지로 '진짜, 정말, 참, 그냥' 등이 있는데 대부분 중국어와 대
역되므로 학습자들의 사용이 모두 적절하였다. 단 '저런'은 한 번도
사용되지 않았다.

이상으로 구어 담화표지 각각의 기능에 대한 학습자들의 사용 양상을 살펴보았다. 조사 대상 집단의 담화표지 사용 양상을 종합적으로 분석해 보면 몇 가지 문제점을 발견할 수 있었다. 첫째, 학습자들은 한국어 모어 화자에 비해 사용의 다양성이 부족하였으며 전체적인 출현 빈도도 낮았다. 그러나 시간벌기 기능 성취를 위한 담화표지는 모어 화자보다 훨씬 높은 빈도로 사용되었다. 둘째, 학습자들의 구어 담화표지 사용의 다양성과 빈도는 한국 거주 경험과 일정한 상관관계를 맺고 있었다. 셋째, 학습자들은 '네'와 '음'이나 '응'을 혼동한 경우가 있었고 '어떻게 말해?', '그리고', '그럼/그러면'과 같은 적절성이 결여된 담화표지도 사용하였다. 이는 대부분 모국어로부터 인지적 전이를 받은 결과이다. 이외에도 주목해야 할 한 가지는 바로 '그'의 과도한 사용인데 이는 학습자의 개인적 발화 습관에 기인하는 것으로 조사되었다.

4장에서는 앞선 논의를 바탕으로 한국어 구어 담화표지의 교육적 적용 방안을 탐색하였다. 우선 중·고급 중국어권 학습자의 특징, 담화표지가 지니고 있는 특수성 등에 착안하여 교수·학습 시 준수해야 할 세 가지의 원리, 즉 '인지 강화의 원리', '전략 및 기능 의식 상승의 원리', '모국어 전이 효과 활용의 원리'를 제시하였다. 다음으로 담화표지의 인지와 사용에 중점을 두어 중국어권 학습자를 위한 절충식 교수·학습 모형을 설계하였다. 또한 담화표지의 사용이 구어의 전형적 특징임을 고려하여 말하기 기능을 중점적으로 교수하는 수업 또는 특강에서 '-단/란/잔/난 말이다'를 예로 들어 교육을 실시한 후 그 효과를 설문지, 사후 테스트 및 수업 전후의 사용 대조를 통해 검증하였다. 마지막으로 교수 방법과 교육 자료 개선을 위한 제언을 마련하였다.

본 연구는 한국어 구어 담화표지와 관련된 이론적 연구가 일관성을 보이지 않으므로 이를 교육 현장에 투사됨으로써 교육이 체계적으로 이루어지지 않고 있다는 현실에 착안하여 담화표지를 구어 의사소통 능력 향상에 긍정적으로 기여하는 유용한 전략으로서 교육 현장에서 적극적으로 다뤄야 한다는 주장 아래 중국어권 학습자들을 위한 체계적 시도로 진행되었다. 이 연구는 중국어권 학습자들의 실제성이 확보된 대화 녹음을 중간언어적 관점에서 분석하여 구체적 사용 양상 및 경향, 문제점 등을 조명했다는 점, 이를 바탕으로 중국어권 학습자를 위한 구어 담화표지 교수·학습의 원리 및 모형을 제시하여 검증하였다는 점에서 의의를 찾을 수 있다. 그러나 이와 같은 의의를 지니고 있음에도 불구하고 본 연구는 몇 가지 한계점을 안고 있는데 구어 담화표지의 기능을 분석할 때와 사용 양상의 원인을 규명할 때 드러나는 주관성을 완전히 배제할 수 없는 것이 그 중의 하나이다. 이는 구어 담화표지의 화용적 특징이 매우 강하므로 분석 시 연구자에 따라 다르게 해석될 수 있기 때문이다. 또한 필자가 70명의 학습자만을 연구 대상으로 삼았는데 대화 자료 규모가 크지 않으므로 개별적 학습자의 특정한 사용 경향은 전체의 결과에 영향을 미칠 수 있어 분석 결과를 일반화시키는 데 다소 부족해 보인다.

중국어권 학습자를 위한
한국어 구어 담화표지 교육 연구

부록 1

교사용 설문지

有關中高級韓國語談話標識語的問卷調査

您好！

　　我是國立首爾大學韓國語敎學專業的博士生劉娜，目前正在准備學位論文"面向中國學習者的韓國談話標識語的敎育硏究"。現因需調査韓國談話標志語的敎育現狀和敎育認識方面的有關問題，特向各位發出了調査問卷的邀請。謝謝各位在百忙之中抽出宝貴的時間來參加本次問卷調査，調査結果只作爲基础資料而使用，不會用于除硏究以外的任何目的。

个人信息

性別:　　男 □　　女 □

年齡:　　21–25歲 □　　26–30歲 □　　31–35歲 □　　36–40歲 □

　　　　　41–45歲 □　　46–50歲 □　　50歲以上 □

母語:　　韓語 □　　漢語 □

學歷:　　本科 □　　碩士 □　　博士在學 □　　博士修了 □　　博士畢業 □

專業:　　韓國學相關 □　　韓國語相關 □　　韓國文學相關 □　　韓國語敎學相關 □

從事韓國語敎學的經驗: ___ 年

貴校使用的韓國語敎材: _____

使用中的韓國語敎材的出版社: _____

1. 您了解什么是談話標識語嗎？
   1) 很了解。
   2) 听過或者看過，但是具体不太了解。
   3) 完全不知道是什么。

2. 您正在使用的韓國語教材中有關于談話標志語的相關說明或者例句嗎？
   1) 沒有。
   2) 有。

   ⇒ 若您選擇了2)，請継續回答下面的問題。

2'. 教材中是以何种方式進行說明的？(比如，教材本文的對話文中有這樣一個句子，'그러게 말입니다. 보통 사람들 같으면 자기 자신을 위해서 그 돈을 쓰는 데에 바빴을 텐데 말이지요.'，那么對'말이다'的相關說明方式是怎樣的？)
   1) 明确指出這是談話標識語，并附加相關說明。(比如，'말이다'在這里根据个人的使用習慣可以用，也可以不用，并且和前面的句子分离開來的。若使用則可以表達對前面內容的强調或對其進行確認。)
   2) 未指出這是談話標識語。也就是說，不把它單獨拿出來歸爲談話標識語的范疇，而是將其作爲普通的語法、詞匯或者短語來進行說明。(比如 '말이다'是 '말'和 '이다'的結合形式，一般用于体言和用言之后，表示强調)
   3) 雖然對話文中有顯示，但是并未對其給出任何有關用法的說明。

3. 您在課堂上，尤其是面向中高級學生的會話課堂上介紹過談話標識的相關內容嗎？
   1) 介紹過。
   2) 沒介紹過。

   ⇒ 若您選擇了1)，請継續回答下面的問題。

3'. 如何介紹的？

　　1) 按照教材上的內容講。

　　2) 卽使教材中沒有出現有關談話標識語的介紹，我會另外補充說明一下它們的用法。(比如說，它們在句子中的作用、如何表達說話人的語气或者態度、將几个用法相似的談話標識語進行比較說明等等)

　　3) 若有其他的介紹方法，請補充說明一下。

4. 您覺得談話標識語對中高級學生口語能力的提高有帮助嗎？

　　1) 是，非常有帮助。因爲可以表達多种多樣的態度，表現出多种談話功能。

　　2) 一般，沒多大帮助。

　　3) 沒有任何帮助。因爲談話標志語不是非用不可。

5. 您覺得有必要從中高級階段就開始向學生傳授談話標識的相關用法嗎？

　　1) 很有必要。

　　2) 有必要。

　　3) 沒有必要。

⇒ 若您選擇了1) 或者2), 請継續回答下面的問題。

5'. 下列陳述是有關談話標志語教學的必要性的，請您選出有同感的部分。若有要補充的內容，請您在橫線上加以陳述。(可多項選擇)

　　1) 談話標識語作爲實際對話交流中的一种策略，對提高口語的流暢性有所帮助。例如，그러니까, 그러게, '-아/어 가지고', '뭐', '글쎄'等)

　　2) 談話標識語根据語境可以實現多种語用功能。

　　3) 談話標識語可以細致入微地表達說話人的態度和語气。若能恰当使用，會帮助學生在實際對話中逐漸能像韓國人一樣丰富的表達自己的情緒、觀点或者態度。

　　4) 若能結合語境正确使用談話標識語，學習者的口語便不會像按照教科書學出來的那樣語气生硬，可以在對話中凸顯出自己的个性。

　　5) 談話標志語可以使對話變得更加自然，帮助學生擺脫依靠書本學出來的生硬的、帶有書面語性質的對話。

6) 若您還有其他補充內容，請簡單說明一下。

_____

_____

_____

6. 談話標志語一般在對話中不使用原本的意思，或者原義會弱化，而在語境中衍生出新的意思，并實現多种多樣的語用功能。中高級學生一般在之前的課程中都已經學習過談話標志語的基本意思，您認爲他們在理解談話標志語的語用用法時會感到很困難嗎？

1) 會。因爲大部分的談話標識語都獨立于句子之外，并且語義產生擴張，會表現出說話人的心理或者態度，生成很多語用用法。

2) 一般。因爲他們已經學過基本義，只要對語境多加考慮便會比較輕松地理解。

3) 不會。因爲談話標識語的形態一般是固定的，學生們之前學過，會有熟悉的感覺。

7. 那您認爲已經學習過談話標志語基本義的中高級學生在使用談話標志語時會感到很困難嗎？

1) 會。(談話標志語的多种語用用法在教材中并沒有系統提到，并且對中國國內的學生來說，周圍沒有完美的韓語對話環境，練習机會少，因此很難熟用。)

2) 一般。(因爲中高級學生已經具有一定的韓語水平，對談話標志語的各种用法也可以較好地理解，只要勤加練習，便會熟練使用各种談話標志語。)

3) 不會。(因爲談話標志語都來自以前學過的基本詞匯、語法或者短語表達形式。)

8. 您覺得在實際面向中高級學生的談話標識語教學中,現存有哪些困難或者比較苦悶的地方?(可多項選擇)

1) 關于談話標志語的理論研究領域還沒有統一的定論， 數目不定,体系不標准,不知道該敎哪些具体的談話標識。

2) 談話標志語敎學意義模糊，到底應該不應該敎沒有明确的說明。

3) 實際使用的敎材中沒有現成的敎學內容。

4) 由于未充分反應在敎材中，因此很難把握各种談話標志語在具体語境中發揮什么樣的功能，敎起來很有難度。

5) 自己的口語能力水平有限,駕馭不了難度較大的談話標識的敎學。

6) 若有其他的實際敎學問題，請簡單附加說明一下。

_____

_____

_____

_____

p.s. 談話標識

談話標識(discourse marker)指的是那些在實際會話的過程中說話人出于各种目的使用的語言成分，本身獨立于句子之外，并不是表達語意的必需成分，可有可无，但是若能流暢而恰当的使用，則會惟妙惟肖地表達出說話人当時的態度或心理，使与對方的對話更具生動感，凸顯出高超的會話技巧，表現出嫻熟的會話水平。中文和韓語中的談話標識語有很多，比如中文中的"你知道的，話又說回來了，回頭，我的意思是，就是說，怎么說呢，你說~"等等，韓語里比較有代表性的有 아니, 글쎄, ~단 말이다, 저기요, 어디, 무슨, 왜, 있지, 있잖아, 참, 가만, 그냥, 이제等等。比如說，韓語 '어디'原本是一个疑問詞，但可以根據語境産生很多語用功能，表達說話人的心理和態度。請看下列例句，

1) 이 김치 <u>어디</u> 한 번 먹어 볼까?(讓我嘗一下泡菜吧。)

　　-這个句子里面表示說話人對某件事情的積极的關心態度。

2) <u>어디</u> 두고 보자. (哼／好啊)走着瞧!

　　-這个表示一种賭气。

3) 어떻게 된 거야? 응? <u>어디</u> 대답 좀 해 봐~(到底怎么回事? 啊? 你倒是快說啊!)

　　- 表示催促，着急。

4) 가만히 있어! <u>어디</u> 움직이기만 해 봐!

　　- 帶有一些威脅的感覺。

407

학생용 설문지

有關中高級韓國語談話標識語的問卷調查

您好！

　　我是國立首爾大學韓國語教學專業的博士生劉娜，目前正在准備學位論文"面向中國學習者的韓國談話標識語的教育研究"。現因需調查韓國談話標志語的教育現狀和教育認識方面的有關問題，特向各位發出了調查問卷的邀請。謝謝各位在百忙之中抽出宝貴的時間來參加本次問卷調查，調查結果只作爲基礎資料而使用，不會用于除研究以外的任何目的。

个人信息

性別:　男□　女□

年齡:　16-20歲□　21-25歲□　26-30歲□　31-35歲□

母語:　韓語□　漢語□

語學堂學習級數:　3級□　4級□　5級□　6級□

年級: 1年級□　2年級□　3年級□　4年級□

　　　　硕士在讀□　硕士畢業□　博士在讀□　博士畢業□

在韓居住時間:　1年以下□　1-2年□　2-3年□　3-4年□　4-5年□　5年以上□

TOPIK 應試經歷:　有□　沒有□

TOPIK 應試結果:　3級□　4級□　5級□　6級□

p.s. 談話標識指的是那些在實際會話的過程中說話人出于各种目的使用的語言成分, 本身獨立于句子之外, 并不是表達語意的必需成分, 可有可无, 但是若能流暢而恰当的使用, 則會惟妙惟肖地表達出說話人当時的態度或心理, 使与對方的對話更具生動感, 凸顯出高超的會話技巧, 表現出嫻熟的會話水平。中文和韓語中的談話標識語有很多, 比如中文中的 "你知道的, 話又說回來了, 回頭, 我的意思是, 就是說, 怎么說呢, 你說~"等等, 韓語里比較有代表性的有 아니, 글쎄, ~단 말이다, 저기요, 어디, 무슨, 왜, 있지, 있잖아, 참, 가만, 그냥, 이제等等。比如說, 韓語 '어디'原本是一个疑問詞, 但可以根据語境産生很多語用功能, 表達說話人的心理和態度。請看下列例句,

1) 이 김치 <u>어디</u> 한 번 먹어볼까?(讓我嘗一下泡菜吧。)

　-這个句子里面表示說話人對某件事情的積极的關心態度。

2) <u>어디</u> 두고 보자. (哼／好啊)走着瞧!

　-這个表示一种賭气。

3) 어떻게 된 거야? 응? <u>어디</u> 대답 좀 해 봐~(到底怎么回事? 啊? 你倒是快說啊!)

　- 表示催促, 着急。

4) 가만히 있어! <u>어디</u> 움직이기만 해 봐!

　- 帶有一些威脅的感覺。

---

1. 你了解韓語中的韓語談話標識語嗎？(在看到"p.s. 談話標識"之前)

　　1) 很了解。

　　2) 听過或者看過, 但是具体不太了解。

　　3) 完全不知道是什么。

2. 老師在課堂上, 尤其是會話課堂上介紹過韓語談話標識語的相關內容嗎？

　　1) 詳細介紹過。

　　2) 只是略微提及。

　　3) 沒有。

⇒ 若選擇了1)或者2), 請繼續回答下面的問題。

2'. 当時老師在課堂上是怎么介紹的？

  1) 按照教材上的内容講。

  2) 卽使教材中沒有出現有關談話標識語的介紹，老師也另外補充說明了一下它們的用法。(比如說，它們在句子中的作用、如何表達說話人的語气或者態度、將几个用法相似的談話標識語進行比較說明等等)

  3) 若還有別的講解方式，請簡單說明一下。

_____

_____

_____

3. 你覺得韓語談話標識語對實際日常會話的理解及口語能力的提高有幫助嗎？

  1) 是，非常有幫助。

  2) 一般，沒多大幫助。

  3) 沒有任何幫助。

4. 你覺得有必要從三四年級或者語學堂四級就開始學習韓語談話標識語嗎？

  1) 很有必要。

  2) 有必要。

  3) 沒有必要。

⇒ 若選擇了1) 或者 2)，請継續回答下面的問題。

4'. 下列陳述是有關談話標志語學習的必要性的，請你從中選出你同意的部分。若有要補充的内容，請在橫線上加以陳述。(可多項選擇)

  1) 談話標識語作爲實際對話交流中的一种策略，對提高口語的流暢性有所幫助。(그러니까, 그러게, '-아/어 가지고', '뭐', '글쎄'等)

  2) 談話標識語根据語境可以實現多种語用功能。

  3) 談話標識語可以細致入微地表達說話人的態度和語气。若能恰当使

用，會幫助自己在實際對話中逐漸能像韓國人一樣丰富地表達自己的
情緒、觀点或者態度。

4) 若能結合語境正确使用談話標識語，我的口語便不會像按照教科書學
出來的那樣語气生硬，可以在對話中凸顯出我說話的个性。

5) 談話標志語可以使對話變得更加自然，幫助我擺脫依靠書本學出來的
生硬的、帶有書面語性質的對話。

6) 若還有其他補充內容，請簡單說明一下。

_____

_____

_____

5. 談話標志語一般在對話中不使用原本的意思，或者原義會弱化，而
在語境中衍生出新的意思，并實現多种多樣的語用功能。你覺得理解
起來會很難嗎？

1) 會。因爲大部分的談話標識語都獨立于句子之外，并且語義産生擴
張，會表現出說話人的心理或者態度，生成很多語用用法。

2) 一般。因爲我們已經學過基本義，只要對語境多加考慮便會比較輕松
地理解。

3) 不會。因爲談話標識語的形態一般是固定的，我之前學過，會有熟悉
的感覺。

6. 你覺得使用起來會很難嗎？

1) 會。(談話標志語的多种語用用法在教材中并沒有系統提到，并且對
中國國內的學生來說，周圍沒有完美的韓語對話环境，練習机會少，
因此很難熟用。)

2) 一般。(因爲中高級學生已經具有一定的韓語水平，對談話標志語的
各种用法也可以較好地理解，只要勤加練習，便會熟練使用各种談話
標志語。)

3) 不會。(因爲談話標志語都來自以前學過的基本詞匯、語法或者短語
表達形式。)

411

7. 你覺得在使用韓國語進行會話時，能很有信心地做到恰当使用韓語談話標識語嗎?

　　1) 很有信心。

　　2) 一般。

　　3) 很沒信心。

8. 下面是關于韓國談話標志語學習的一些苦悶的地方，如果你也有同感，請選擇出來。若有想補充的一些內容，請在橫線上寫出來。(可多項選擇)

　　1) 韓語教材中沒有相關內容的介紹。

　　2) 老師在課堂上也不對其進行說明。

　　3) 老師在課堂上也不經常使用。

　　4) 韓國人很嫻熟地使用各种談話標志語，但是我經常不理解它們的意思或者作用。

　　5) 韓國人很自然地使用談話標志語，我雖然能理解，但是真想用的時候却用不出來。

　　6) 簡單的談話標識語我會用(比如說表示犹豫或者說話中間停頓時可以用이/그/저, 글쎄, 뭐等) 但是難点的，尤其是不能用中文直接翻譯出來的不太會用。

　　7) 我希望老師在上課的時候能將談話標志語放在具体語境里進行講解。

　　8) 如果老師結合語境詳細講解了談話標志語的用法，我相信以后理解起來肯定不會很難。

　　9) 如果老師結合語境詳細講解了談話標志語的用法，我相信以后使用起來肯定不會很難。

　　10) 若還有其他苦悶的地方，請在橫線上另加說明。

　　　　_____

　　　　_____

　　　　_____

수업평가용 설문지

번호	질문 내용	매우 그렇다	그렇다	그렇지 않다	전혀 그렇지 않다	잘 모르 겠다
1	수업이 전반적으로 재미있었습니까?					
2	수업에 대해(수업 방법, 교사 설명, 연습 활동 등) 전반적으로 만족합니까?					
3	수업 내용이 어려웠습니까?					
4	수업을 통해 구어 담화표지의 개념에 대해 알게 되었습니까?					
5	구어 담화표지 '말이다'의 다양한 담화 기능을 이해하게 되었습니까?					
6	수업을 통해 한국어로 대화할 때 구어 담화표지 '말이다'를 적절하게 사용할 자신이 생겼습니까?					
7	수업을 통해 앞으로 한국어로 대화할 때 '말이다'를 적극적으로 사용하고 싶어졌습니까?					
8	구어 담화표지 수업은 중국어 설명을 위주로 진행하는 것을 좋아합니까?					
주관식	8번의 경우, 해당 답을 선택하는 이유를 간단하게 적으십시오.					

번호	질문 내용	매우 그렇다	그렇다	그렇지 않다	전혀 그렇지 않다	잘 모르 겠다
9	구어 담화표지 '말이다'에 대해 본격적으로 설명하기 전에 예문을 통해 '말이다'의 여러 특수한 용법을 스스로 발견하고, 식별하게 하는 것이 이해하는 데 도움이 되었습니까?					
10	구어 담화표지 '말이다'의 용법을 스스로 발견하고 식별하는 과정에서 해당 용법의 중국어 표현을 활용하는 것이 이해하는 데 도움이 되었습니까?					
11	구어 담화표지 '말이다'가 사용되는 경우와 사용되지 않는 경우의 차이점을 비교하게 하는 것이 이해하는 데 도움이 되었습니까?					
12	교사가 기본적 문법 형태 '말+이다'와 구어 담화표지 '말이다'의 차이를 밝혀 주는 것이 이해하는 데 도움이 되었습니까?					
13	교사가 구어 담화표지의 문법화 발달 단계에 따라 선행 성분과 결합되어 사용되는 '-단/란/잔/냔 말이다'를 먼저 가르치고 독립적으로 사용되는 '말이다'를 나중에 가르치는 것에 대해 타당하다고 생각합니까?					
14	구어 담화표지 '말이다'의 다양한 기능을 일일이 명시적으로 제시해 주는 것이 이를 이해하고 사용하는 데 도움이 된다고 생각합니까?					
15	연습 활동이 재미있었습니까?					
16	연습 활동이 전체적으로 어려웠습니까?					
주 관 식	수업에 대한 소감을 간단하게 적으십시오. (수업에 대한 개인적 평가, 개선해야 할 부분 등). _____ _____					

수업평가용 테스트 자료

한국어 수준	4급	5급	6급
성별	남		여

1. 아래 대화 중, 친구 2가 모임 참석을 싫어한다는 것을 어떻게 <u>강조하면서</u> 표현합니까?

   친구1: 이번 주말에 동창 모임이 있는 거 알지?
   친구2: 응. 그런데 주말이면 너무 피곤해서 모임에 가기가 정말
   _____(싫다).

2. 친구 1이 소나기 내리면 날이 더 시원하겠다는 의미를 어떻게 <u>강조하면서</u> 표현합니까?

   친구1: 날이 참 덥네요.
   친구2: 네, 너무 더워서 하루 종일 에어컨을 켜놓고 살아요.
   친구1: 저도 그래요. 이렇게 더울 땐 소나기라도 내리면 좀
   _____(시원하다).

3. 아래 대화 중, 친구2가 친구1이 어젯밤에 호텔에서 잤다는 말에 대한 놀람을 어떻게 <u>강하게</u> 표시합니까?

   친구1: 나 어제 일 너무 늦게 끝나서 집에 안 가고, 회사 근처의 호텔에
   서 잤어요.
   친구2: 뭐? 호텔에서 _____.(자다)

4. **후배가 선배의 말에 대해 확인 강조하려면** 어떻게 말합니까?

    선배: 영미야, 그 책 좀 줘 봐.
    후배: 이 책 _____?

5. **친구1이 친구2의 '언니'를 강조하면서 친구2의 주의를 집중시키려면 어떻게 말해야 합니까?)**

    친구1: 그날 음악회에서 피아노를 연주했던 그 언니 _____, 삼성에 붙었대.
    친구2: 진짜? 대단하다.

6. **여자의 주의를 집중시키려면** 남자가 '그런데' 뒤의 내용을 어떻게 말합니까?

    남자: 은행에서 대출 신청한다고 그랬잖아요. 어떻게 됐어요?
    여자: 아, 이미 대출 받았어요.
    남자: 다행이네요. 그런데 _____, 은행 대출 신청할 때 뭐가 필요해요?

7. **아래 대화 중, 친구 2가 친구1의 말에 대해 강하게 동의를 표시하려면 어떻게 표현해야 합니까?**

    친구1: 새로 이사 간 집은 어때?
    친구2: 집이 깨끗하긴 한데 근처에 노래방, 술집이 많아서 밤에 너무 시끄러워. 특히 여름이면 새벽 두세 시가 되어도 소리 지르는 사람이 너무 많아.
    친구1: 내가 너한테 집 주변 환경이 아주 중요하다고 얘기했잖아.
    친구2: 그러게 _____. 직접 가 보지도 않고 그냥 계약한 게 이제 많이 후회가 돼.

참고문헌

1. 국내 논저

강소영(2005), 「구어 담화에서의 '그래 가지고'의 의미」, 『한국어 의미학』 16, 한국어의미학회, 1-21쪽.

_____(2009), 「담화표지 '그러니까'의 사용에 내재한 화자의 담화전략 연구」, 『어문연구』 60, 어문연구학회, 27-56쪽.

강우원(2000), 「담화표지 '참'과 어찌말 '참'의 비교 연구」, 『언어과학』7, 한국언어과학회, 5-26쪽.

강현석(2009), 「국어 담화 표지 '예'와 '네'의 사용에 나타나는 변이에 대한 연구」, 『사회언어학』17-2, 한국사회언어학회, 57-86쪽.

강현화(2005), 「한국어문법교육론」, 『외국어로서의 한국어교육학』, 방송대 출판부.

고영근·구본관(2008), 『우리말 문법론』, 집문당.

구본관(2012), 「한국어 문법 교수, 학습 방법의 현황과 개선 방향 : 학습자와 교수자의 메타적 인식 강화를 중심으로」, 『국어교육연구』30, 서울 대학교 국어교육연구소, 255-313쪽.

구종남(1997), 「간투사 '아니'의 의미 기능」, 『한국언어문학』39, 한국언어문 학회, 43-64쪽.

_____(1999), 「담화표지 '어디'에 대하여」, 『언어학』7, 대한언어학회, 217-234 쪽.

_____(2000), 「담화표지 '뭐'의 문법화와 담화 기능」, 『국어문학』35, 국어문 학회, 5-32쪽.

_____(2015), 「'참'의 감탄사와 담화표지 의미 기능」, 『한민족어문학』69, 한민족어문학회, 399-428쪽.

국립국어원(2005), 『(외국인을 위한)한국어 문법 1-체계편』, 커뮤니케이션북스.

_____(2010), 『국제통용 한국어교육 표준 모형 개발』, 국립국어원.

_____(2011), 『국제통용 한국어교육 표준 모형 개발 2단계』, 국립국어원.

김건수(1987), 「담화불변화사 Well 에 관하여」, 『언어연구』4-1, 한국현대언어학회, 17-33쪽.

김명희(2005), 「국어 의문사의 담화표지화」, 『담화와 인지』12-2, 담화·인지언어학회, 41-63쪽.

김미숙(1997), 「대화구조로 본 '아니'의 기능」, 『담화와 인지』4-2, 담화·인지언어학회, 71-101쪽.

김선정·김신희(2013), 「여성 결혼이민자의 구어에 나타난 담화표지 사용 양상 연구」, 『언어과학연구』64, 언어과학회, 25-46쪽.

김선정·김용경·박석준·이동은·이미혜(2010), 『한국어 표현교육론』, 형설출판사.

김선희(1995), 「담화 표지의 의미 연구」, 『목원대학교 논문집』27, 목원대학교, 5-26쪽.

김영철(2007), 「우리말 담화표지 '참' 고찰」, 『국어문학』43, 국어문학회, 235-252쪽.

_____(2008), 「우리말 담화표지 '자' 고찰」, 『국어문학』45, 국어문학회, 5-23쪽.

_____(2010), 「우리말 담화표지 '막' 고찰」, 『국어문학』48, 국어문학회, 5-22쪽.

김유정(1998), 「외국어로서의 한국어 문법 교육: 문법 항목 선정과 단계화를 중심으로」, 『한국어교육』9, 국제한국어교육학회, 19-36쪽.

김정남(2008), 「텍스트 유형과 담화 표지의 상관관계: 유학생의 한국어 쓰기 교육에서의 활용을 위하여」, 『텍스트언어학』24, 한국텍스트언어학회, 1-26쪽.

김종택(1982), 『國語話用論』, 형설출판사.

김주미(2004), 「담화표지 '있잖아'에 대하여」, 『한말연구』14, 한말연구학회, 93-116쪽.

김태엽(2000), 「국어 담화표지의 유형과 담화표지되기」, 『우리말 글』19, 우리말글학회, 1-23쪽.

_____(2002), 「담화표지되기와 문법화」, 『우리말 글』26, 우리말글학회, 61-80쪽.

김하수(1989), 「언어 행위와 듣는 이의 신호에 관한 화용적 분석 시도-담화 속에서 '네'」, 『말』14, 연세대학교, 55-70쪽.

김향화(2001), 「한국어 담화표지의 기능」, 『한국학논집』28, 계명대학교한국학연구소, 113-140쪽.

_____(2003), 「한국어 담화표지에 대한 연구」, 계명대학교 대학원 박사학위논문.

김현주(2013), 「중국인 한국어 학습자의 담화에 나타난 텍스트적 담화표지 사용 양상 연구」, 계명대학교 대학원 석사학위논문.

김현지(2015), 「한국어 구어 문법의 교육 내용 연구」, 『한국어 교육』26, 국제한국어교육학회, 749-772쪽.

남기심·고영근(1985), 『표준 국어문법론』, 탑출판사.

남길임·차지현(2010), 「담화표지 '뭐'의 사용패턴과 기능」, 『한글』288, 한글학회, 91-119쪽.

노대규(1989), 「국어의 구어와 문어의 특성」, 『한국정보과학회 언어공학연구회 학술발표 논문집』1989, 한국정보과학회 언어공학연구회, 81-84쪽.

_____(1996), 『한국어의 입말과 글말』, 국학자료원.

방성원(2004), 「한국어 문법화 형태의 교육 방안: '다고' 관련 형태의 문법 항목 선정과 배열을 중심으로」, 『한국어 교육』15, 국제한국어교육학회, 93-110쪽.

문수지(2013), 「한국어 학습자의 말하기 능력 향상을 위한 담화표지 교육 방안 연구」, 한국외국어대학교 대학원 석사학위논문.

민현식(2003), 「국어 문법과 한국어 문법의 상관성」, 『한국어 교육』14, 국제
　　　한국어교육학회, 107-141쪽.

　　　(2005), 「한국어 문법 교육의 이론과 실제: 문법 교육의 표준화와 다양화
　　　의 과제」, 『국어교육연구』16, 서울대학교 국어교육연구소, 125-191쪽.

　　　(2008), 「한국어교육을 위한 문법 기반 언어 기능의 통합 교육과정 구
　　　조화 방법론 연구」, 『국어교육연구』22, 서울대학교 국어교육연구
　　　소, 261-334쪽.

박석준(2007), 「담화표지화의 정도성의 대한 한 논의 - '뭐, 어디, 왜'를 중심
　　　으로」, 『한말연구』21, 한말연구학회, 87-106쪽.

박영순(2004), 『한국어 담화·텍스트론』, 한국문화사.

박혜선(2011), 「담화표지어 '좀' 사용 연구: 중국인 한국어 학습자를 대상
　　　으로」, 『응용언어학』27, 한국응용언어학회, 29-52쪽.

백은정(2011), 「한국어 모어 화자와 한국어 학습자의 담화표지 사용 양상 대
　　　조 연구」, 영남대학교 대학원 석사학위논문.

서상규 외(2013), 『한국어 구어 말뭉치 연구』, 한국문화사.

서울대학교 국어교육연구소(2014), 『한국어교육학 사전』, 하우.

서희정(2010), 「한국어 교육 항목으로서의 담화표지 '말이다'에 대한 고찰」,
　　　『이중언어학』43, 이중언어학회, 217-246쪽.

선신휘(2012), 「중국인 학습자를 위한 한국어 담화표지 교육 방안 연구」, 경
　　　희대학교 대학원 석사학위논문.

손혜옥(2012), 「'가지다' 구성의 문법화에 대한 공시적 분석」, 『한국어학』55,
　　　한국어학회, 207-238쪽.

송병학(1987), 「관심획득표지의 의미기능」, 『언어』8, 충남대학교 어학연구
　　　소, 5-24쪽.

　　　(1988), 「담화불변화사, still와 yet」, 『언어』9, 충남대학교 어학연구소,
　　　99-111쪽.

　　　(1994), 「담화불변화사 {아니}」, 『우리말 연구의 샘터』, 연산도수회선
　　　생 화감기념논총 간행위원회, 384-401쪽.

송인성(2013), 「담화표지 '뭐'의 기능과 운율적 특성」, 『한국어학』58, 한국어 학회, 83-106쪽.

송인성·신지영(2014), 「담화표지 {좀}의 기능과 형태, 운율적 특성의 실현 양상」, 『한국어학』62, 한국어학회, 315-339쪽.

신지연(1988), 「국어 간투사의 위상 연구」, 서울대학교 대학원 석사학위논 문.

_____(2001), 「감탄사의 의미 구조」, 『한국어 의미학』8, 한국어의미학회, 241-259쪽.

신현숙(1989), 「담화대용표지의 의미 연구」, 『국어학』19, 국어학회, 427-451 쪽.

_____(1991), 『한국어 현상-의미 분석』, 상명여자대학교 출판부.

심란희(2011), 「의사소통 중심의 한국어교육을 위한 담화표지 '그냥'의 기 능 연구」, 『한국문법교육학회 학술발표논문집』, 한국문법교육학회, 64-89쪽.

심민희(2012), 「한국어 초급 말하기 교재의 간투사 연구」, 『인문연구』65, 영 남대학교 인문과학연구소, 127-162쪽.

안윤미(2012), 「담화 표지 '그러게'에 대한 연구」, 『한국어학』56, 한국어학 회, 91-118쪽.

안정아(2008), 「담화 표지 '막'의 의미와 기능」, 『한국어학』40, 한국어학회, 251-279쪽.

안주호(1992), 「한국어 담화표지 분석」, 『외국어로서의 한국어교육』17-1, 연세대학교 한국어학당, 21-38쪽.

_____(2009), 「한국어교육에서의 담화표지 위계화 방안」, 『한국어 교육』 20-3, 국제한국어교육학회, 135-159쪽.

오승신(1995), 「국어의 간투사 연구」, 이화여자대학교 박사학위논문.

원해운(2014), 「한국어 담화표지 '아니'와 중국어 '不是'의 대조 연구」, 경희 대학교 일반대학원 석사학위논문.

유나(2011), 「중국인 한국어 초급 학습자의 읽기 능력 향상을 위한 담화표지 교육 내용 구성에 대한 연구 – 접속표지를 중심으로-」,『국제한국어교육학회 학술대회논문집』2011, 국제한국어교육학회, 455-467쪽.

_____(2014), 「중국인 학습자를 위한 한국어 담화표지 교육 내용 구성에 대한 일고찰」,『한국언어문화학』11, 국제한국언어문화학회, 171-197쪽.

_____(2015), 「중국인 학습자를 위한 담화표지 '어디'에 대한 연구 - 한, 중 화용 기능의 대조를 중심으로-」,『새국어교육』103, 한국국어교육학회, 283-309쪽.

이기갑(1994), 「{그러하-}의 지시와 대용, 그리고 그 역사」,『언어』19, 한국언어학회, 455-488쪽.

_____(1995), 「한국어의 담화 표지 '이제'」,『담화와 인지』1, 담화·인지언어학회, 261-287쪽.

이미혜(2007), 「한국어문법 교수 방법론의 재고찰-제2언어 교수 이론에 바탕을 둔 교수 모형의 보완」,『한국어 교육』18, 국제한국어교육학회, 285-310쪽.

이성하(1998),『문법화의 이해』, 한국문화사.

이원표(1992), 「시간부사 '이제'의 담화기능」,『인문과학』68, 연세대학교 인문과학연구소, 105-137쪽.

_____(1993), 「의지감탄사 '예, 글쎄, 아니'의 담화분석」,『인문과학』69, 연세대학교 인문과학연구소, 139-185쪽.

_____(2001),『담화 분석』, 한국문화사.

이윤경(2016), 「중국어 담화표지어 유형 및 중한 대조 연구」,『담화와 인지』23, 담화·인지언어학회, 159-186쪽.

이은희(2015), 「한국어 교육에서의 담화 표지에 대한 접근의 현황과 방향성」,『한중인문학연구』46, 한중인문학회, 165-192쪽.

이정민·박성현(1991), 「{-요} 쓰임의 구조와 기능」,『언어』16, 한국언어학회, 361-389쪽.

이정애(1998), 「국어 화용표지의 연구」, 전북대학교 대학원 박사학위논문.

_____(2002),『국어 화용표지의 연구』, 서울: 월인.

이한규(1996), 「한국어 담화 표지어 '그래'의 의미연구」, 『담화와 인지』3, 담화·인지언어학회, 1-26쪽.

_____(1997), 「한국어 담화 표지어 '왜'」, 『담화와 인지』4-1, 담화·인지언어학회, 1-20쪽.

_____(1999), 「한국어 담화 표지어 '뭐'의 의미」, 『담화와 인지』6-1, 담화·인지언어학회, 137-157쪽.

_____(2008), 「한국어 담화표지어 '어디'의 화용분석」, 『우리말 글』44, 우리말글학회, 83-111쪽.

_____(2011), 「한국어 담화표지어 '예'의 의미」, 『현대문법연구』65, 현대문법학회, 171-197쪽.

_____(2012), 「한국어 담화표지어 '아니'의 의미」, 『현대문법연구』67, 현대문법학회, 145-171쪽.

이해영(1994), 「담화표지 '글쎄'의 담화기능과 사용의미」, 『이화어문논집』13, 이화어문학회, 129-150쪽.

_____(2015), 「한국어 화용 교육에서의 명시적 교수 가능성과 교실 적용」, 『한국어 교육』26, 국제한국어교육학회, 247-266쪽.

이희정(2003), 「한국어의 '그러-'형 담화표지 기능 연구: 일상대화 분석을 바탕으로」, 연세대학교 석사학위논문.

임규홍(1994), 「'-어가지고'에 대하여」, 『배달말』19-1, 배달말학회, 49-80쪽.

_____(1995), 「담화표지 '뭐냐'와 '있지'에 대하여」, 『어문학』56, 한국어문학회, 51-68쪽.

_____(1996), 「국어 담화 표지 '인자'에 대한 연구」, 『담화와 인지』2, 담화·인지언어학회, 1-20쪽.

_____(1998a), 「국어 '말이야'의 의미와 담화적 기능」, 『담화와 인지』5-2, 담화·인지언어학회, 159-179쪽.

_____(1998b), 「부사 '정말'류의 담화적 의미」, 『한국어 의미학』2, 한국어의미학회, 237-254쪽.

임선희·김선회(2014), 「세종 코퍼스 분석을 통한 우리말 '예/네'의 담화 표지 기능 연구」, 『사회언어학』22-1, 한국사회언어학회, 203-223쪽.

장경희·이필영·김태경·김정선·김순자·전은진(2014), 『구어 능력 발달 연구』, 역락.

장월형, 「중국인 학습자를 위한 한국어 부사어 담화표지 교육 연구 - '아니', '좀', '그냥'을 중심으로 -」, 서울대학교 석사학위논문.

전영옥(1998), 「한국어 담화에 나타난 반복표현 연구: 유형, 분포 및 기능」, 상명대학교 대학원 박사학위논문.

_____(2002), 「한국어 담화표지의 특징 연구」, 『화법연구』4, 한국화법학회, 113-145쪽.

_____(2012), 「한국어 감탄사의 유형 분류 연구」, 『한말연구』31, 한말연구학회, 229-260쪽.

정선혜(2006), 「한국어 학습자를 위한 한국어 담화표지 연구: (글쎄), (뭐), (좀)을 중심으로」, 상명대학교 교육대학원 석사학위논문.

정윤희(2005), 「국어 의문사 '뭐'의 의미 분석」, 『겨레어문학』 35, 겨레어문학회, 109-131쪽.

주경희(2004), 「'좀' 문법화의 의미·화용론적 연구」, 『국어교육』115, 한국어교육학회, 433-453쪽.

주요(2011), 「한국어 담화표지에 관한 중국어 대응 표현 연구」, 한양대하교 대학원 석사학위논문.

지현숙(2010), 「한국어 구어 문법을 어떻게 기술할 것인가? -기준점의 선정과 그 논의-」, 『한국어 교육』21, 국제한국어교육학회, 307-332쪽.

_____(2015), 「미래지향적 한국어 말하기·듣기 교육의 담론 -문사철, 첨단 기술, 스토리텔링의 복합을 도모하며-」, 『화법연구』30, 한국화법학회, 395-413쪽.

진설매(2014), 「한국어 '어디'와 중국어 '哪儿/哪里'의 대조 연구」, 『한국어교육』25, 국제한국어교육학회, 187-220쪽.

최지현(2005), 「담화표지 '막'의 기능 연구」, 목포대학교 교육대학원 석사학위논문.

한교(2011), 「한국어교육을 위한 한·중 감탄사 대조 분석」, 연세대학교 대학원 석사학위논문.

한상미(2012), 「한국어 학습자의 토론 담화에 나타난 화용적 문제 연구-담화표지 사용을 중심으로」, 『한국어 교육』23, 국제한국어교육학회, 441-470쪽.

현혜미(2005), 「이야기체 담화에 나타나는 담화표지 사용양상 비교 분석: 영어권 고급 한국어 학습자와 한국어 모어 화자를 대상으로」, 이화여자대학교 교육대학원 석사학위논문.

형몽아(2015), 「한국어 의문사 담화표지의 중국어 대응 표현 연구: '뭐', '왜', '어디'를 중심으로」, 동국대학교 대학원 석사학위논문.

황병순(2010), 「담화 표지 연구에 드러난 몇 가지 의문」, 『배달말』47, 배달말학회, 115-135쪽.

황정민(2008), 「성별 담화표지어의 사용 양상 비교 연구 - 중국인 한국어 학습자를 대상으로-」, 『한국언어문화학』5, 국제한국언어문화학회, 347-371쪽.

2. 외국 논저

Ameka, F. (1992a), Interjections: the universal yet neglected part of speech (Introduction), *Journal of Pragmatics* 18-2, pp.101-118.

_____ (1992b), The meaning of phatic and conative interjections, *Journal of Pragmatics* 18-2, pp.245-271.

Blakemore, D. (1987), *Semantic Constraints on Relevance*, Oxford: Blackwell.

_____ (1992), *Understanding Utterances*, Oxford: Blackwell.

_____ (2002), *Relevance and Linguistic Meaning: The Semantics and Pragmatics of Discourse Markers*, Cambridge: Cambridge University Press.

Brinton, L. J. (1996), *Pragmatic Markers in English: Grammaticalization and Discourse Functions*, Berlin/New York: Mouton de Gruyter.

Brinton, L. J. & Traugott, E. (2005), *Lexicalization and Language Change*, Cambridge: Cambridge University Press.

Brown, H. D. (1999), *Teaching by Principles-An Interactive Approach to Language Pedagogy*. 권오량 외 역(2001), 『원리에 의한 교수-언어 교육에의 상호작용적 접근법』, 서울: 피어슨에듀케이션코리아.

_____ (2001), *Principles of Language Learning and Teaching*. 이흥수 외 역(2007), 『외국어 학습·교수의 원리』, 서울: 피어슨에듀케이션코리아.

Erman, B. (1987), *Pragmatic Expressions in English: A Study of you know, you see, and I mean in Face-to-face Conversation*, Stockholm: Almqvist and Wiksell.

Fraser, B. (1988), Types of English discourse markers, *Acta Linguistica Hungarica* 38: 1-4, pp.19-33.

_____ (1990), An approach to discourse markers, *Journal of Pragmatics* 14-3, pp.383-398.

_____ (1999), What are discourse markers?, *Journal of Pragmatics* 31-7, pp.931-952.

Goffman, E. (1981b), Footing. *Forms of Talk*. Philadelphia: University of Pennsylvania Press.

Halliday, M. A. K. & Hasan, R. (1976), *Cohesion in English*, London: Longman.

Hopper, P. & Traugott, E. (1993), *Grammaticalization*, Cambridge/New York: Cambridge University Press.

Jucker, A. H. (1993), The discourse marker *well:* a relevance-theoretical account, *Journal of Pragmatics* 19-5, pp.435-452.

Jucker, A. H. & Y. Ziv. (1998), *Discourse Markers: Description and Theory*, Amstertam/Philadephia: John Benjamins Publishing Company.

Kryk, B. (1992), The pragmatics of injections: the case of Polish no, *Journal of Pragmatics* 18-2, pp.193-207.

Labov, W. and D. Fanshel (1977), *Therapeutic Discourse. Psychotherapy as Conversation,* New York: Academic Press.

Levinson. S. (1983), *Pragmatics,* Cambridge: Cambridge University Press. 이익환, 권경원 공역(1992), 『화용론』, 한신문화사.

Maschler, Y. (1994), Metalanguaging and discourse markers in bilingual conversation, *Language in Society* 23, pp.325-366.

_____ (2009), *Metalanguage in Interaction: Hebrew Discourse Markers,* Amsterdam: John Benjamins.

Richards, J. C. (2001), *Curriculum Development in Language Teaching,* 강승혜 외 옮김(2015), 『언어 교육과정 개발- 이론과 실제-』, 한국문화사.

Schourup, L. (1985), *Common Discourse Particles in English Conversation: like. well, y'know.* New York: Garland Publishing.

Schiffrin, D. (1985), Everyday argument: the organization of diversity in talk', in van Dijk (eds), *Handbook of Discourse Analysis 3: Discourse and Dialogue,* London: Acadamic Press.

_____ (1987), *Discourse Markers,* Cambridge: Cambridge University Press.

_____ (1994), *Approaches to Discourse,* Cambridge: Blackwell.

Stubbs, M. (1983), *Discourse Analysis: The Sociolinguistic Analysis of Natural Language,* Oxford: Basil Blackwell. 송영주 옮김(1993), 『담화 분석』, 한국문화사.

Thornbury, S. (1999), *How to Teach Grammar,* Harlow England: Longman.

Ur, P. (1988), *Grammar Practice Activities: A Practical Guide for Teachers,* Cambridge/New York: Cambridge University Press.

van Dijk, T. A. (1979), *Pragmatic connectives, Journal of Pragmatics* 3-5, pp.447-456.

Wierzbicka, A. (1992), The semantics of interjection, *Journal of Pragmatics* 18-2, pp.159-192.

Zwicky, M. A. (1985), Clitics and particles, *Language* 61, pp.283-305.

陳希(2009),「中韓話語標記語語用功能對比研究」, 中國海洋大學碩士學位論文.

高增霞(2004a),「自然口語中的話語標記"完了"」,『語文研究』4, 20-23頁.

_____(2004b),「自然口語中的話語標記"回頭"」,『中國社會科學院研究生院 學報』1, 106-111頁.

馮光武(2004),「漢語語用標記語的語義、語用分析」,『現代外語』27, 23-31頁.

黃大网(2001),「話語標記研究綜述」,『福建外語』67, 4-12頁.

李宗江(2014),「也說話語標記"別說"的來源」,『世界漢語教學』28, 222-229頁.

劉麗艶(2005),「漢語口語中的話語標記研究」, 浙江大學博士學位論文.

冉永平(2000),「話語標記的語用研究」, 广東外語外貿大學博士學位論文.

王偉(2004),「試論現代漢語口語中"然后"一詞的語法化」,『北京第二外國語學院學報』 122, 68-77頁.

謝志堅(2009),「話語標記語研究綜述」,『山東外語教學』132, 14-21頁.

殷樹林(2012),『現代漢語話語標記研究』, 中國社會科學出版社.

于宝娟(2009),「論話語標記語"這不"、"可不"」,『修辭學習』154, 17-24頁.

鄭青青(2013),「漢韓話語標記"哪里"与"(어디)"的對比」, 上海外國語大學碩士學 位論文.

찾아보기

저 자 약 력

▌유나(劉娜, Liu Na)

　중국 하북성 출생
　대외경제무역대학교 조선어학과 학사학위 취득(북경/중국)
　서울대학교 국어교육과 한국어교육전공 석사, 박사학위 취득(서울/한국)

　서경대학교 전임강사, 인하대학교 국어교육과 조교수 역임
　서울대학교 국어교육연구소 객원연구원 역임
　현재 중국 하북대학교 한국어학과 재직중

　주요 논저
　『중국인 학습자를 위한 한국어 문법교육 연구』(공저)(박문사, 2015)
　〈중국인 학습자의 담화표지 '뭐' 사용 분석 및 교육 연구〉(2017)
　〈중국인 학습자를 대상으로 하는 한국어 구어 담화표지 '말이다'의 교
　육 연구〉(2016)
　〈중국인 학습자를 위한 담화표지 '어디'에 대한 연구－한중 화용 기능
　의 대조를 중심으로-〉(2015)
　〈중국인 학습자를 위한 한국어 담화표지 교육 내용 구성에 대한 일고
　찰〉(2014)